翻倍黑马 ③

翻倍黑马　著

广州出版社

目　录

下篇　翻倍黑马实操篇

序言

迅速领悟　用心实战

多数人在学习的过程当中都会出现抵触心理，对新鲜事物都会害怕接触。但是，成功的人都会愿意学习最新的科技和最新的理念，并且很快就领悟并应用在自己的身上。结果，奇迹很快就出现了。

《翻倍黑马》系列图书的推出就是为了让更多的朋友在最短的时间内学会技术并且在证券市场投资胜利。我们反复强调的是安全、稳定、持续。当大家开始理解我们所说的简单的理念的时候，一切都好像变得很简单了。

股票市场永远是强者胜的地方，普通个人投资者天生就是弱势群体。我们如何能够扭转乾坤，把不利化作有利，把弱势改变成强势，掌握技术的磨炼心态必不可少。

作为中国股市第一批老股民，目前还活跃在股场的老手，我给大家的建议和方法，相信会帮助你真正在市场上重新振作起来。阅读本书将获得自己的勇气，找回自己的自信！

过去的方法也许没有让你得到你想要的结果，那就用翻倍黑马老师全新的方法和理念去行动。用全新的方法和策略去改变过去的结果，我完全相信，我在数十次比赛和数百次交易中持续获胜的技术一定可以帮助你走出困境。

熊市的废墟中走出来牵金牛的A股第一高手所使用的方法，也许对你有重大的启发。知识改变命运，阅读改变人生。当你确认找到你要学习的老师的时候，复制冠军老师的想法和策略，你一定可以成功的。

领悟的速度决定你的行为，用心做事相信自己，任何人都是靠学习来掌握技术的。没有人天生就会做股票。没有经历过亏损的人不可能成为高手，没有经历过熊市煎熬的人不知道珍惜和保护自己的保证金。

牛市，大胆的人纷纷成为股神。当熊市凶猛到达，寒风把“股神”们的盔甲都吹散了。曾经迅速膨胀的财富严重缩水。甚至因为牛市过分自信，从亲朋好友处借来的钱，抵押房子的钱，结婚要用的钱都被挪用去做股票了。结果，很让人伤悲。

牛市熊市都能够赚钱的人才是绝顶高手。翻倍黑马的方法一定可以让你奋发崛起，过上自己想要的高品质生活。

随着翻倍黑马图书的不断畅销，报纸媒体的不断报道，一次次夺取冠军的成绩反复演绎着翻倍的传奇！翻倍黑马的致富传奇故事在不断流传。报纸、网络、杂志都在不断传播致富的故事。期待不久的一天，听到你开始讲述自己的财富故事。

如果你有任何想法可以与本书的作者联系：

电子邮件：fbhmvip@163.com

翻倍黑马网站：www.fbhm.cn

翻倍黑马电话：13660166668（只限千万大资金）

报名读者短信俱乐部电话：13929558821、13929558831

期待你的来信和电话。欢迎登陆网站注册给我们留言，让我们的图书再版时加以改进！再次感谢您的支持和帮助！

翻倍黑马

2009 年 8 月

上　篇

翻倍黑马原则篇

股票投资要有自己的原则和自己的操作系统。当有自己的方法和策略并坚信自己的信念时，才有机会开始走向成功。

任何成功的人士都是坚信自己的原则的，不会随意改变自己的方向和目标。

第一章　赚钱才是硬道理

股市涨涨跌跌，资金起起落落，很多投资者特别是中小散户都曾有过疑问：我能在股市赚到钱吗？

答案当然是肯定的。

中国改革开放总设计师邓小平曾说，“不管黑猫白猫，抓住老鼠就是好猫”。

赚钱的方法有很多，但只有已经赚到钱的方法才是成功的方法，只有赚到钱的人才能教我们如何赚钱。

市场上，真正懂股票的人，往往很少在说股票。只有不懂股票的人才会每天谈股票，整天说着涨涨跌跌。股市中每天都充斥着各种所谓“专家”的观点，千万不要轻信那些根本没在股市赚到钱的人，因为，能够在股市长期生存下来并赚钱的，一定是懂得市场内在规律并有丰富经验的人。

1930 年，一代伟人毛泽东鲜明地提出了“没有调查就没有发言权”的著名论断。股市是靠资本说话的地方，翻倍黑马认为，没有资本就没有发言权，没有赚钱也没有发言权，只有懂股票的人才能在股市赚到钱。

请记住：赚钱才是硬道理。

第一节　有本事就要有结果

不管在任何时候，一般投资者入市后，首先要做的就是保存自己的本金和实力，而不是胡乱操作。巴菲特之所以能成为“股神”并非他很“神通广大”，而是他有超出常人的稳健和“胆小”，做自己最有把握的事情。在巴菲特的投资名言中，最著名的无疑是这一条：“成功的秘诀有三条：第一，尽量避免风险，保住本金；第二，尽量避免风险，保住本金；第三，坚决牢记第一、第二条。”

在大牛市中，似乎人人都是“股神”，很多人会把自己吹上了天，以为“老子天下第一”。而事实上，其资本在整个市场上仅仅是一滴水而已，远远没到能够呼风唤雨的实力。

在牛市或震荡市里，热点轮换是股市的规律，但许多人容易犯的错误就是“花心”，经常迷失在各种热点中，一会儿觉得这只股好，一会儿又觉得那只好，老是看来看去。其实，只要记住一种能够让你赚钱的方法就够了——只要仔细研究透了，哪怕是一种技术指标或者一种K线组合，符合自己的选股条件或方案，每次准确性都在提高，就要一直专注下去。只要有一种方法让你赚钱，请一定要记住它，并清楚当时到底是牛市、熊市还是震荡市。

在牛市里，多数股票都会有所表现，个股翻倍是很正常的，很多人都可以赚到钱，只是比谁的胆子大、冲得多、买得猛，结果他就会赚得多。但在牛市赚得多，并不意味着你能保住你的钱，因为钱来得太快了，消失得也许会更快。

只有经历过熊市的人，才会知道股市的风险有多大，就有一种心理准备，每一步走起来都会如履薄冰非常谨慎，进而坚持步步为营。一旦出现了风险，这种人就会赶紧撤退，绝不拖泥带水地“粘”在股市。

保住资本永远是第一位的，它是资本市场所有投资法则的基石。要学会控制风险，第一时间保本要紧撤退为上，请时刻牢记：保住本金！保住本金！只有保住本金了，我们才会有下一次的赚钱机会。如果连本金都没有保住继续亏损的话，这里割一下，那里割一下，一百万割不了几次就会变成零。

10%的人赚钱，90%的人赔钱，这是市场的铁律，不论是股市，还是开公司、办企业，都不会改变。所以，你要谨慎对待自己的钱，然后总结有效的方法，刚开始可以模仿别人已经赚钱的方法，然后将自己的体验跟别人的方法融会在一起，让自己不断提升，慢慢就有一个赚钱效应出来。赚钱总是有办法的，就是你去做10%的人，向已经赚钱的人学习，不要去做大多数人。

【看图分析解密】

鲁信高新（600783）在2009年牛年一开市，继续以舍我其谁的大无畏气势向上攻击，勇创历史新高！五个交易日，四个涨停！区区三个月，股价从3元多飙升到20元！那么，这只“1664行情”中最牛的超级大黑马在诞生之前究竟有没有蛛丝马迹可寻呢？当

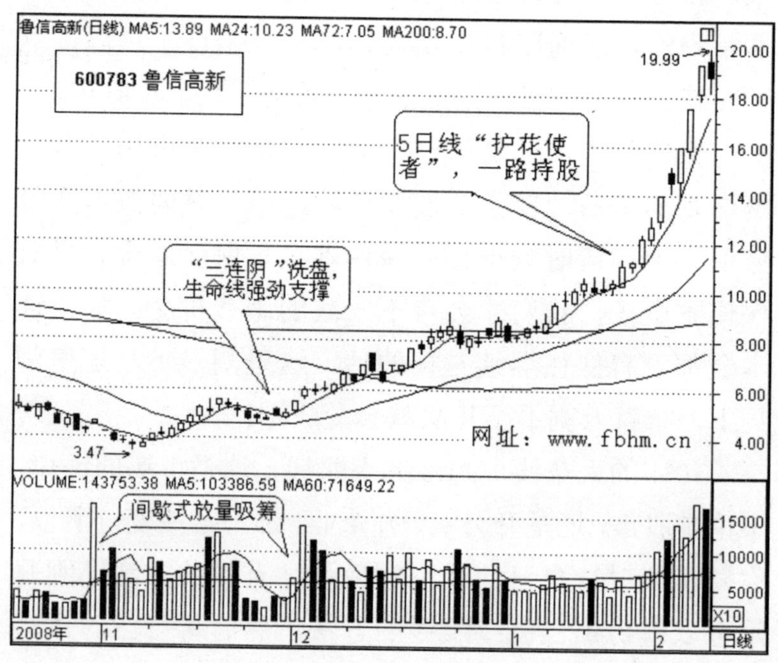

然有！而且很简单，那就是生命线均线系统和骗不了人的成交量。

大资金其实早已相中了鲁信高新这只顶着“创投第一股”光环的小盘股，2008 年 9 月初，在经历了长时间停牌后该股复牌，主力借补跌之机大肆打压，并间歇式放量吸货，直至 11 月 6 日见底 3.47 元。而在此前的 11 月 3 日该股跌停，但 5 日均量线已悄然上穿 60 日，注意！这是一个重要的买入提示信号！而 11 月 17 日，5 日均线终于成功上穿 24 日生命线，迎来最佳的买入机会。双剑合璧，天下无敌！你所要做的就是全仓出击，从容等待资金账户的翻倍再翻倍。

【实战技术精要】

1．一个亿左右的流通盘＋市场流行的题材，这样的“苗条美女”，主力是不会放过的，时机一到，立马出手。

2．成交量 5 日线上穿 60 日，这是很好的一个买入提示信号：要睁大眼睛了！

3．行情一启动，说来就来，股价第一次突破 24 日生命线，要敢于“亮剑”，该出手时就出手！

4．上涨初段出现“三连阴”正常洗盘，幅度不大，且未触及 24 日线，更显主力志存高远，应加仓！

5．股价始终在 24 日生命线上方运行，5 日线更是超级大牛股的“护花使者”，这时千万不要为一点蝇头小利中途下车，否则，龙头股的最后表演会让你抓狂不已。

【看图分析解密】

新海宜（002089）是一家通信设备制造企业，主要生产通信网络配线管理系统、通信网络监测系统等。随着3G网络扩容，新海宜生产的网络配线系统属于前期受益产品，这将继续推动其业绩增长。搜索整个中小板块，业绩有保证且将继续受益于电信投资的新海宜，无疑被划入了主力的股票池中。

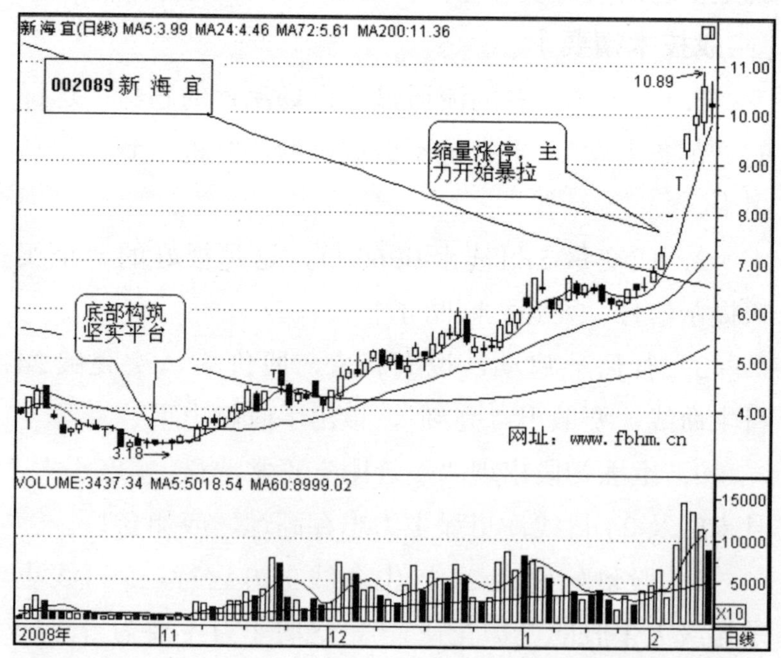

受大市拖累，该股10转增8股除权后一路暴跌、毫无抵抗，从11元多一直跌到3.3元附近，后期极度缩量，每天换手率不足1%，前期主力深套其中、无法出局，但这并不表明该股主力就此投降认栽了，他们时刻都在寻找和制造最佳的自救时机。2008年10月27日主力用手中的筹码砸出最后一个跌停，意在摧毁散户仅存的一点点信心，接下来的8个交易日，主力在3.18～3.46元狭小空间里耐心构筑了一个坚实的平台，11月7日，伴随着5日均量线金叉60日，一举向上突破平台！两天后，5日线成功上穿24日生命线！一轮波澜壮阔的行情就此掀开，春节后主力更是借某著名券商调研报告的强力推介，以连续跳空涨停的方式将股价推高到11.39元，三个多月涨幅高达258%，被套资金终于实现了自我救赎。

【实战技术精要】

1．严重超跌、业绩明确增长的中小盘股值得长期跟踪。

2．被套主力往往会“最后一砸”，识破诡计你就能吃肉喝汤。

3．盘中成交稀疏、日换手率不足1%等信号往往是股价见底的前兆，随时可能变盘。

4．平台构筑扎实、带量向上突破，特别是量金叉，第一时间介入！

5．大黑马最后的爆发通常伴随着消息面的刺激，所以在生命线上要勇于持股，做到利润最大化！

【看图分析解密】

长春高新（000661）在每一轮行情中都显著超越大市，2005年7月12日见底2.70元，2007年5月11日炒到23元，疯涨近10倍；2008年11月3日的最低价4.88元启动，到2009年2月16日摸高19.34元，三个月时间股价涨幅超过3倍。而每次从交易所盘后公布的席位看，参与炒作的主要是著名游资，天南地北哪都有。合适的流通盘＋干细胞概念＋抗艾滋疫苗概念，每每让这些江湖大佬们欲罢不能、接力厮杀。

如图所示，从11月10日开始的三天，5日均线始终和24日线粘合在一起，第四天，主力终于出手，一根中阳突破，5日线第一次成功站上生命线，行情就此启动！注意！要买就要买在行情的起涨点上，因为只有你的成本足够低，你才能悠然尽情地享受坐轿带来的乐趣！量在价先，成交量是最真实的。接下来的温和放量、股价沿着5日线小阳式推高、中短期均线系统发散向上、MACD走平向上，一切都显示资金运作成竹在胸、海啸行情即将扑面而来。果然，在经历了两次“两连阴”的洗盘后，游资主力放量大涨两波，顺利接棒，完成了一倍以上的量度升幅。

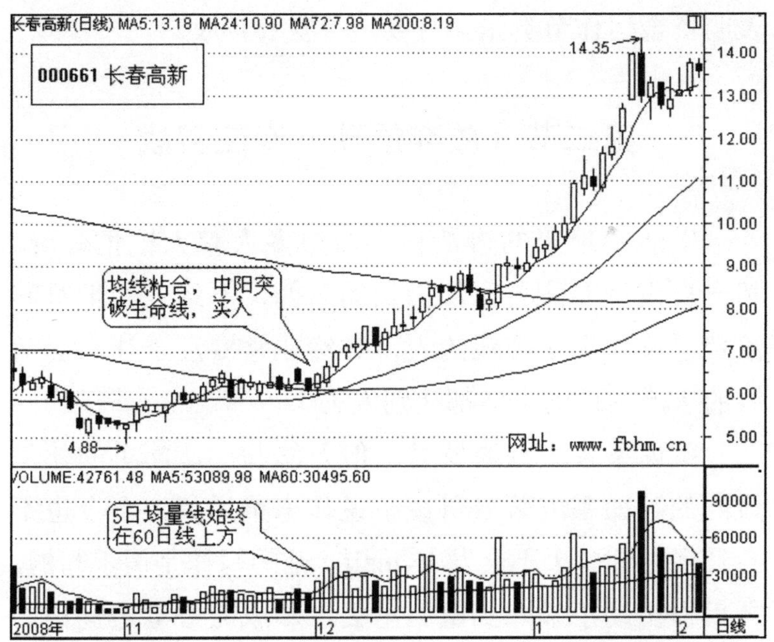

【实战技术精要】

1．1个亿左右的流通盘易于进出，便于操作，一直是游资热钱的最爱。投资者平时要多积累统计，以利实战。

2．在行情启动点上果断介入的最大好处，就是会有一个超然、良好的心态去面对之后的大行情，不至于总是患得患失、错失良机。

3．成交量可谓股市元气，将5日均量、60日均量、当日成交量结合起来判断买点，准确率高！

4．5日均量线始终在60日上方，且量价配合良好，表明资金运作节奏张弛有度，可安心持股。

第二节　放弃烦琐　专注实战

生活中琐碎的事情很多，很多人整天忙忙碌碌，却一直没有专注自己最擅长的东西，不经意间把时间浪费了。而真正赚钱的人，必然非常专注于让自己赚钱的事，烦琐的事情都让别人去干。

虽说条条大路通罗马，但万法归一，简单的才是最好的。如香港著名财经小说作家梁凤仪，至今也不会打字、上网，更不会发 E-mail。她的写作是用手写的，之后再由助手输入到电脑里去，却成为香港最畅销的女作家之一。天下赚钱方法千千万，但最简单的方法最赚钱。

复杂的方法只能赚小钱，简单的方法才能赚大钱，而且方法越简单越赚大钱。又如，比尔·盖茨只做软件，就做到了世界首富；索罗斯一心搞对冲基金，结果成为金融大鳄；英国女作家罗琳，40 多岁才开始写作，而且专注写《哈里波特》，竟然写成了亿万富婆。

其实，做股票每一种操作方法都有可能让你赚钱，但凡是跟股价没有关联或没有联想的内容，请不要去关注它。自己实际操作得出的经验才是最有效的。如果你能把赔钱的方法全部忘记，只记住让你赚钱的那几次操作，成功的脚步慢慢就来了。请详细梳理你的对账单，当时是什么原因让你赚钱？赚钱的根由在哪里？

喜欢听消息、股评，是一般股民容易犯的毛病，因为大家都是不相信自己，更相信别人，相信所谓的“专家”，结果经常头破血流亏得一败涂地。同样，不少新股民在半懂不懂的时候最喜欢操作，而操作的次数越多错误就越多，亏损的速度也越快。大盘从6000 点跌到 1600 多点，在一波熊市下来，很多人彻底失去了自信。

笔者翻倍黑马认为，专注实战首先要掌握一个正确的投资思路，最好最快的方法就是专注用一两种技术指标去选股票。当一只股票 K 线形态同时符合两种技术指标就可以看好，同期大盘也完全符合你的操作系统，你再去操作，成功的概率就会更高。

为何强调只专注两种技术指标？请注意，虽然有很多人知道，技术指标走坏了就不能买入，而大量买股就亏的投资者的教训是，当一种技术指标走坏了，他又相信另一个新的指标去了，并用新的指标来安慰自己可以买入。

一定要坚信你的投资系统是正确的，千万不要变来变去。按照极其苛刻的条件去选股，不断增加条件让选出股票的数量减少，选出的都是符合条件的精品。

没有理论指导的实践是盲目的实践，要不断总结让自己赚钱的那个条件，并把经验变成理论来指导实战。

【看图分析解密】

江南化工(002226)是中小板里又一颗耀眼的明珠。通过该股的走势分析，我们更能深刻体会到生命线法则在实战中所发挥出的巨大威力！

如图所示，该股上市后一路阴跌，短短半年，从最高 31.28 元跌至 7.11 元，跌幅高达 77%。而在经历了最后一轮急速的下跌后，该股终于在 7.70 元一线成

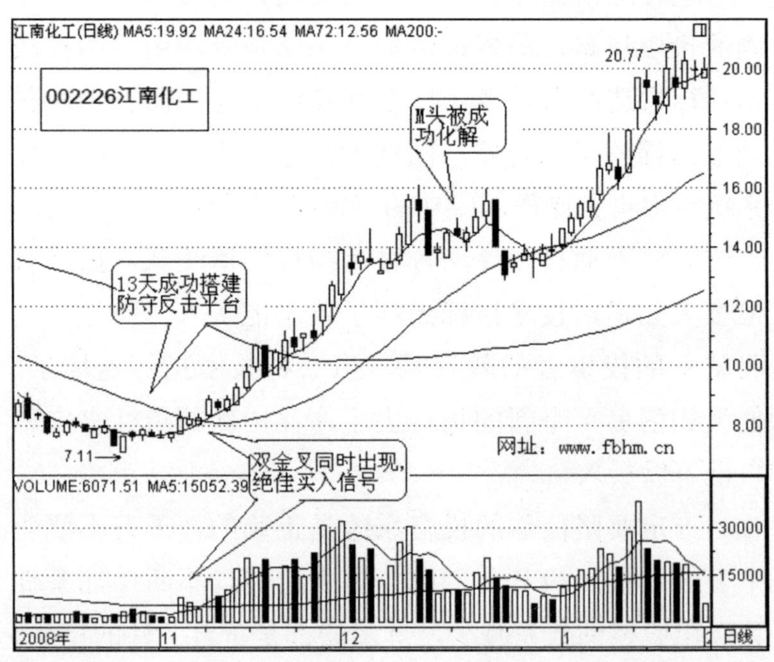

功搭建了防守平台，历时 13 个交易日。股价已跌无可跌，随后，一根 7% 的大阳线突破平台，5 日线向上拐头趋势明显，要密切留意了，强势整理两天后，5 日线金叉 24 日生命线、5 日均量线金叉 60 日，最重要买点同时出现！再度大涨 8%。随后 20 多个交易日里，该股主力一路推高股价，轻松翻倍。而在翻倍目标实现后，主力又制造了两次“大清洗”，让绝大多数解套盘、获利盘确信可怕的 M 头已经来临而争相出逃。但是大家会注意到，生命线并未被 5 日线有效击穿，依然有坚强支撑，果然，主力资金很快卷土重来，只用两三天便带量收复 24 日生命线，又开始一轮翻倍的海啸攻击，令所有中途下马者追悔莫及！

【实战技术精要】

1. 要相信“没有只跌不涨的股票”，短期严重超跌的次新股尤其值得跟踪。

2. 跌势末期，平台的构筑通常表明主力开始进场护盘，股价跌不动了。

3. 双“金叉”同时上演，是绝佳买入时机，十拿九稳！

4. 大牛股洗盘的特征是干净、快速，大盘稍一转好，主力便迅速拉升，不会再给那些不坚定者低位回补的机会。

5. 24 日生命线获得有效支撑后，第二波行情往往更具震撼力！

【看图分析解密】

北方国际（000065）是一只炙手可热的军工概念股、庄股，其实际控制人中国北方工业公司，所具备的强大军工实力在国内数一数二，加上该股流通盘适中，1.6个亿，相当符合主力资金的口味，难怪连最牛散户黄木顺也投入超亿元蛰伏其中。尽管如此，在2008年的暴跌市道中，该股也未能幸免，从年初最高21.4元一路狂泻到9月18日的4.2元，这么好的股票，主力不

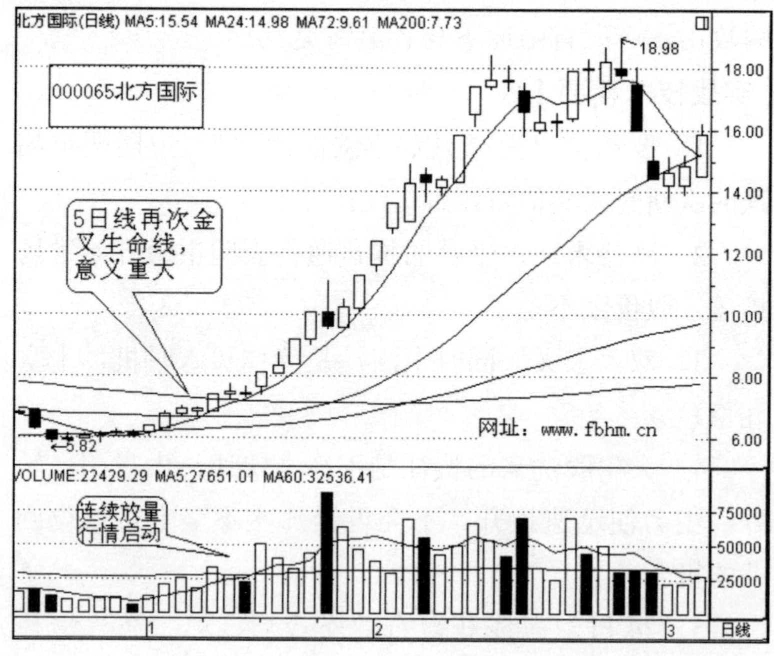

可能不寻找机会东山再起。

10月中旬，在5日均线第一次回探24日线5.08元获得支撑后，股价的上升动力明显增强，很快涨到8元，主力已完成阶段涨幅60%的目标，此时就要根据5日线形态及盘面情况，随时准备止盈出局。果然在之后的一个半月里，该股开始了三波震荡向下调整，主力以时间换取了空间，在2009年第一个交易日发动了大行情，短短几天，连克72日、24日、200日线，股价在成交量的完美配合下一飞冲天！如果在5日线再度金叉生命线时大胆全仓杀入，又将实现瞬间翻倍的神话！

【实战技术精要】

1．发现强势股、庄股的踪迹，就要时刻盯住，连续操作。

2．龙头股发动行情的量度涨幅最少都在50%。

3．通常第二波是最猛、最强、最暴利的主升段，一定要抓住！

4．连续三天放量，表明行情正式启动，赶紧上车。

【看图分析解密】

凌云股份(600480)是一只具有军工背景的汽车配件股，流通盘2亿股，业绩一直还不错。从技术形态上看，绵绵下跌过程中不断有间歇式的放量信号出现，这表明“有心人”已在暗暗吸纳筹码。下跌末期，日换手率不足1%，做空动能几近衰竭，主力在2008年10月27日使出了“最后一砸”的撒手锏，股价见底2.98元，然而第二天，主力便迅即以一根大阳线吞吃了大阴线，在K线图上打了两个并行的结结实实的桩，对于一流高手来说，这种图形是梦寐以求的，肯定要马上放到自选股里，几天后，伴随着5日线上穿24日线、72日线，强势股的大行情就此开始。而最值得称道的是，多头主力分别选择在新年和农历年伊始发动一波胜似一波的猛烈攻势，极大激发了市场人气。

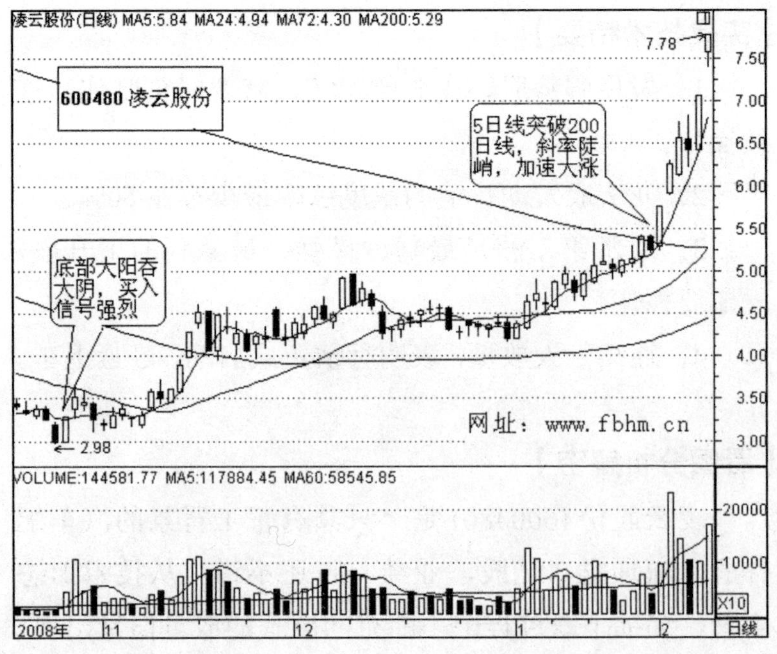

当5日线突破200日线并以60度的斜率上攻时，当成交量不断递增、资金蜂涌而入时，持股就是唯一的选择，至少要翻倍！股市就是这样：资金推动，强者恒强。

【实战技术精要】

1. 整数价位关口附近往往会是见底区域，特别是低价股。

2. 阴阳并行的“打桩”信号见底概率很大，显示主力护盘决心。

3. 强势股主力对于运作股票的时间点都早有规划，重要假期前后交易日尤其要留意。

4. 谁最牛就跟谁，牛股的最大利润段都是在很短的时间里完成的，只要趋势不坏，大胆持股。

第三节　坚持稳步赚钱原则

世界没有免费的午餐，也没有天上掉下来的馅饼。聪明不等于智慧，聪明赚不到钱，智慧能赚大钱。真正白手起家的富豪，学历不一定高，但一定很有智慧，他们是最善于学习赚钱的一族，他们都有学习赚钱的不凡历程，他们通过学习摸到了赚钱的规律，掌握了赚钱门道，成为财富英雄。

笔者翻倍黑马老师认为，如果你掌握了一个核心的方法能让自己持续赚钱，这个原则就一定要坚持。只有坚持了原则，你的资金才能实现稳步的递增。即使一次只赚三五个点，十次都赢，信心就来了。即使每次都赚五个点，十次就赚 50% 了，如果是一百次呢？即使你只有 1 万元本金，也很快就会成为百万富豪！请记住：1 万元做 72 个涨停板就是 1000 万元。

如果一次赚 10% 你觉得太多了，那就设 5% 吧，如果连 5% 都很艰难，就设 3% 吧。目标越小就越容易达成。只要你能稳步把握这些赚“小钱”的方法，就不要“花心”去做一次赚百分之五六十的股票。最后，你赚的钱肯定不会比那些想一次赚百分之三四十的人少。

每只股票的涨幅总是有限度的，涨到一定程度就涨不动了，所以我们专注做短线，赚一点点就走。这样的话我们的灵活性更高。如果你的技术还没达到 90% 以上的成功率，最好设立止损位——波段中线以 7% 作为止损位，短线亏损 3% 就止损。特别是单边下跌的时候，越早止损亏损幅度就会越小。

坚持赚钱—卖货—空仓，寻找下一只股票，再赚钱—卖货—空仓，就能经常持有现金。在没有选好下一只股票的时候，你的资金就是现金。现金是静态的，股票是动态的。你的资产在静态的时间多一点，资金就可能稳定下来。否则你的资产是漂浮的，忽然遇到某个利空消息就可能赔钱。

我们坚持的原则是：三分之二的时间是持币为主，三分之一的时间是做股票。因为股市一个大的操作原则是，上涨的阶段才可以做股票，单边下跌的时候空仓回避，震荡市只拿两三成仓位高抛低吸。大部分时间是在观望当中，选择大盘介入的时机及个股的买入点位，选好个股后不一定马上就买，而是等价位合适才买。

去市场买菜我们可以讨价还价，而许多股民买股票从来不讲价，一选好股票马上就买，庄家说多少钱他就出多少钱。实战中，跟庄家讲价格、谈条件，价格不合适坚决不买。这是笔者翻倍黑马做股票很重要的一个介入原则。你要知道，在1000多家上市公司中，符合赚钱条件的股票总会有，出价合适的股票总能找到。

【看图分析解密】

川大智胜(002253)是一只流通盘仅有1300万股的中小板个股，公司是我国空管自动化系统领域第一套国产民航主用系统供应商，为行业龙头企业；地面交通智能化管理系统是公司另一主营业务，其核心技术是“高速行驶汽车号牌自动识别系统”。凭此基本面，该股2008年6月上市后被主力相中，曾走出一波小行

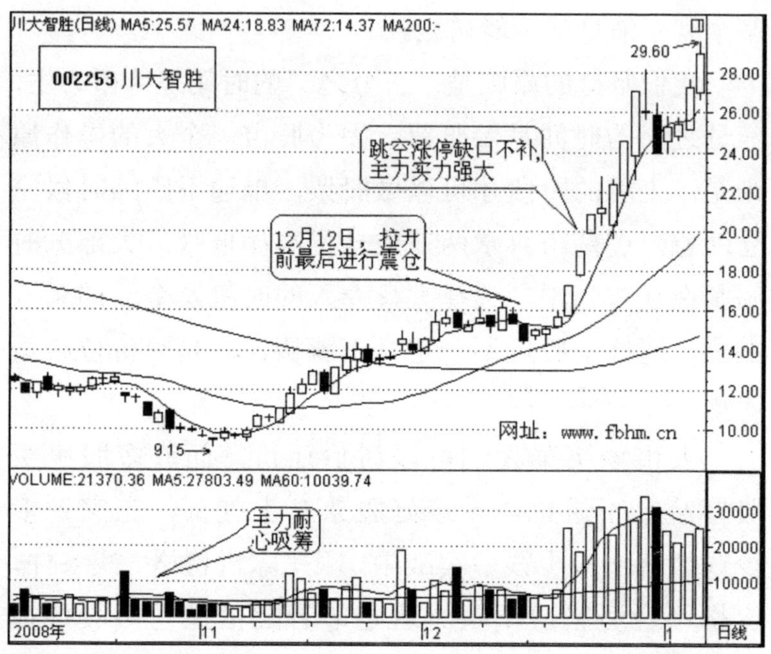

情，创出 23 元的高点后便一路惨跌到 9.15 元，较发行价 14.75 元还跌去 38%。之后，在随大市反弹的第一波过程中，主力也表现得不温不火，将股价推高至发行价左右，而在这个阶段，量的特征是 5 日线始终在 60 日线上方，表明主力一直在悄悄建仓、吸纳筹码。12 月 12 日的震仓洗盘后，借助“核高基科技”的全新题材，主力资金开始了疯狂拉抬，七天内 5 个涨停，短期暴利极具震撼力。而在此拉升过程中，量价的配合也堪称完美，成交量连续放大、居高不下，这说明热钱已大量涌入，高度认同该股题材，愿意在高位接盘！一个龙头强势股的诞生，也为主力将来出货留下了足够的空间。

【实战技术精要】

1．一只质地优良的股票，特别是小盘股，在经过一轮大跌后的低位区域介入，中线持股、笑看风云的心态会很好。

2．大幅跌破发行价的次新股常常具有黑马相，后市会迸发出惊人的能量。

3．放量涨停、当天缺口坚决不补。强势确立，看高一线，可追买。

4．股价加速上涨后，当5日均线远离主要均线指标时才考虑出货。

5．中短线快速翻倍、获利丰厚出局后，十天半月都不要再杀“回马枪”了。

【看图分析解密】

中路股份（600818）给人的冲击力太震撼了！连续9个涨停的眩目走势让这只曾名为上海永久的沪上老股又焕发了第二春，而这一切还是在大熊市阴影未散下发生的。可能有无数股民在捶胸顿足后悔放过了这匹大黑马，没有翻倍再翻倍。其实在实战中，又有几人能“鱼头鱼身鱼尾”通吃的？最低点买进、最高位走人，那都是痴人说梦，徒增烦恼。而我们要做到

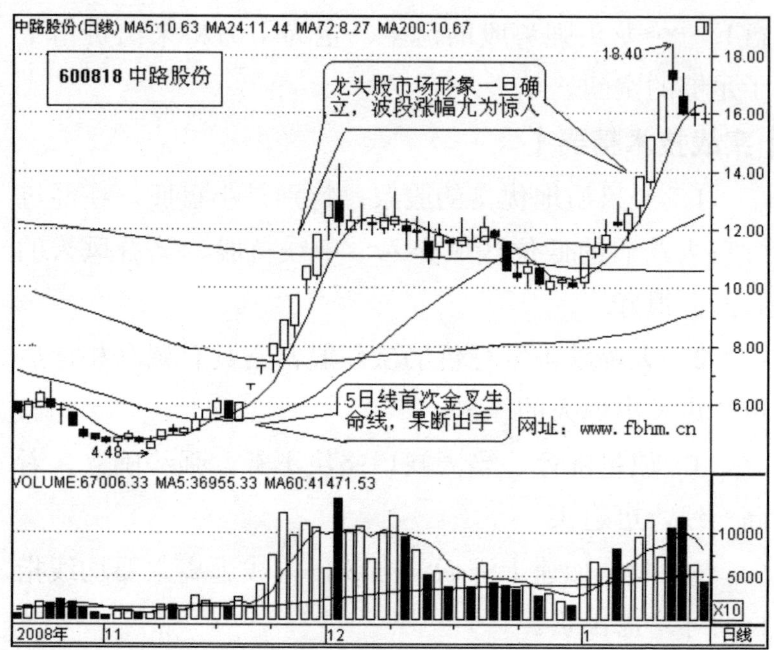

的是：在股价进入历史区域、月线有望大双底的情形下开始关注；在5日均量线上穿60日时高度敏感；在5日均线金叉24日生命线时果断出手；在面对主力拉升前夜疯狂洗盘时不为所动；在迪斯尼传闻迫使公司第一次停牌澄清时依然怀揣一颗勇敢的心；在K线图收出一根天量长上影中阴线已成定局时，不再和主力玩下去了，此时的成就感和喜悦感是难以言状的！只要摸准了主力的命脉，熟悉了主力的习惯，快速赚钱也就不再是一座空中楼阁，一个遥不可及的梦了。

【实战技术精要】

1. 月线大双底形态一旦确立，上升行情的量度升幅极为可观。

2. 四面八方大量的资金疯狂涌入龙头股，机会多多，波段行情少不了，波段涨幅一般在 80%～100%。

3. 龙头股、明星股的市场形象一旦形成，人气将带来源源不断的资金，经常上演连续涨停也就不足为奇了。

4. 涨停的股票就是好股票，能缩量连续跳空涨停的更是主力资金的宠儿，堪称王中王，爆发如海啸一般，因此要敢于追涨！

第二章　顺应大趋势原则

“世界潮流浩浩荡荡，顺之则昌，逆之则亡”。孙中山先生的这句名言如果放在股票市场，或许就是那句老话——君子谋时而动，顺势而为。

大趋势，就是大盘运行的环境和格局及国家经济的大方向，要从宏观、微观等各方面去判断市场的大方向。只有大方向明确了，你才不会南辕北辙，不至于走太多的弯路。

看对大趋势就能赚大钱，包括价值投资大师巴菲特在内的许多著名投资家，无不是把握大趋势的高手。2007 年 9 月，当巴菲特大手笔减持中国石油（0857.HK）的时候，几乎所有的人都以为他错了。现在回头来看，巴菲特的决定是何等英明。

喜欢激进和冒险的索罗斯以做空闻名于世，但他也非常看重趋势，当趋势形成的时候，愿意通过杠杆效应放大资本来做某个方向。

1929 年，华尔街股灾前，一个擦鞋童也想给洛克菲勒透露炒卖股票的秘密消息，洛克菲勒听后，马上领悟到股票市场过热，是离场的时候，他立刻将股票兑现，躲过了股灾。

第一节　先看趋势后看股

做股票看趋势的目的就是要认准行情，站对队伍，千万不要站错队了。如在空头发威的时候，你站在多头，就会被空头消灭。而在上证综指跌破998点的时候，一波大牛市来了，往上攻6000点的时候，多头占绝对的优势，如果你参与了空头的队伍就赚不到大钱。

大趋势看好的情况下才去做股票，这样我们就会减少很多不必要的损失。空头占绝对优势时，我们就应该回避风险减少参与甚至不参与。请记住：不参与就不会亏损。

不少股民每天在不断地买卖股票，空仓的时间很少，一旦卖出了股票，不到十分钟他又买别的个股。股市赚钱难吗？不难，其实股市赚钱就6个字："低点买，高点卖。"而当你随意买卖的时候，亏损就永远追随着你。

买卖股票之前，一定要反思自己坚持操作原则的胜算概率有多少。如果你根据走势图，无法确定趋势何去何从，就不要买卖。乱买卖就是碰运气，碰运气是不可能长期赚钱的。即便运气好的时候短期赚了钱，最后可能也要还给市场。

何时买卖股票比买卖何种股票更为重要，永远不要逆势而为。大盘处于上涨阶段，我们要重点去操作个股，大盘处于下跌阶段，就要空仓休息或者去度假。远离股市就不会为盘中波动而吸引自己的眼球。因为当你的注意力去了股市后，就会不知不觉地去操作。

2007 年的“5·30”暴跌让不少股民记忆深刻。我在 28 日就已经空仓，29 日股票还涨了一天，很多朋友还问我，你是不是看错啦？当时我还有点怀疑自己，因为我卖掉的股票还涨了 5 个点。但是，我并没有因为这 5 个点就马上反手做多，而是再观察一两天。紧接着“5·30”暴跌就来了，连续几天跳空低开，遍地股票连续几个跌停，不少股民损失惨重。

历史经验告诉我们，在牛市过程中，国家出台一些影响交易成本的特大利空政策，杀伤力巨大，将直接导致股价异常波动。经常保持空仓和警惕的人，就可以躲过暴跌。跌完之后就可以随地捡便宜了，因为 5 个跌停板之后，反弹百分之二三十是很正常的，此时你赚 20% 很容易就实现了。

做股票其实就是比谁的成本低，如果你比机构还要低的时候，机构就只能为你抬轿——这是我们的一个核心战略思想，在主力之前建仓。在股价还没有涨的时候，要先挖掘出来，等待恰当的时机介入。

【看图分析解密】

贵研铂业（600459）流通盘只有 6623 万股，总股本也仅 11173 万股。2007 年的大牛市从 20 元一路爆炒到近 90 元的云巅，主力的凶悍可见一斑。如图所示，当股价又回到 7 元下方的低风险的超跌区域时，主力资金开始重新进场，大捡便宜筹码，表现在 K 线图上就是温和放量，股价小阴小阳碎步上攻。在 5 日线金叉 24 日线后，主力急速将股价拉升至 10 元一线。而

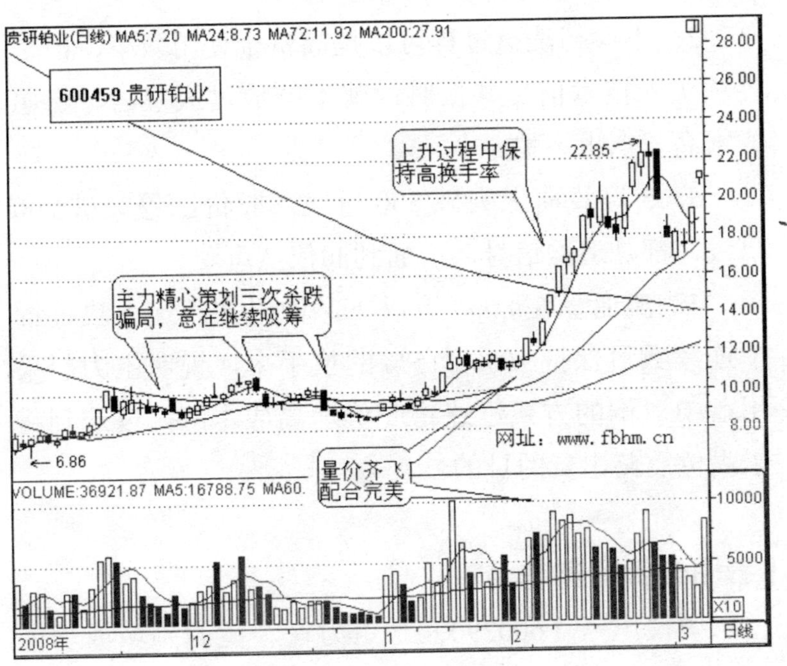

在其后的一个半月里，主力精心策划了三次放量杀跌行动，其实都是洗盘骗局，因为主力只有吸足筹码，发动行情才会收放自如。每次当你忍受不了煎熬而出局后，拉升就来了，如此反复几次，再坚强再看好该股的短线客也面临信心的崩溃。而当5日线第二次上穿24日线，并以一个涨停突破平台的时候，当量价齐飞、配合完美，所有均线发散向上时，还有比坚定持股、等待翻倍更惬意的事吗？

【实战技术精要】

1．震荡洗盘、横盘的时间越长，主力清洗浮筹的感觉越爽，后面行情的空间越大。

2．不参与洗盘过程可以提高资金使用效率，但当各项买入技术信号共振时，就不能放过大黑马，宁愿成本高一点也不怕。

3．5日线向上突破200日线，股价涨停突破200日线，都是追涨信号，后面利润依然可观。

4．流通盘在8000万以下，如果在急速上攻过程中连续数日保持10%～15%的换手率，说明主力想采用盘中对倒的方式迅速将股价远离成本区，以达到将来高位震荡出货的目的。

【看图分析解密】

华仪电气（600290）是主力在新能源领域成功挖

掘的一匹大黑马，走出了两波翻倍行情。由于公司重点发展风电设备制造、高压电器、配电自动化三大业务，业绩保持稳定增长，受益国家大力发展新能源、电力设施改造升级等产业政策，再加上股价严重超跌，盘小易控，价值低估，大盘一旦回暖，主力必将大干一场。只是让绝大多数人目瞪口呆的是，该股在触底 4.50 元后的 8 个交易日里竟收出 6 个涨停，头也不回地涨到 9.78 元，顺利翻倍！第一波攻击就如此酣畅淋漓，毫不拖泥带水，这其实就是“兵贵神速”的涨停战法在股市操盘中的经典运用。

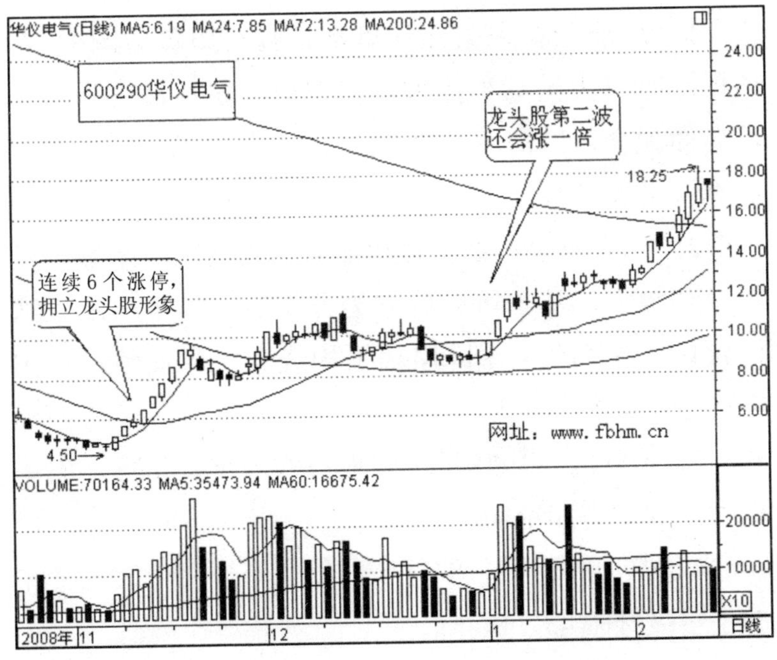

大资金既然选中了这匹千里马当龙头，那就必须以横扫千军、连拉涨停的大无畏气势去抢夺筹码，成交量的连续数日放大表明主力资金对该股后市的极度看好。当涨停板已成为家常便饭、见怪不怪时，那些后知后觉的资金包括中途被清洗出局的短线客们又会重新加入到多头的阵营里来，调整也会随之而来，但这种调整一定是强势调整，因为龙头股的市场形象已经确立，主力的成本也摆在那里，第二波行情随时将喷薄而出，之后的走势果然证明了主力有备而来、志存高远！

【实战技术精要】

1. 新能源在未来几年里都是具有想象力的题材，该板块时有大黑马被挖掘，值得研究熟记，一旦市场消息面配合，脑海里就要跳出相关个股资料，结合盘面进入实战状态。

2. 一只股票从低位拔地而起，连续两三个涨停且量温和放大，基本可以确立为龙头股，如果再配以涨停价站上生命线、5日移动平均线金叉生命线，一定要在当日果断杀入！

3. 5日均线是判断短期强势的最重要指标，斜率越大，爆发力和空间越大。

4. 龙头股的第二波行情往往也是以涨停突破开始的，量度升幅也会有一倍。

【看图分析解密】

中兵光电（600435）是资金面和消息面完美打造的一匹超级大黑马，“2007年炒中国船舶，2009年炒中兵光电”，相当多的股民已经将中兵光电比作当年大牛股中国船舶来看待了。的确，超级大户蛰伏其中＋火爆军工题材＋年报10转10高送配，怎能不让它一飞冲天呢？然而，大牛股的诞生同样是历尽磨难的，当最牛散户金顺法斥资过亿元在20元上方买入该股时，他怎么也没想到，不到5个月就跌到了10.69元，市值惨遭腰斩。大转折总是发生在不经意间，当11月

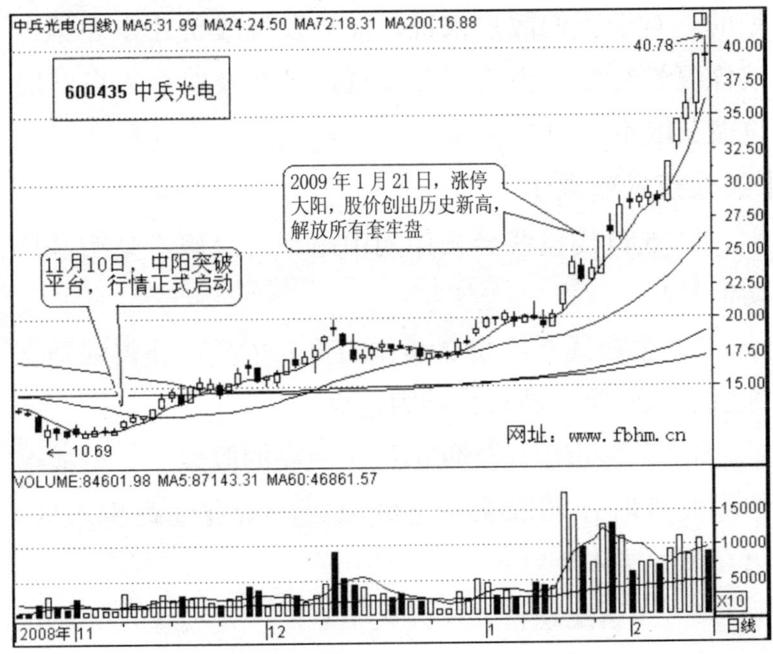

10日中兵光电以一根不起眼的中阳突破8个交易日构筑的底部平台后，两波轰轰烈烈、气势恢宏的行情就此展开了！

值得注意的是，在第一波冲击20元的行情中，上市公司接连传来“获注军工资产，全年扭亏”、“大股东完成整体上市”等重磅利好；而伴随着“打响两市年报披露第一枪”、“10转10高送配”这两个惊天利好的出炉，主力将资金优势发挥到了极致，解放所有套牢盘并一举冲高40元的气魄令市场为之惊叹。由此可见，上市公司层面的配合对于资金的运作是多么重要，一个雄伟目标的实现，背后都是经过一番精心策划的。对于我们散户来说，如果发现股价才走完第一波恢复性行情，主力志存高远，那么及时介入白马股也能获取不菲的中线利润。

【实战技术精要】

1. 5日均量线金叉伴随中阳平台突破，是明显启动信号！

2. 生命线是大资金运作的重要依托，获得强劲支撑后发动的第二波行情威力巨大。

3. 在熊市中还能创出历史新高的股票一定是最棒的，突破时伴随成交量连续放大，新资金跑步入场。第一时间买入！

4. 高送配题材炒作经久不衰，一定要重点关注首家高送配的股票，往往都是大白马，可一路持股到除权日。

第二节　按市场规律办事

不管做任何生意，只要你熟悉行业的规律，所犯的错误就会少。

股票市场也是有规律的，首先，我们看这只股票处于什么趋势中，如果是处于上升趋势，就用均线去判断——5 日均线一定是站在 24 日均线之上，K 线图一定是站在 5 日均线之上。K 线图站在 5 日均线之上，说明这只股比较强势；K 线图站在 24 日均线之上，说明这只股比较活跃。

有两个规律要特别注意：在牛市过程中强者恒强，越能翻倍的股票越能涨，越会涨停的股票越能涨；每三年一个牛熊周期，在这个周期中，调整会持续一年到一年半，在低位横盘可能也要一年，上涨过程也是一年到一年半。

按照市场的规律来办事，上涨的时候做多，下跌的时候空仓，震荡市高抛低吸。在牛市快结束了要考虑退场，看不准行情的时候就退出，也不要在看不准行情的时候入市。

在牛市上涨过程中，应该逢回调买入、逢跌就买、越跌越买。只要大方向判断对了，不是处于熊市单边下跌阶段，前面的暴跌你也已经回避了，剩下的就是赚多赚少的问题。

想赚钱的人非常多，但是掌握方法的毕竟只有少数人。只要你专注一个行业超过十年，行业里所有失败与赚钱的方法你可能都会经历过。特别是陷阱，经历多了，受挫多了，回避它的能力就会强很多。

人总是在不断地接触新事物，学习新知识。只有通过学习，人们才可以真正地跟上时代步伐，不断地前进。成功学之父卡耐基有一个很重要的理念是：你的生活是由你的心态造成的，你有什么样的心态就有什么样的生活，你有什么样的选择就有什么样的结果。

任何股票上涨都是有幅度的，当疯狂到日换手率高达 15% 以上的时候，就要以撤退为主。很多人喜欢去追涨停板，其实涨停板也有很大风险的，股票涨停并伴随天量成交，很可能就是出货的征兆。我们经常能看到有超大换手率的股票，如果你有货的话，请在收盘前最后一分钟清仓，否则第二天一个大幅低开就被套死在高位，只能帮庄家站岗。

震荡市里高抛低吸的技巧是，连涨六七天就把股票卖了，连跌六七天就开始慢慢地建仓。要“金字塔式”加仓，途中来一个反弹，赚了一两根阳线就走，然后寻找下一个机会。如此一来，资金就在持续地递增，产生良性循环。

【看图分析解密】

罗平锌电（002114）隶属中小板，是有色金属板块里的一员悍将，股价跌得猛且急，但涨起来也是迅雷不及掩耳。如图所示，在历经10个交易日的横向盘整后，2008年12月2日主力以一根涨停大阳线突破平台，创出新高，在之后的三天里，伴随着成交量如上楼梯般的有序递增，该股连续收出三个涨停，顿时

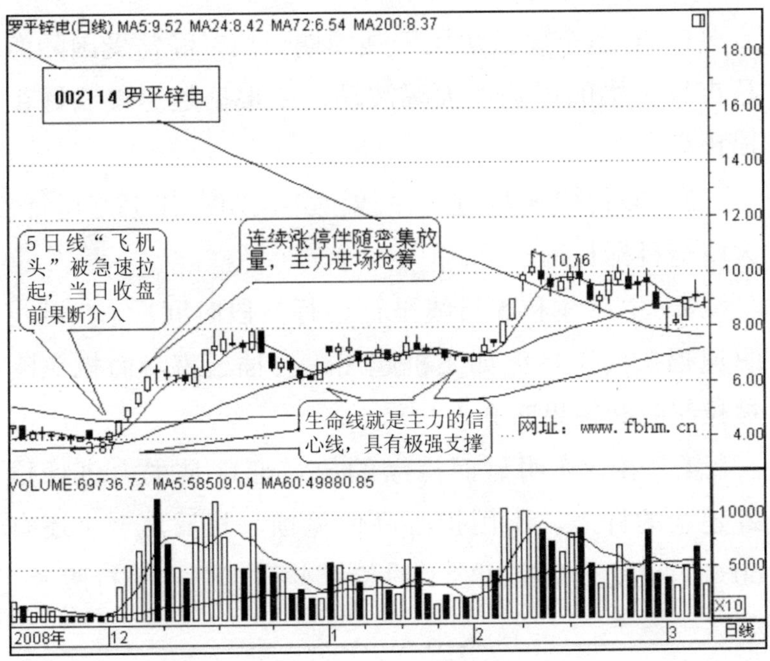

成为市场中的明星股，板块的龙头股，人气随之而来，资金也就如影随形，这是主力最想达到的效果。一旦国际有色金属市场上有个风吹草动，主力就可借题发挥，夸大效应，在人气鼎沸时从容拉升或出货。而在第二波密集放量拉升后，主力开始放缓节奏，张弛有度地清洗了两次浮筹。但你会发现，不管是疾风暴雨式的强力洗盘，还是长达数日的横盘折磨，24日生命线都有着无比坚强的支撑力。生命线就是信心线、生命线就是起跑线，股价也最终在这里再度放量起飞，奔向新的高位10.76元！

【实战技术精要】

1. 有色金属板块属于强周期板块，经常受国际商品市场价格的影响而大幅波动，要根据趋势设立好止损止赢位置。

2. 股价快速越过生命线，并长期在其上方运行，大资金目标长远。

3. 生命线和5日线平行运行一段时间后，5日线急速拐头向上，宛如飞机起飞，直插云霄，而机头刚被拉起时必须果断介入！

4. 第一次明显而持续的放量通常是主力进场抢筹建仓的标志，不用担心高位见顶，相反，至少还有60%的量度升幅空间会奖励给那些意志坚定的持股者。

【看图分析解密】

世荣兆业（002016）凭借其小盘绩优、重组转型房地产、受益港珠澳大桥等概念，经常成为市场中的明星股。在2007年的大牛市里很是火了一把，从年初的5元出头狂飙到8月的27元多，而在年尾12月大市转弱的氛围下居然还走出了一波上涨53%的凌厉行情。特别值得留意的是，在整年的数个大波段里，屡屡出现各种形态的涨停板，以致2008年11月12日也是以连续四个涨停的强大视觉冲击力拉开反攻序幕。这就说明了该股主力一直在里面折腾，忙着做波段，

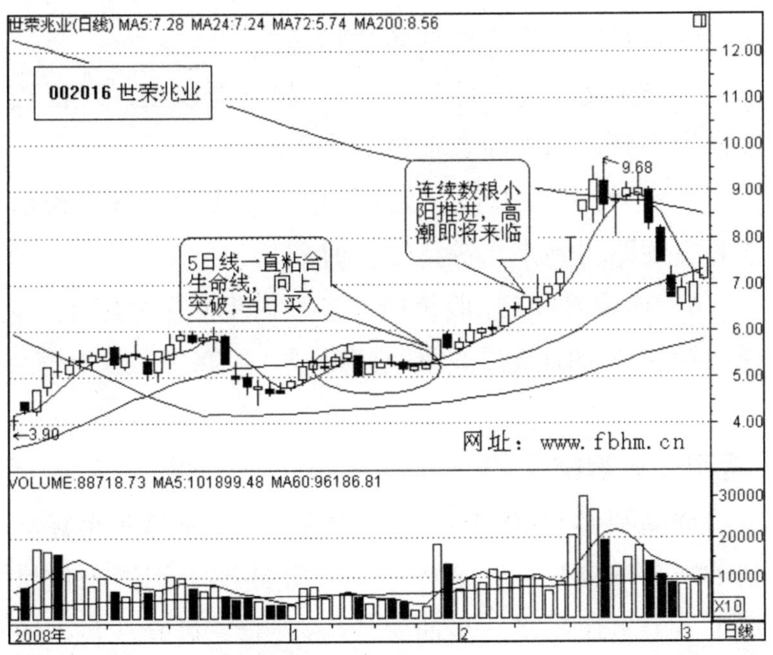

做差价。其操盘风格颇似期货手法，即趋势为王，一旦生命线获得强劲支撑，均线系统发散向上，技术形态从像模像样到人见人爱，主力就会顺势而为，疯拉涨停，极为凶悍，在短短几个交易日里就能大涨50%以上。

只要通过长时间的跟踪、熟记和实践，把握和熟悉某只股票庄家的操盘风格和运作模式，是完全可以做到的。功夫不负有心人，三年磨一剑，再做到不惧不贪，你一定可以与庄共舞、擒庄在手！

【实战技术精要】

1．涨停板经常出现的股票，是有生命力的好股，股性活跃是短线客选股的重要指标。

2．5日线和生命线粘合在一起一周以上，一根长阳向上突破，当天收盘前就要介入。

3．不管大盘如何，连续五根以上小阳推进，预示该股高潮即将到来，等待爆发时刻！

4．连续暴跌后，股价能在三天内重回生命线上方，说明抄底资金踊跃，波段空间可观。

【看图分析解密】

金晶科技（600586）在三四个月里从3.9元猛涨到13元，涨幅高达180%，而在K线图上则清晰地谱写了主力运作的“三步曲”：吸筹建仓、震仓洗盘、放

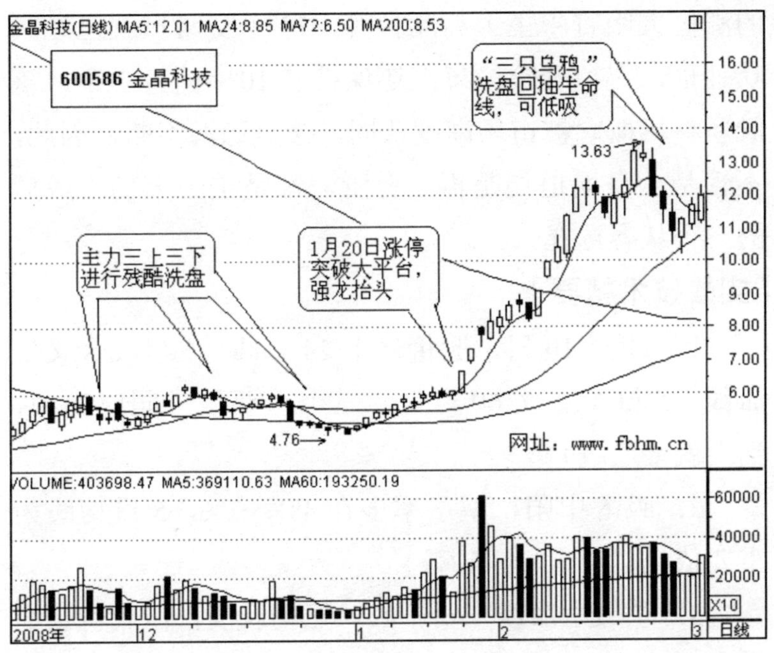

量拉升。吸筹阶段，主力显得很有耐心，在前期单边下跌过程中已经逐步盘中试探性建仓，最后用 17 个交易日构筑了一个拒绝再大跌的坚实平台，一根接近涨停的大阳向上突破后，又开始连续数日温和放量吸筹、中阳多以 5% 左右涨幅出现，主力手法极为隐蔽老到。在震仓洗盘这个阶段，主力三上三下，每次打压都连续收阴，显出反弹无力，确实洗出了不少短线客和筹码。最后一次，甚至还不惜制造跌破生命线的危局假象，但越是在低位用尽手段折磨你的意志，越是预示着后市的爆发力将如山呼海啸般！ 2009 年 1 月 20 日的涨停大阳宣告主力启动拉升，13 个交易日就已经成功翻倍，在拉升阶段每天还保持着 10% 的换手率，该股新材料概念被市场高度认同，接盘源源不断，因此，不管是全身而退还是再上台阶，都是主力大功告成后的一个从容选择。

【实战技术精要】

1．11 月 10 日，股价站上 24 日线，5 日线金叉生命线，5 日量金叉 60 日量，三个重要信号同时出现，当天就要追进！

2．吸筹中阳，换手率多在 4%～7%，5 日均线为重要依托。

3．跌破生命线三日不回，短期看淡，但股价仍在大底区域，第二次成功收复生命线，要特别高度关注！

4．能够收出缩量过顶阳线是强势股、龙头股的典型特征，可追入。

5．“三只乌鸦”洗盘较为彻底，可在生命线附近低吸，获取短期波段利润。

第三节　顺应趋势成赢家

顺应趋势的前提是判断趋势。人类的想象力太伟大了，爱因斯坦说过“想象力比知识更重要”，美国通用电气公司前总裁杰克·韦尔奇说“有想法就是英雄”。

世界上所有富翁都是最会用脑子赚钱的，你就是把他变成穷光蛋，他很快又是富翁，因为他会用脑。洛克菲勒曾放言："如果把我所有财产都抢走，并将我扔到沙漠上，只要有一支驼队经过，我很快就会富起来。"

过去的已经过去了，但我们不能够预测未来，只能够分析现在——历史告诉我们，以前的市场规律可能还会再重复，未来怎么走可以推测但不能预见，关键是，我们完全可以判断现在处于什么阶段。

掌握了判断现在的依据，你就能判断现在处于什么状态，该怎么做，就会做得很好。做股票要先思考再行动，行动错了再去思考是不对的。

很多人刚开始炒股票就把全部身家投了进去，虽然刚开始他不是这样想的，只是投了十万八万。而在单边下跌市场当中，6000 点、5000 点、4000 点、3000 点、2000 点……一个个平台被跌破，在不断加仓的过程中，他已把自己的血汗钱都搭在里面。为什么会碰到这样的遭遇？因为他没有先做判断，没有先学习方法，就盲目地去操作。

不善于总结的人，就算做了十年的股票，也仍然难以找到正确的方法，只是不断地重复着错误的操作，重复着让自己亏钱的买卖，一直恶性循环，资金越亏越少。到最后，套死就不动了，干脆"死猪不怕烫"。再看看资金，原来的十万只剩下一万，跌去了九成，割不割都无所谓了，只能“留给子孙后代”。

有人说，交易之道由心开始，次之理念，再次策略，最后技术。而很多人则反其道而行之，频繁错误操作，因而，事倍而功半。

顺应趋势另一个原则是，股价上涨趋势一旦形成，要推测上涨的空间有多大——研究这只股票的历史规律，总结之前每一波的涨幅大概有多少，成交量到达什么状态会见顶，换手率到达什么状态股价还会涨。以史为鉴，面向未来，就能够带来巨大的利润。因为近一两年来，这只股票可能是相同的机构在运作，操作手法可能会相同。

笔者翻倍黑马认为，不管你有多少资金，你的实力如何，如果能按主力机构的想法去做股票，每次都依按主力的节奏来操作，请相信自己：你就是主力。

【看图分析解密】

东方雨虹（002271）上市后第三天便跌破发行价17.33元，然而一个月后在探底11.89元获得成功后，该股股价V形反转，一飞冲天，上演了绝地大反击的惊天一幕，两个多月的时间，股价暴涨240%，堪称中小板“第一牛股”。首先查看公司基本面，发现公司是中国建筑防水材料行业的龙头企业，公司曾承接了鸟巢、水立方等20个奥运场馆的防水工程，“雨虹”品

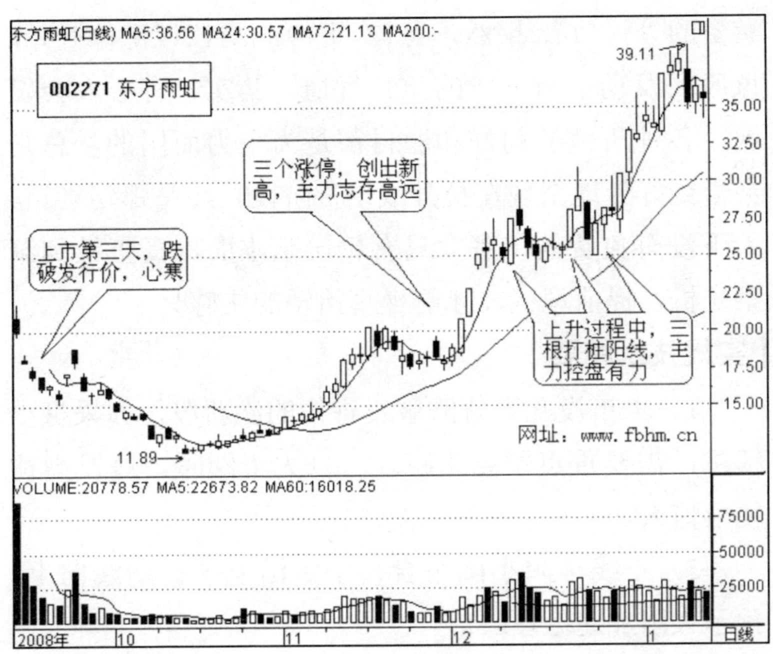

牌也已成为该行业公认的第一品牌。此外董事长在公开场合明确表示，公司目标是进入世界防水行业20强。

如此看来，市场对东方雨虹的炒作完全是有备而来的：从2008年10月中旬开始，该股稳步上扬，经过短时间的平台调整后，从12月2日开始连续三个涨停，一举创出上市以来新高，而“公司明显受惠国家拉动内需政策”的报道在这一阶段充斥媒体，为股价腾飞点燃了助推器；同样，为实现董事长宏伟的目标，公司无疑要进行规模和体系的扩张，该股流通盘只有1320万股，加上业绩优秀，高送转的预期将极大刺激游资的“胃口”，果然，从 12 月 19 日再次以涨停开始，该股又发动了新一轮的拉升行情。其实，有心人会发现，各种所谓的利好和题材都是为主力而用的，总是会恰到好处地出现在拉升或出货阶段。还是那句老话，天下没有免费的午餐。只有精研基本面，真正做到洞察先机，提前埋伏，才能坐享抬轿的快感！

【实战技术精要】

1. 上市没几天就跌破发行价的次新股，如果盘小绩优，需要重点留意跟踪。一旦大市回暖，爆发力往往很惊人。

2. K 线小阴小阳组合，坚定沿着 5 日均线向上，预示大阳加速近在眼前。

3. 先于大市见底反弹，敢于解放所有历史套牢盘的次新股，主力属于大鳄级，跟庄就跟最强者！

4. 整理平台区域连续出现打桩阳线，说明主力控盘有力，随时可能再度起飞。

【看图分析解密】

中卫国脉(600640)是一只股性极为活跃的通信股，每年都有翻倍行情出现，甚至不止一次。2007 年的大牛市里，走出了 4 波大行情；而在 2008 年非常恶劣的暴跌市中，该股也尽显英雄本色，分别在 5 月和年尾掀起了两轮迅速翻倍的惊人冲击波，成为当时熊气弥

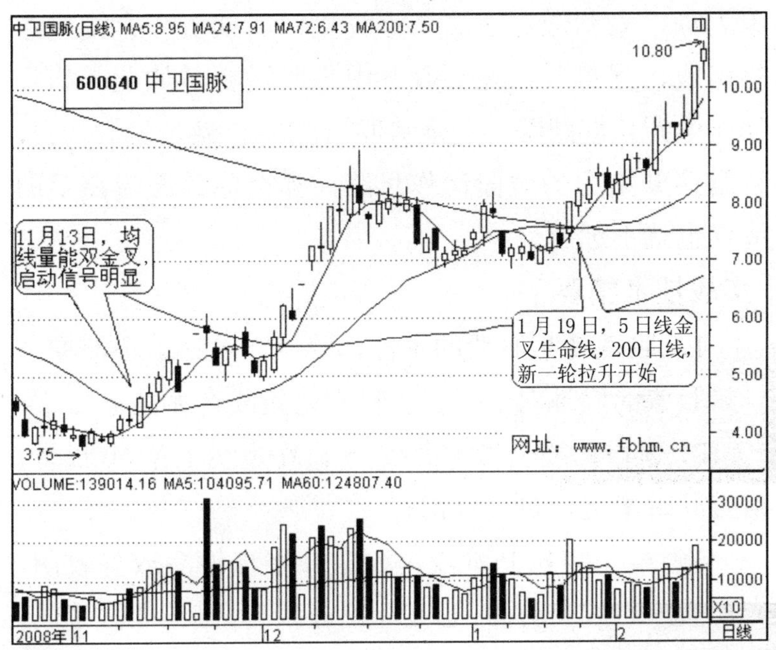

漫的阵地上仅有的几杆多头旗帜之一！

2亿的流通盘、适中的价格、大股东重组整合的利好预期再加上电信3G板块的联动，让主力资金对该股爱不释手，欲罢不能。一有刺激，中卫国脉便冲锋在前，涨停板更是如家常便饭、信手拈来。由此可见，板块里的龙头股一旦一战成名，名震江湖，其后的“品牌效应”是非常强大的，就如同科网股的海虹、梅林、综艺、信达等，这么多年过去了，它们始终战斗在一起，联动性还那么强，为什么呢？因为1999年5·19的网络股行情中它们就是领头羊、排头兵，给人留下的印象太深、太刺激。在这个市场里，活跃资金喜爱追逐热门股、强势股、龙头股，中小股民更是如此。如果你能做到长期跟踪一只强势股、龙头股，做足盘后功夫，经常揣摩主力的波段运作思路，那么你离一流高手的境界也就不远了。

【实战技术精要】

1．股性就是股票的个性、脾气、风格，逐渐摸透一只股票的股性对于投资者特别是短线客尤其重要。

2．5日均线金叉生命线、5日均量线上穿60日量，信号同时出现，机会难得！

3．第一波拉升阶段，缩量一字涨停后放量收阴，应视为主力震仓行为，意在吓出短线客，继续夺取筹码，信心不可动摇。

4．5日线是判断短期强势股的最重要依据，当其同时上穿生命线和200日线、形成金叉突破之势，收盘前砸锅卖铁也要跟进主力大部队！

第三章　短线操作指导

有人说，长线是金，短线是银。但笔者翻倍黑马老师认为，每一种方法都有自己的操作原则，长线若是金，短线更是金！如何操作的本身并没有什么好坏之分，适合自己的操作方法就是最好的。如果你每次长、短线的操作成功率是一样的，当然是做短线好，因为短线有复利效应，而中长线做得再好，也只是涨一倍、几倍或几十倍。

巴菲特、李嘉诚之所以成为大师，是因为他们能准确把握趋势，从而令价值投资游刃有余。同样，大财团、大机构在市场暴跌时也可以不断地补仓，轻松摊薄成本，并在资金、信息、实力等方面都占优势，所以他们善于做长线、做波段、赚大钱。

有人还以深市的万科、佛山照明，沪市的老 8 股、中小板的苏宁电器为例，证明做长线的都能赚到大钱。翻倍黑马认为，在大牛市中，散户做长线也许能赚到大钱。但在现有中国股市里的股票做长线，一路持有能赚大钱的个股机会并不多见，如刘元生一样守望万科 18 年的人有多少？从 6000 点跌到 1600 多点，又有几家上市公司的股价还能挺在高位？

大家所看到的事实是：熊市一来蓝筹股大多都被腰斩，不少股票价格更跌去了七八成。号称亚洲最赚钱的中石油，从 48 元跌破了发行价。回顾历史走势可发现，目前的 A 股公司大部分不具长期投资价值。对于大多数上市公司股票而言，特别是在熊市，长线只会将你越套越深。

而成功的短线交易从理论上看，并不是只能赚点小钱，只要长期坚持下去，也能赚到大钱。如果每次交易增长 3%，累计 50 次是 +438%；累计 100 次是 +1921%；累计 1000 次更是一个天文数字！积小胜为大胜，用小钱赚大钱，在复利效应的巨大威力下，交易灵活的散户完全可以创造惊人的财富神话。

第一节　坚决执行操作纪律

做股票有很多种方法，只要你擅长并能挣到钱就是好方法。任何股市都只有上涨、下跌、震荡三种市道，只要大盘不是处于单边下跌阶段，就可采用短线操作策略。做股票炒的就是心态，良好的心态是短线搏杀成功的前提。从某种意义上说，心态比技术更重要。

而做短线首要坚持的心态是，一定要按照自己事先制定的原则去操作。

曾经有一位哲学家讲过：人生专攻一点在某一方面做出成绩，就算是成功，是为“闻道有先后，术业有专攻”。大千世界，事事可做，人生苦短，总不能样样皆精。故此，老子也讲：有所为，有所不为。其意思更明白不过，要做好一件事情，首先是要有所不为，集中精力专攻其一，才能够做到有所作为。

新股民走入证券市场，犹如刘姥姥走入大观园，里面的诱惑实在是太多。通常情况下，投资者不是目标太少，而是太多了。刚发现一个目标，很快又被新的目标吸引过去，迅即又放弃新目标。总之，很难做到目标专一，这正是人的欲望使然。由于赚钱的心理急切，使很多投资者缺乏耐心，不能冷静分析市场真相，被表面的变化所迷惑。

翻倍黑马认为，能按照自己设定的方法持续去做的人总是少数，因盘面变化改变思路而亏钱是多数人常做的事情。你首先要定位为少数赚钱那一波人，不要将自己挤到多数人一边。

制定一个比较细致、完善的计划后再操作，失败的概率就会小很多。并且，只要事先制定好了纪律，在实盘中就一定要按纪律去做。在现实中，很多人在盘中受到各种信息的干扰，或因盘面的变化改变原来的操作计划。坚决执行操作纪律，是投资者实现赢利的基本原则，灵活变通也不能违反重要的原则。该买的时候一定要买，该卖的时候坚决要卖。

【看图分析解密】

西藏矿业(000762)能成为2009年开年最牛的股票绝非偶然。我们知道，该股被市场热炒的最重要、最直接原因，就是公司被挖掘出炙手可热的锂电概念。正是出于对新能源锂电池前景的强烈预期，西藏矿业股价从2008年11月最低的5.25元起步加速，特别是从2009年开始，股价更呈现井喷式走势，21个交易日6度涨停，累计涨幅超过100%，股价迅速站上18元。更令人咋舌的是，作为炒作核心题材的西藏扎布耶锂业高科技有限公司2008年竟然亏损了约1400万元，与此同时，大股东也趁着股价的飙升，开始在二级市场上大举减持。但这并没有吓退各路资金的持续涌入，尤其是一向秉持稳健风格的机构投资者无惧利空袭来，主导了对西藏矿业的疯狂炒作：1月9日，一个机构专用席位买入382.43万元；1月12日，两个机构专用席位买入596.71万元。由于这三个机构专用席位仅仅是因为西藏矿业当日涨幅偏离值超过7%才公布出来的，机构投资者实际买入的金额可能还要大得多。

无数次操盘经验告诉我们，一旦发现盘后龙虎榜

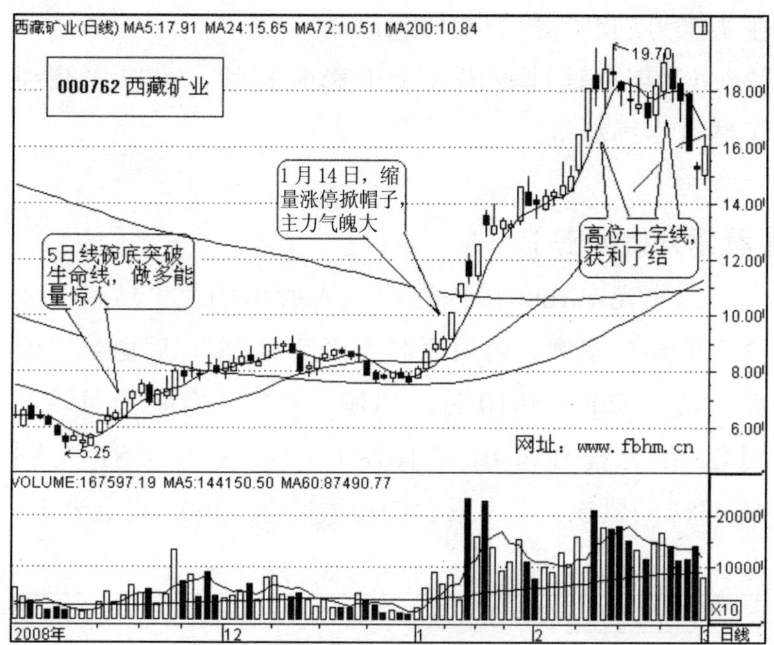

中有机构席位大举介入题材股的动向，发财的时机也就到了，一个题材能得到机构大资金的认同不是一件容易的事，既然故事刚刚开讲，后市大涨的概率你说能不高吗？

【实战技术精要】

1．5 日均线呈碗底状突破 24 日线，伴随持续放量，短线爆发力惊人，持股为上。

2．5 日均线第二次上穿生命线，伴随量金叉信号，上升动力充沛。

3．缩量涨停，创出新高，盖过前一天巨量阴线，主力来势汹汹，抢筹心情急迫。

4. 高位连续收出长上下影的K线，可以先获利了结，离场观望。

【看图分析解密】

三安光电(600703)是一只A股市场上“乌鸡变凤凰”的经典案例。公司原名为“活力28”，后更名“天颐科技”。2007年10月，福建三安集团有限公司通过司法拍卖程序，出资1678.1万元获得S*ST天颐45.43%的股权，成为后者的控股股东；2008年上半年，

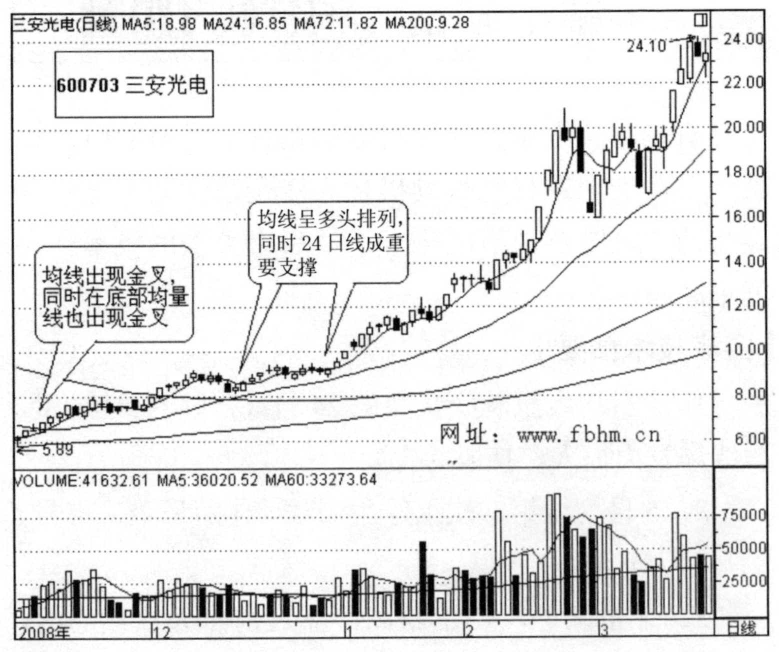

S*ST 天颐向三安集团的下属子公司厦门三安电子有限公司非公开发行股份，实施资产重组后，公司也从原先的亏损 7039 万元摇身一变成为主营 LED 外延片及芯片的研发、生产和销售的企业。2009 年 1 月底，ST 三安发布年报以净赚 5200 万元实现了华丽蜕变，并如愿摘帽变身为三安光电。

从二级市场上的表现来看，三安光电也着实赚足了节能环保和新能源的眼球。股价从 2008 年 11 月 7 日的 5.89 元起步，一路过关斩将，不到一个月时间就将所有主要均线位统统踩于脚下，之后 5 日均线在 24 日生命线的强大依托下，引领着股价发动了一波强过一波的上升浪，特别是在 2009 年 1 月 23 日摘帽后不久，更是爆发了超级主升浪，从 13 元又翻了一倍多。主力提前在 K 线图上给投资者描绘出了一幅新能源题材的美妙前景。

【实战技术精要】

1. 只要具备实实在在的重组摘帽＋市场热门概念，主力绝不会放过这种股票，发动大行情是必然的，要做到心中有数。

2. 在均线多头的大趋势下，特别留意观察生命线对于 5 日线的重要依托作用。

3. 5 日线向上翘的角度越陡，股价上涨力度越大。

4. 强势股经常以寥寥几根十字小阴线完成“空中

加油”，整理过程很短，要赶在新一轮升势启动前及时介入。

5，急跌后，股价三日内重回5日线上方，且24日线有明显支撑力，表明主力意犹未尽，持股待涨。

【看图分析解密】

太行水泥（600553）以其连拉9个涨停板的强悍走势成为2008年11月最耀眼的明星。这种超级大黑马看似很难把握，但对于熟练掌握了生命线法则和龙头涨停战法的投资者而言，擒牛股就如探囊取物一般。

11月5日，一个极为普通的星期三，该股开盘后经过两波迅速拉升后在10点前便牢牢封死涨停，此时绝大多数人还在大熊市的淫威下备受煎熬，太行水泥第一个涨停自然没有引起市场过多的关注。然而，隔夜再战，主力竟以涨停板跳空的极强姿态一举突破24日均价2.79元，形成了“鱼跃龙门”的经典形态，这一天还同时出现量金叉、MACD指标金叉，给了有心人买进的最佳时机。第三天该股继续放量吸筹、跳空涨停。于无声处响惊雷，太行水泥拔地而起的底部三涨停，不仅奠定了水泥板块的老大地位，还极大鼓舞了多头反攻的信心。果然，伴随着国家4万亿元拉动内需政策的重磅利好出台，大盘终于走出了谷底，水

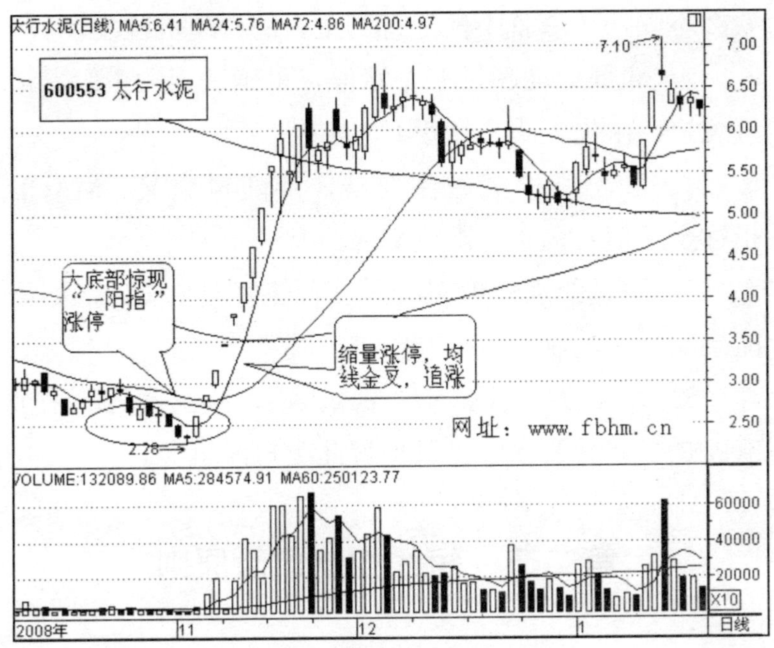

泥基建板块功不可没，更成为持续的热点。四面八方的资金蜂涌而至，令太行水泥一字涨停，买都买不到！第5个涨停，主力盘中短暂“开闸放水”，把胆小的持股者强行震出场外。之后再度拉抬股价，在创出9个涨停板后，又在高位巨量换手了11天，12月3日终于用尽力气达到了6.80元的200%量度涨幅。不管怎样，主力这一波的惊天之作算是圆满收官了，能否再次上涨，那也是以后的事情了。

【实战技术精要】

1. 热点板块中的领头羊通常要强于同板块的股票，

要么不涨，一涨就不停，直到主力的心理价位实现。

2．底部启动超过三个涨停，可确认为大牛股，最好死捂，不见大阴不撒手！

3．股价涨停突破生命线，伴随量金叉、MACD指标金叉信号，买进准确率极高！

4．缩量的涨停板突破，没有任何理由卖掉，如果能果断介入，获利也有50%左右。

5．龙头股的形象一旦深入人心，隔三岔五的来个涨停是很容易的事，可以把握此类短线机会。

第二节　短线控制风险原则

成功，等于小的亏损加上大大小小的利润，多次累积。做到不出现大亏损较简单，以生存为第一原则——当出现妨碍这一原则的危险时，抛弃其他次要原则。因为，无论你过去曾有过多少个100%的优秀业绩，现在只要损失一个100%你就一无所有了。无操作控制风险原则，是多数中小散户的老毛病，一会儿学索罗斯，一会儿学彼得·林奇，一会儿学巴菲特，其结果就是谁都学不好，短线变中线、中线变长线，最终变成被深套。

请记住，100万亏损50%就成了50万，50万增值到100万却要盈利100%才行。所以，每一次的成功，只会使你迈出一小步，但每一次失败，却会使你向后倒退一大步。从帝国大厦的第一层走到顶楼，要一个小时。但是从楼顶纵身跳下，只要 30 秒，就可以回到楼底。

如果你的选股系统尚未完善，短线操作控制风险就要坚持止损原则：假设你做短线看错了，加上手续费亏 3.5% 就要迅速止损；如果是做中线，当买进价格亏了 7%，就坚决卖掉退出。只有坚持刚性的止损原则，你才不会买进后跌了还要看一下等待反弹，结果是越等越跌、越套越深，最后风险彻底失控。

在资本市场，永远会有你想不到的事情，会让你意外产生亏损。除了刚性止损原则，还要学会是否要止损的简单判断，就是问自己一个问题：假设你现在还没有建仓，是否还愿意在此价位买进。答案如果是否定，马上卖出，毫不犹豫。

壮士断腕，狠心了结，果断执行，是止损原则的第一要求。

炒股止损不止赚，所以除了止损你还要学会止赢。大牛市大家可能会赚多一点，你也可以顺势提高利润即止赢位。当你赚到了 30%，可把止赢位设为 20% 甚至 25%，以此类推，盈利趋势未走完，就不轻易出场，要让利润实现最大化。

【看图分析解密】

光华控股（000546）是一只典型的消息股、重组绯闻股，2008 年 11 月以来，身上先后有重组传闻，李嘉诚要入主传闻，然后又是业绩预告频繁变脸，每次重大消息出炉都恰逢股价敏感区域，而随后的大涨或大跌更是把投资者搞得快“休克”了。如图所示，就在 2008 年 10 月 28 日股价创出 2.28 元这一近年新低的前三个交易日，公司年度预亏 2000 万元的公告刚刚发布。自此公司股价开始扶摇直上，沿着 5 日线一路单边上扬，连克多道重要均线位，成交量也无明显

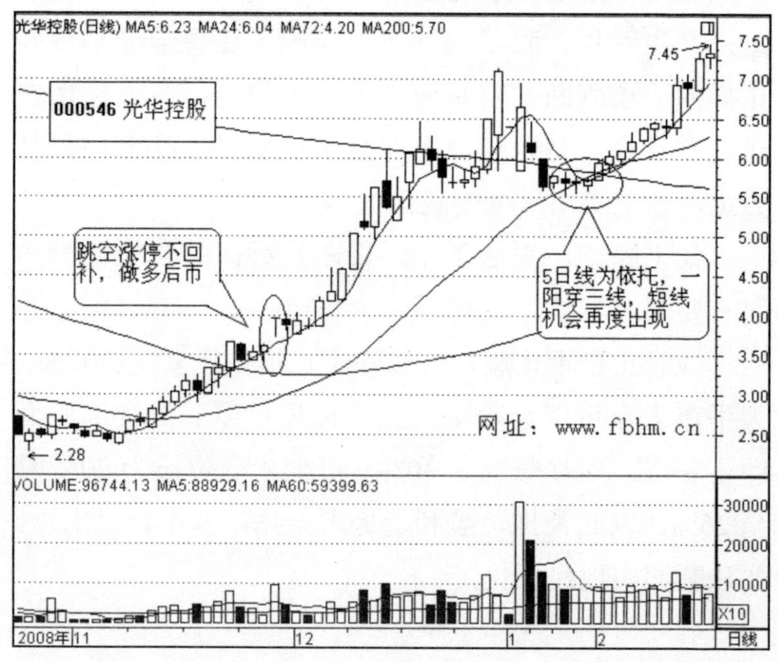

放大，主力锁筹意愿强烈。两个月后股价已冲破7元关口，累计涨幅高达两倍。而12月26日公司首次将预亏改为预盈当天，光华控股大涨9.40%，正式结束了历时两个月的单边上行，开始了宽幅震荡调整。

2009年1月17日，就在其宣布首方投资乃普通财务投资的次日，光华控股创下了24.38%的惊人换手率，而这也是该股10年来的历史纪录。当日公开信息显示，在当天卖出前五家营业部中，中信证券深圳新闻路营业部等私募"大鳄"均现身其中。四家均在大量卖出持股的同时，又在大量购入光华控股的股份。众多场外资金大量屯集于此，并在该股上激烈厮杀、巨量对冲的操作由此可见一斑。

【实战技术精要】

1. 在低位出利空要敢买，在高位出利好要快卖，逆向操作是做消息股的一大绝招。

2. 底部小双底形态扎实，上攻力道足。

3. 跳空涨停缺口坚决不补，意味着后市有大行情。

4. 高位天量换手，不管是大阳还是大阴，收盘前先抛空再说。

5. 5日线回落生命线，获得有力依托，小阳攻击可再次买入做把短线。

【看图分析解密】

塔牌集团（002233）上市不足半年，股价就从17元一路暴跌到4元多，期间并无像样的反弹。但狡猾的主力在发动大行情的前夜，还是策划了最后一跌，在K线图上完美地画出了4.60元的双底形态。2008年11月5日，一根涨停大阳线突破5日均线，向上攻击欲望十分强烈，当天5日均量金叉60日，主力打响进场抢筹第一枪，在并列小阳后，又以一个跳空涨停同步实现了5日线金叉24日生命线的任务，在5日线的一路护航下，该股一口气连涨9天，短期涨幅高达80%。和其他大牛股一样，塔牌集团主力心中的目标

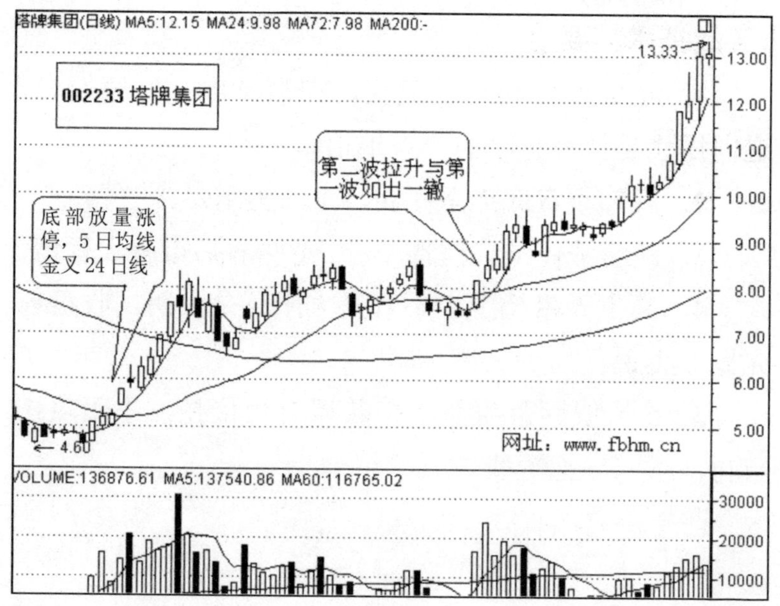

绝不仅仅停留在8元。果然，历经一个多月的箱体震荡整理后，该股梅开二度，股价从7.42元一路飙升到14.39元，又接近翻倍。细心的投资者会发现，第二波拉升的手法、走出的形态几乎就是第一波的翻板，可以断定，还是那个主力！只要平常多积累、多比较主力运作的模式与风格，就能在第一时间与庄共舞。

【实战技术精要】

1. 底部放量涨停，伴随量金叉，买入时机不可错过。

2. 上攻第一波持续放量，主力目标远大，不必老想着出货。

3. 5日线是强势牛股的重要依托，上升角度突然变陡，短线面临暴涨。

4. 第二波拉升初期与第一波比较，主力手法如出一辙，可及时介入，等待量度升幅的到来。

【看图分析解密】

澳洋科技（002172）2007年9月一上市便被主力机构相中，短短三个多月后股价就已翻倍，在2008年1月摸高76元后炒作资金全面撤退，只留下“一地鸡毛”，股价一泻千里，在10送10除权后，该股更加速暴跌，多头毫无还手之力，2008年11月4日最低竟然跌至2.54元。可以说，10个月来想抄该股反弹的投资者几乎全部深陷其中，伤痕累累。究竟何处才是底

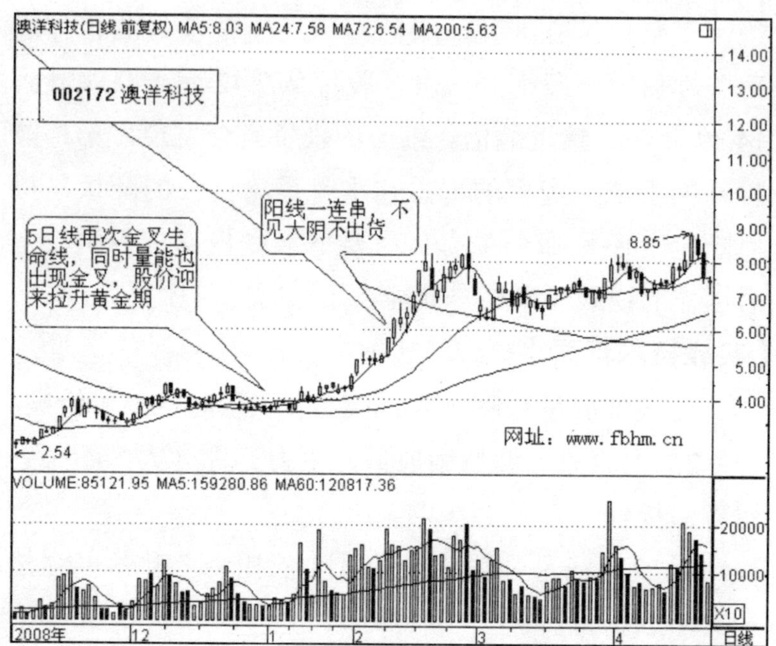

呢？其实，真正的底部是指一个运行区域，买到最低价是不可能的，也极不现实。如图所示，只要严格依据我们的选股系统指标综合判断，抛掉幻想，调整好心态，该出手时就出手，就一定能在大牛股刚启动时骑上牛背，坐享极速暴利。你会发现，抄到所谓的世纪大底、熊市大底也并不是件多难的事。

【实战技术精要】

1. 熊市末期选股首选那些严重超跌的股票，5元以下，盘子不大的次新股尤其要关注。

2. 底部启动，量在价先，5日均量线上穿60日均量线，形成金叉，给出强烈买入提示。

3．5日均线再次成功金叉生命线，再配合量金叉信号，股价将迎来黄金拉升期，严重超跌股起码再涨一倍。

4．单日换手率连续多日超过7%，股价加速上涨。

5．阳线一连串，不见大阴不出货。

第三节　短线操作的核心思路

我们为什么选择做短线？一个非常重要的原因是，中国股市只是一个新兴市场，诞生还不到20年，波幅巨大。如果你一年到头只持有一只股票，在经历一波大涨后又碰上大跌，到头来还是没赚钱。我们认为，即使是大牛市来了，“快、狠、准”的短线操作，也会比长线持股赚取更多的利润。

一般人以为持长线、买蓝筹股就是“投资”，炒短线、买中小盘就是“投机”，这是一种观念上的错误。例如在2007年10月到2008年10月，持长线、买蓝筹股的“投资”者肯定会损失惨重，而一些玩短线、买中小盘的“投机”者也不乏有获利高手。其实，在连续下跌市道中，灵活的短线操作还能减少你的损失，能快速割肉总比被深套要好。

短线操作的核心力量是连续循环带来的复利——

如果准确性提高了，能持续去做的话，复利就会带来巨大的收益。这也是我们的核心竞争力。同时，短线操作保持了资金的灵活和机动性。一年下来，做中长线的机会少，而做短线的机会多，在理论上几乎每个交易日均可操作，可持续性更高。

毛泽东早期的军事理论，也可以成为我们短线操作的战略指南——哪里有空就钻到哪，哪里好打就打到哪。在敌强我弱的游击战中，奉行敌进我退，敌驻我扰，敌疲我打，敌退我追；四渡赤水，重上井冈，长征延安，红军总是牵着蒋介石的主力在跑。但同时又有持久战、麻雀战、地道战、地雷战，一听名字全是小玩意，却完成了夺取全中国政权的大战略。

炒股是一场战争，持久的战争，一场场局部的战役仅是这场战争的组成部分。既然是战争，就需要谋略，懂得取舍和进退，要从大的战略考虑问题。要想赢得战争，就得对对手深入研究，懂得自己的实力，做到知己知彼，方能百战不殆。短线操作要求技巧比较高，如果你已经掌握了获胜技巧，大可频繁去操作，只要是安全稳健的，两三天操作一次也无妨！

在大牛市阶段，还可以采取的一种操作策略是做大波段。波段操作是针对目前国内股市呈波段性运行特征的有效的操作方法，波段操作虽然不是赚钱最多的方式，但始终是一种成功率比较高的方式。

波段炒作在每一年的行情中都有主峰和主谷，峰顶是卖出的机会；波谷是买入的机会。很多个股具有一定的波段，首先应对一些个股进行仔细研判，再去确定个股的价值区域，远远高离价值区域后，市场会出现回调的压力，这时候再卖出；当股价进入价值低估区域后，再在低位买入，耐心持有，等待机会，一般都会获取较大收益。

【看图分析解密】

华夏建通(600149)是沪市一只赫赫有名的通讯股、

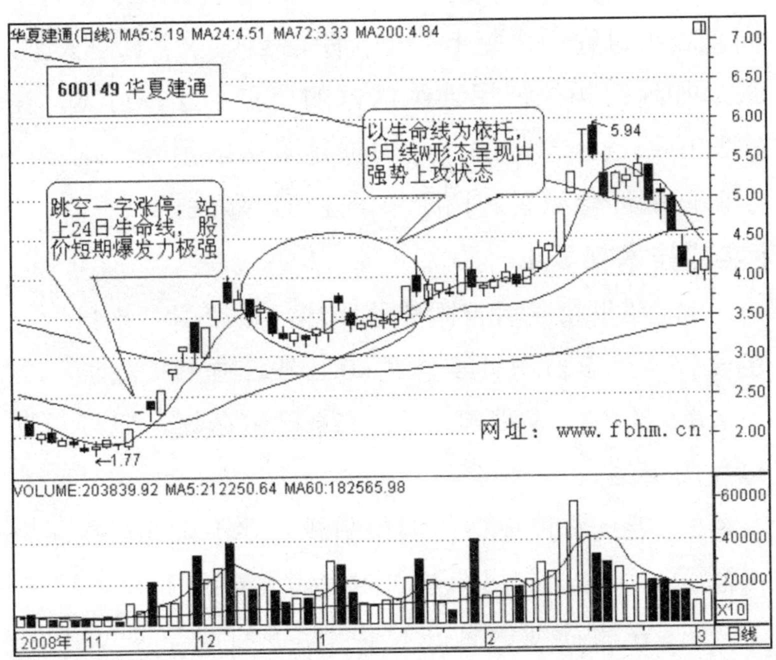

3G 概念股、老庄股，股性十分活跃。在大牛市中风光无限，经常轻松走出翻倍行情。但碰到 2008 年这样的大熊市，同样摔得面目全非，一度竟然掉进了 1 元的队伍。正所谓，弹簧压得越紧，反弹力度越大，高度越高。如图所示，主力在 2008 年 11 月 7 日正式发动行情，只用了短短 9 个交易日，一口气从最低 1.85 元拉到 3.72 元，以迅雷不及掩耳之势股价翻了一倍。尤其值得回味的是，在这 9 天里，主力凭借资金优势打出了 7 个涨停板，有几乎一字封板的，有光头光脚的，有长下影的，总之，该股主力对各种涨停战法的运用显得游刃有余，十分老到。在华夏建通第二波震荡式向上攻击过程中，每上一个台阶，必见一个涨停大阳，最后加速时更采取了连续涨停的一贯手法。可见，在实战中摸透庄家的脾气与习惯是多么的重要，这需要长时间的经验积累和揣摩领悟才可以做到。

【实战技术精要】

1. 严重超跌后首次涨停，当日成交量是 5 日均量的一倍，且 5 日均量线金叉 60 日线，强烈关注。

2. 跳空一字涨停，站上 24 日生命线，股价短期爆发力极强！

3. 连续涨停途中的调整阴线只要不破 5 日线就不必恐慌，通常第二日即被“阳包阴”。

4. 在生命线的依托呵护下，5 日线呈现 W 形态上攻是强势股的一大特征。

【看图分析解密】

中航光电（002179）与多数大牛股的底部启动初期形态不尽相同，在2008年11月3日这一天，该股见底6.90元，收出了一根涨幅仅为2.43％的小阳线，其后数日主力不温不火，步步为营推高股价，在K线图上累计收出11根阳线。而其中大多数为小阳、中阳线，竟没有一天报收涨停，只是在11月10日这天，5日均线突破24日线需要8％的大涨来支撑。这一方面

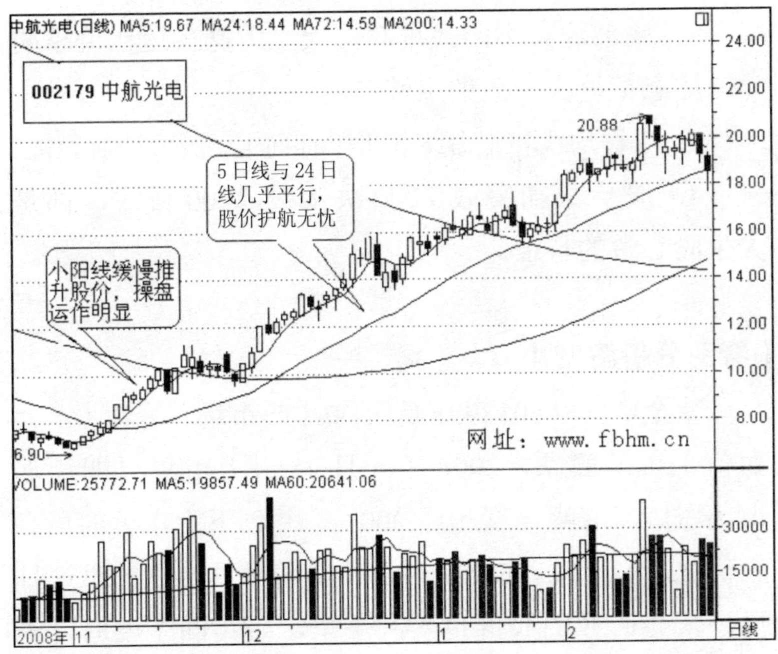

显示出主力资金吸筹的决心和耐心，也表明了刚从底部起来的股价会受到短线客、解套盘、割肉盘的多重打压。但是在生命线的强大依托下，再加上有成交量的完美配合，中航光电几乎没有做过多的调整动作，股价便沿着5日线，呈45度斜率一路向上攀升至20元。特别在这一波的中后期，成交不需要放出大量就可以轻松上个台阶，更说明了主力已锁定筹码，控盘有力，股价要涨到哪儿完全看他们的脸色。

【实战技术精要】

1. 股价见底之前，5日均量线已金叉60日线，暗流涌动，资金开始介入。

2. 底部连续小阳式推高，大主力操盘运作迹象明显，注意把握大牛股的上涨节奏。

3. 5日均线和生命线几乎平行向上，股价护航无忧。

4. 股价成功突破72日决策线，200日线，都是大牛股必备的特征。

【看图分析解密】

紫金矿业（601899) 是国内A股市场首家以0.1元面值上市的股票，2008年4月25日上市首日即遭遇市场爆炒，涨幅一度超过200%，并创下上市后的最高股价22元。但就在此之后，伴随着短炒热钱的迅速抽离，紫金矿业的股价也一泻千里，当年四季度时，最低时曾低于 3 元，期间均价也在 5 元以下。面对昔日的黄金贵族沦为如今的街头乞儿，主力机构坐不住了，发动了绝地反击。

2008 年 11 月 10 日，一根 8% 的大阳线将股价一举脱离 3 元附近的整理平台，当天成交放大 4 倍。横盘消化两天后，主力大涨 3 天，攻克 4 元，股价站上生命线，5 日均线也迅速上穿 24 日线，且越离越远。而在随后跨年度的波浪式上攻行情中，5 日线几次回抽生命线都没有跌破，由此判断，对于这样一只行业龙头股而言，24 日线明显就是大主力资金运作全局中

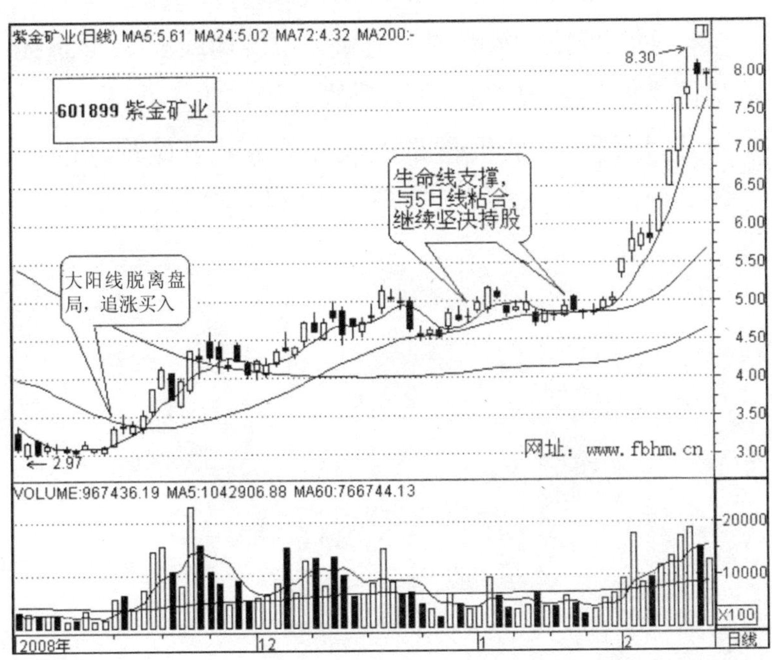

的定海神针。果然，2009年春节后首个交易日，紫金矿业就跳空涨停于5.53元，其后急速攀升至最高9.84元，不到一个月就大涨了几乎一倍，短期暴利着实令人咋舌不已。

【实战技术精要】

1．黄金类个股经常跑出超级大黑马，一旦成为市场阶段热点就要紧抓不放。

2．上升初期主力有时会采用凶悍的跌停式洗盘手法，震出散户筹码，但很快会在一两天内再创新高。

3．5日线回抽生命线获得强力支撑，此时是趁低吸纳的最佳时机，也是控制风险的重要法宝。

4．跳空涨停形式向上突破，5日均线拐头形态宛如龙抬头，这是股价最快攀升的时候，机不可失。

5．翻倍的牛股经常是以涨停的方式开始启动的。

第四章　超级短线操作法

买进，卖出，空仓等待，做股票无非处于三种状态。股市如江湖，方法如武功，只有学到顶尖的武功才能在江湖上立于不败之地。武功有四种境界：第一境界是无招无势，乱打一通；第二境界是有招无势，花拳绣腿；第三境界是有招有势，大侠级别；第四境界则重回无招无势，似乎忘记自己会武功，却已成为宗师级的人物。

所谓大道至简，实践是检验真理的唯一标准。中国股市是错综复杂的，上市公司是错综复杂的，庄家机构是错综复杂的，市场资金流和信息流是错综复杂的，就连投资分析的方法和技术也越来越繁多、越来越复杂。一个投资者没有精力、没有能力、没有必要研究那些琐碎复杂的问题。本来股市投资并不是那么复杂那么神秘的事情，而是被人为复杂化神秘化了。

请牢记：股市操作过程中最基本、最简单的才是最有效方法；只向已经赚钱的人学习赚钱的方法。

第一节　超级短线切入法

选择一个准确的买点，是短线操作成功与否的关键。在震荡市中，股价经过下跌、盘整之后，我们在进入上涨的临界点时切入最省时省力。

翻倍黑马持续多年的成功经验表明，经历过洗盘的个股是最好的短线切入品种。最有效的判断方法是，股价在上涨初期出现“挖坑”动作就是介入良机。所谓“挖坑”，就是启动前突然暴跌，在许多人不经意的情况下，两三根大阴线杀下去，急跌后又慢慢抽了起来。“挖坑”往往会把很多意志不坚定的人全部埋在“坑”里，不少人会在此割肉或微赚一点就急忙出局，这对主力后面的拉升非常有用。

《孙子兵法》说：“先为不可胜，以待敌之可胜。”即先处在不可能被敌人打败的位置，再等待敌人露出破绽被我打败。股市里，真正的炒家很少追涨杀跌，他们总是埋伏在低位，而且是大盘的低位，主力要么走平，要么抬轿，反正不可能走低；而他要么小赚，要么大赚，反正不会亏损。与此正好相反，大多数散户朋友却往往很勇敢地高位买进，输赢的概率各占一般，一买进去就祈祷过日子。此法与赌博无异。

跌时买，涨时卖，是短线获利法宝。为何我们经常选择在股价跌时去买呢？因为股价既然跌得很惨了，当“坑”挖下来时，风险已经小了很多，而上涨之时我们就可以赚钱走人了。此外，如果该股的庄家实力比较强悍，涨势凶猛的时候，我们还能继续追击，因为他之前洗过盘了，拉升的时候浮筹就比较少，相对轻松就能达到想要的目标价——这就是机构的操作思路。

另外一种方法是突破平台时切入。但是，突破平台切入法要在出现牛熊转折点时使用，如熊市变成牛市这个转折点，股价正在进行平台突破的时候是最佳的切入点。还有就是在突破重要压力位介入，如 5 日均线上穿 24 日均线，一旦均线形态出现突破时，就是短线操作的最佳切入点。

【看图分析解密】

路翔股份（002192）从 30 元一路跌下来，在 6 元附近终于获得了强力支撑，K 线图上形成了一个平底锅，而每天换手率不到 1%，表明空方打压力量已经衰竭，多方只要稍一聚集，股价就会应声而起。2008 年 11 月 5 日起，伴随着成交量的逐步放大，该股连收四阳，成功拿下 24 日生命线，一根十字星过渡后，便又暴拉 4 天，股价逼近 10 元大关。之后主力顺势洗盘消化一下获利和解套筹码，12 月 1 日的光脚大阳宣告

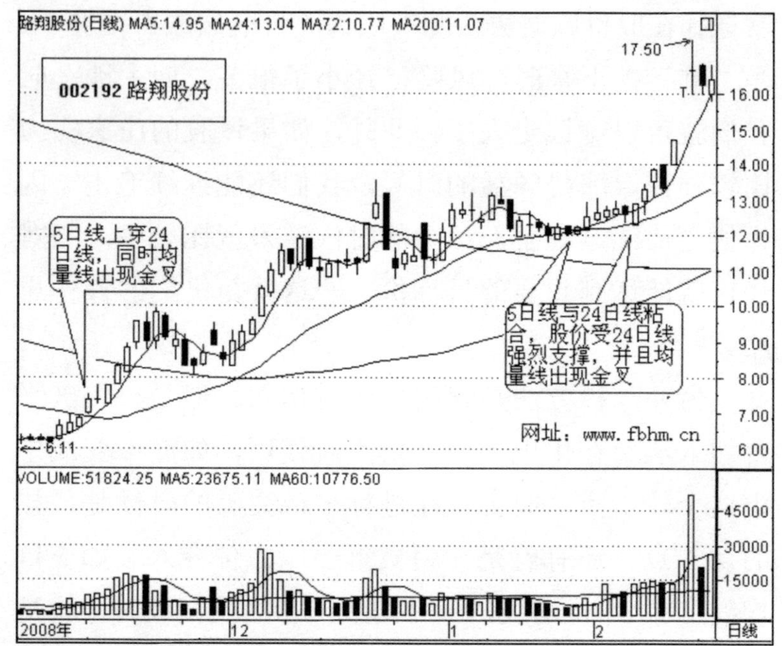

生命线突破有效，股价又连涨6天。接下来近两个月的横盘震荡确实很磨人，大多数投资者相信都耐不住寂寞出局了，但其实主力只是在等待最好的拉升时机。果然，2009年2月6日，同样是一根光脚阳线，同样是回探一下24日生命线，但新一轮行情的“飞翔之路”就此又展开了。

【实战技术精要】

1.“平底锅”型大底的量能已极度萎缩，一点资金进场就能把股价打起来，观察量价配合情况很重要。

2. 和股价均线道理一样，5日均量线上穿60日后回抽获得支撑，确认突破有效，会再起升浪，要及时介入。

3．24日生命线是股价长期走牛的关键支撑位，可在此位附近趁低吸纳。

4．光脚大阳经常是主力结束调整、发动行情所释放的一个信号弹。

【看图分析解密】

南岭民爆（002096）是一只行业属性比较特殊的中小板股，对于这类股票，各路猛庄大鳄一般都会垂

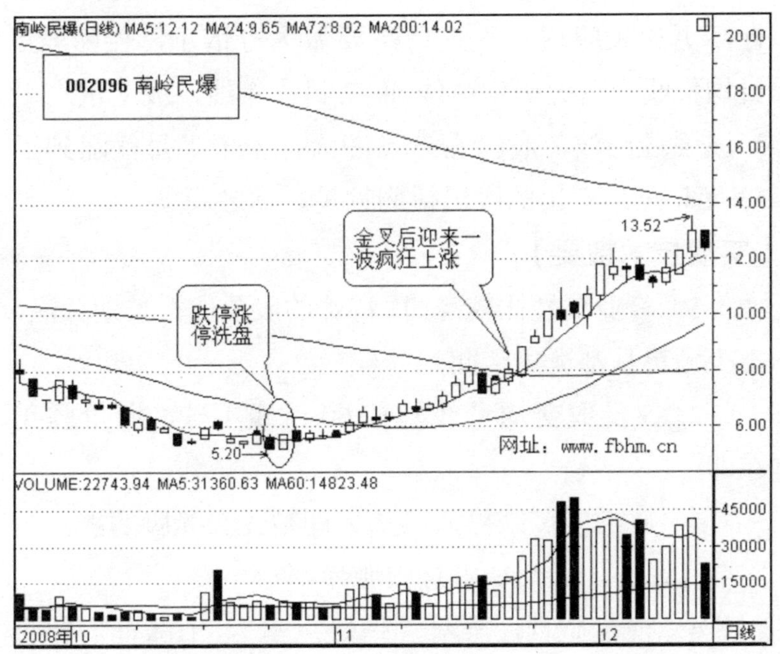

涎三尺，早早潜伏其中，等待行业或公司基本面的利好出台而不断拉升股价，翻个几倍是常有的事。

如图所示，在经历了两个多月的持续下跌后，2008年10月20日，南岭民爆迎来了一个涨停，收于5.97元。但持有该股的投资者一点高兴不起来：9月10日、19日、25日的每一次涨停后，股价都又下了个台阶，还是赶紧趁反弹出局吧。果然，第二天，该股的成交量创出了三个月来的天量，多少割肉带血的筹码蜂涌而出，慌不择路，却被主力一一笑纳，因为就在这一天，5日成交均量线金叉60日均量线，买入信号相当坚决！而在随后的几天里，5日均量线始终在60日线上方运行，更加表明这一次主力是要做大行情了，伴随着5日均价线先后突破生命线和72日决策线，成交量水平一波强过一波，股价也一飞冲天，一个半月就涨到了13元！早早卖出的股民捶胸顿足、悔之晚矣。

【实战技术精要】

1．行业属性比较冷门、特殊的股票值得长期关注，不少大黑马都诞生于此。

2．5日成交均量线回抽60日线不破，股价腾飞在即。

3．底部区域跌停后第二天即被光头光脚的涨停大阳覆盖，主力最后一跌意图明显。

4．横盘整理，喜见“蜻蜓点水”，上涨行情即将再起一波。

【看图分析解密】

宏达股份（600331）作为一只强周期性的有色金属类个股，其股性历来显得十分活跃，最大的特点就是熊市中跌得猛，牛市里涨得凶。如图所示，在经历了2008年金融风暴的洗礼后，该股从高高在上的贵族股沦落为3、4元的垃圾股，各路资金不断上演抄底被套、被迫斩仓的多杀多惨剧。但是随着政府不断出台实质性利好举措，2008年11月起大盘开始走出低谷，特

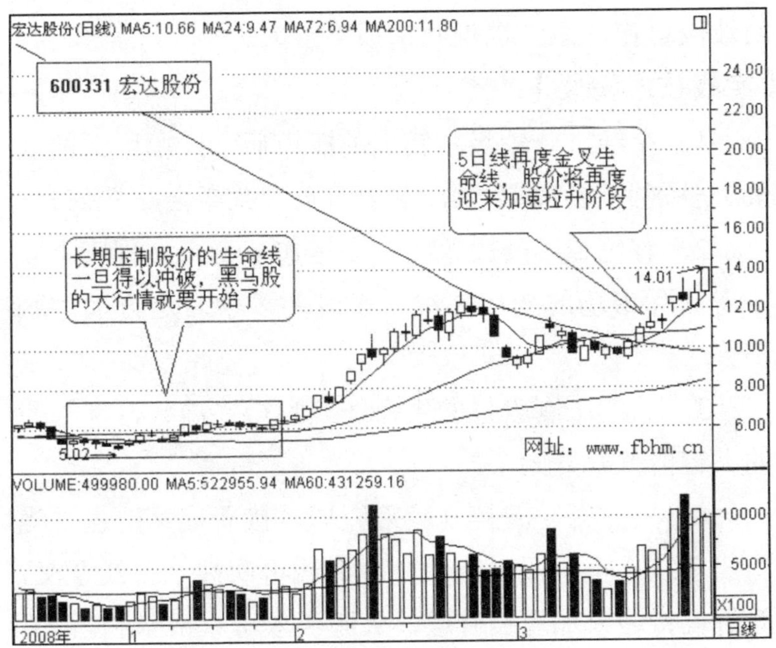

别是国际有色金属市场价格也出现明显反弹，宏达股份的主力终于等来了自救的好时机。要知道，这种股票跌到这个份上，谁还忍心大举割肉呢？真是给点阳光就灿烂，不需要多大的资金运作规模，股价就能翻个一两倍。果然，11 月 14 日，5 日均线成功突破压制了股价大半年的 24 日生命线，这时就是赚大钱的开始，买股就要买在起涨点上，以保证心态的良好。12 月 9 日放巨量涨到 7 元一线后，主力进行了一个多月的震荡洗盘。而当 2009 年 1 月 14 日，5 日均线第二次金叉生命线后，主力便大发雄威，股价开始飙升，迅速翻倍到 12 元一线只用了十几个交易日。通过这样不断的波段运作，主力也挽回了很多损失。

【实战技术精要】

1．在经过一轮级别较大的熊市后，跌幅巨大的低价类股票特别值得留意，主力自救的欲望会非常强烈。

2．有色金属类股票的主力运作节奏很大程度上要参考国际市场的变化情况，平时要多学习这方面的知识。

3．长期压制股价的生命线一旦得以冲破，黑马股的大行情就要开始了。

4．主力第一波拉升吸筹完毕，接着震荡洗盘，当均线系统走平一段时间后，生命线再次被 5 日线金叉，股价就将迎来加速拉升段，大胆买入可获得暴利。

第二节　超级短线加码法

证券市场的特点，就是今天地产股是热点，明天金融股是热点，后天又变成医药股是热点……一年下来，热点板块层出不穷，令投资者目不暇接。如果你想在每个目标上都捞些钱，于是设置了多个投资目标，平均使用资金力量。这就好比是“四处撒网”，捞到什么算什么。这种做法，可能分散了投资风险，但由于目标过多，你不知道哪个才是真正赚钱的项目。就像狗熊摘玉米，掰一个又扔一个，结果手中老是一个，并没有增多，运气不好时就是“水中捞月”。

股市虽然风险很大，但赚钱的机会却很多。总的来说是机会大于风险。当你的判断是正确的时候，你就可以不断地加大筹码去运作。请注意，执行短线加码法的前提是，你判断的准确性非常之高。如刚开始你是做一成仓位，而获利方法得到验证时，就可以增加到二成、三成仓位。如此不断增加你的仓位，每次都能保证平稳赢利的话，就可以持续加码扩大战果。

不管你的资金有多少，仓位控制是控制风险的最好办法。分散投资好品种，把鸡蛋放在多个篮子里，这点多数人做不到。不要天天满仓，要多数时间持币，少数时间持股，70% 的时间空仓才能获利。宁可错过，也不做错！

在大牛市上涨过程中，因你能不断地赚钱并获利卖出，增加资金满仓去做的利润会更高。当你掌握了市场的运动规律之后，炒股赢钱将成为必然。当市场进入转折时，在连续下跌的过程中，加码法可以摊薄成本。如在震荡市中，一些10元以下的股票每跌一块钱，你就可以增加一倍的资金量去买，因为反弹涨一块钱就能保本，再反弹就可以获利。虽然你原来可能是亏的，但最后还是以赢利出局。

【看图分析解密】

贵航股份（600523）是一只典型的军工牛股。公司的大股东贵航集团实力雄厚，隶属于中国一航，具有很强的经济实力和技术实力。集团表示，将逐步向上市公司注入优良产业和优质资产。因此，在大股东的扶持下，公司未来发展空间巨大。该股在2008年11月7日见底4.8元后，开始跟随大市反弹，初段上涨显得十分低调，并无任何牛股气息，只是在11月28日这天5日均线回探24日生命线获得强力支撑后，主力才发动一波凌厉的上攻行情，一直涨到12月31日，一个月大涨70%！之后股票停牌，好戏刚开场，2009年2月11日公司发布公告，拟向贵航集团和盖克机电定向增发不超过1.1亿股，利好一出，当日股票复牌

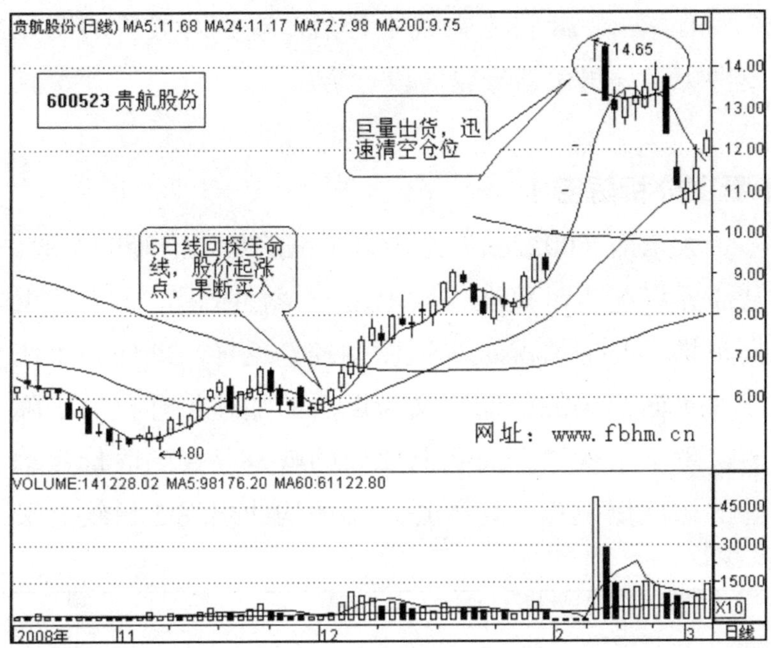

老主力获利丰厚，放量出逃；新主力高位接盘惨被套，只有采取先下后上、等待时机的策略，东山再起。

【实战技术精要】

1．军工板块大黑马、大牛股之所以层出不穷，与国字头大股东经常传出重组、整合的消息密不可分。

2．5 日线回探生命线获得支撑后，是股价的起涨点，果断买进。

3．连续无量涨停后，多空终于一搏放出巨量，换手率超过 30%，主力出逃迹象明显，虽然再次涨停但已很勉强，不可追高，否则一不小心就会短期重创。

4．等待24日生命线上行后，观察对股价的明显支撑力，伺机做新一轮波段行情。

【看图分析解密】

大东南（002263）是一只上涨趋势很清晰的牛股。从3元多起步，每涨一波上了一个台阶后，主力就根据市场当时的情况进行适度调控。这样，既保证了庄家对盘面筹码的控制，又为以后的加速拉升扫清了障碍，埋下了伏笔。而我们要做的就是寻找到股价启动前的短线爆发点、切入点，比如均线出现5日线金叉

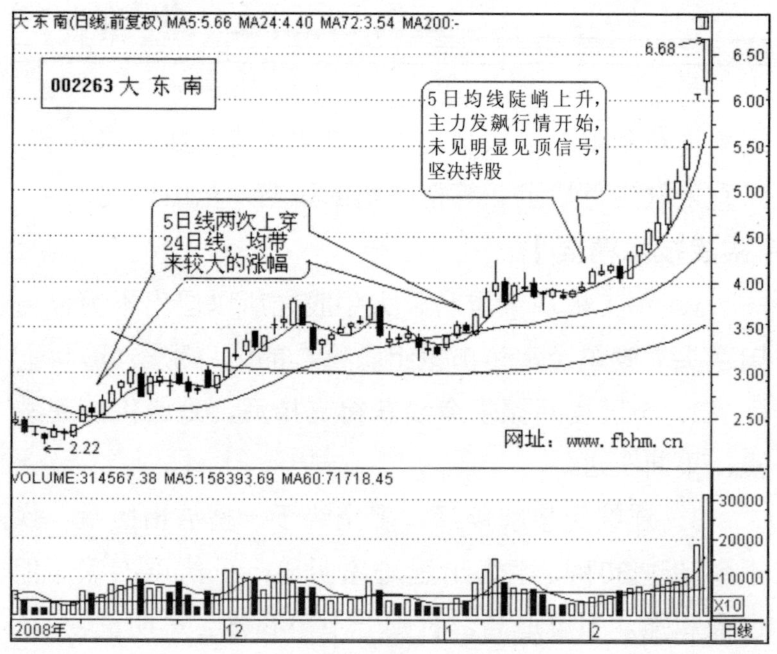

24 日线、成交量出现 5 日均量线金叉 60 日线等强烈买进信号。一旦得以确认，就可以大胆操作，满仓杀进，等待主力疯狂拉升期的到来。当 5 日线第二次上穿生命线后，大行情如期而至了，巨大的上涨惯性引领着股价从 5 元多一路飙升至 10 元上方。加速的阶段就是获取暴利、不断实现复利增值的最好时机。

【实战技术精要】

1．股价刚启动时，如果大盘也处于牛市初级阶段，那就可以满仓持股。

2．买入信号同时出现，务必果断，不可错失良机。

3．5 日均线陡峭上升，主力发飙行情开始了。

4．没有见到清晰明确的见顶信号，咬定青山不松口。

第三节　超级短线卖出法

巴菲特最重要的投资法则之一即是“在别人贪婪的时候恐惧，在别人恐惧的时候贪婪”。买进技能是操作成功的前提条件，好的买进可以让你占据一个好位置，进可攻退可守，对其后其他技能的发挥提供强大的心理支持与回旋余地。卖出技能是对买进获利的了结或买进亏损的截短，这项技能在特定情况下比买进技能更重要，娴熟的卖出技能可以有效克服人性中固有的弱点，它能让投资者在情况有利时大胆扩大利润，而在不利情况下全身而退保存实力。

俗话说，会买的是徒弟，会卖的是师傅，意思就是师傅能够比徒弟更了解人性弱点，而且能够控制人性中一些难以根除的弱点。

第一种判断短线卖出的比较好的方法是，股价距 24 日均线幅度较大，离 5 日均线非常远。这种股票一般是强势股，并已经拉得很猛了，之后高位放巨量时，应该果断选择获利卖出。在进行判断时，最好配合一些见顶的信号，如高位十字星、放巨量、长上影线等，综合分析出现见顶形态时，就可以选择一个比较好的卖出时机。

在股价筑顶过后跌破 24 日均线，也是一个卖出信号，甚至是短线止损卖点。事实上，高手在上涨过程中就已经提前出货了，而不是等到跌破重要支撑点才卖。但是，当你的成功概率不高的情况下，跌破 24 日均线卖出或止损是稳健的选择。再进一步，股价跌破 72 日均线就应清仓离场，因为单边下跌可能要来，宜空仓观望。

【看图分析解密】

珠江控股（000505）是一只名震江湖的老庄股，其股性也因其重组题材而异常活跃。在 2008 年 1 月 7

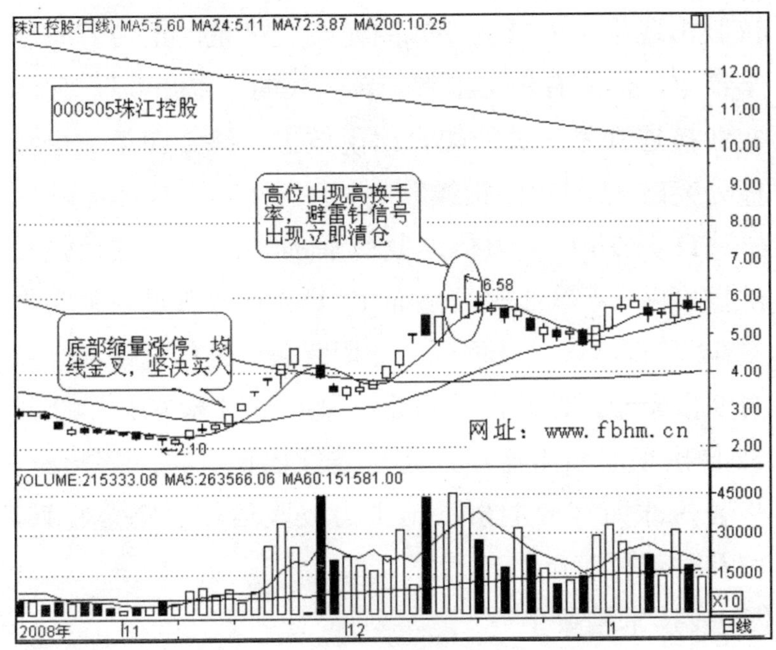

日该股见顶24元后，便出现了惨烈的下跌历程，股价始终处于24日线的压制之下，难有一丝喘息机会。一直到了11月7日，大盘迎来底部转势，已经跌到2.10元的珠江控股开始温和放量。11月10日至12日，该股连续3日站上5日线，累计涨幅达到16.89%，短期强势已经显现。13日，该股低开高走，毫不犹豫地突破了24日生命线，同时5日线上穿24日线，换手率也只有4%，说明主力方已经牢牢掌握着主动权，量能未出现急剧放大迹象，这是最佳的买入期。紧接着第二天开盘2分钟便出现涨停，换手率反而降低至1.98%。

该股出现了“缩量涨停”的龙头股风范，主力筹码牢牢锁定，给所有想卖出者一颗大大的“定心丸”。珠江实业接连涨停，量能配合出现放大，终于在第 5 个涨停处突破 72 日“决策线”。

11 月 26 日主力借助复牌后的利空消息进行强烈洗盘，两天下跌 25%。然而 12 月 3 日该股重新强力收复 72 日线，该股又重现了前期气势如虹的涨停浪。12 月 9 日开始，该股换手率数日保持在 18% 左右，12 月 17 日出现了长上影线，之后连续出现高位十字形态，作为短线刀客应能察觉出主力波段运作已鸣金收兵，可及时获利清仓。

【实战技术精要】

1．严重超跌后，底部强力涨停并一举突破生命线，毫不犹豫买入。

2. 第一个涨停换手率只有4%，缩量涨停确立强势，坚定持股。

3．一字涨停，龙头发飙，继续扩大利润。

4．高位换手率超过了 15%，随时准备卖出。一旦出现高位十字星，下破 5 日线，全部清空。

【看图分析解密】

利尔化学（002258）是在 2008 年单边大跌市道中上市的中小板个股。从上市当日起就持续下跌，直至

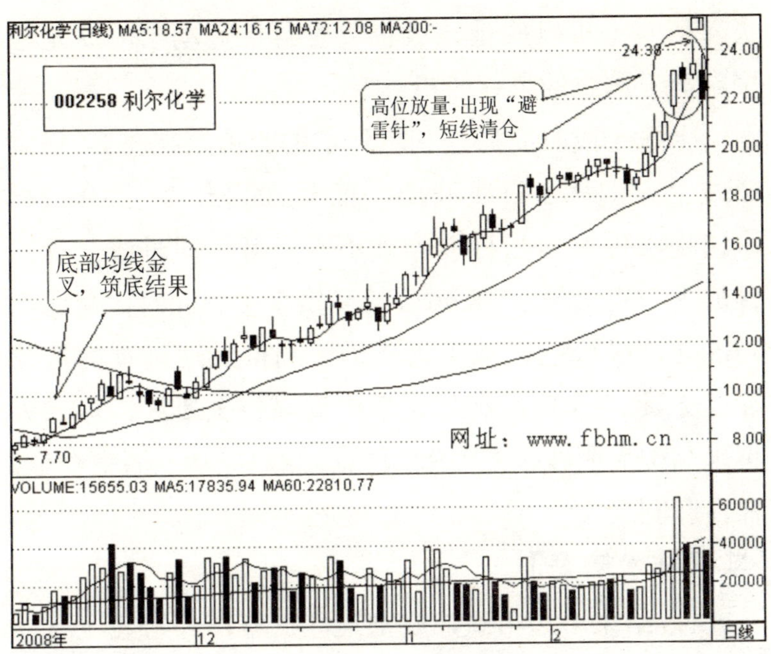

2008 年 10 月 20 日，MACD 指标出现了粘合状态，股价终于企稳，整个 K 线图犹如是主力深深挖出的一个大弹坑。我们发现，如果没有洞悉到主力的操盘动向，散户的金钱就会统统被这个“大口袋”所吞吃，相反，这个大弹坑就会成为散户取之不尽的“聚宝盘”。从 10 月 21 日开始，该股站上了 5 日线，经过半个多月盘整，主力在默默收集筹码的同时，大涨一触即发，主力将在第一时间脱离成本区。11 月 7 日该股上涨 3.56%，第二天又上涨了 7.7%，且 5 日线上穿 24 日形成金叉，VOL 也同步出现金叉。双金叉发出了强烈的买入信号，可以确定该股报复性行情启动了，这是在聚宝盘里淘金的最佳时机。

上涨一段时间后，利尔化学的股价始终在24日生命线上方围绕5日线波动。直至2009年2月19日再次出现涨停，但当日涨停被不断打开，同时成交量急剧放大，也出现了18.96%的高换手率。此时比起底部7.65元，股价已大涨了近3倍，高位加速赶顶的迹象显露无疑。23日，利尔化学出现高位上影线，第二天再现高位大阴线，主力图穷匕见，散户应马上清空仓位，保住胜利果实。

【实战技术精要】

1. 结束单边下跌，底部连续盘整，开始关注。

2. 平地一声雷，大阳结束盘整态势，启动信号明显。

3. 5日上穿24日线，同时VOL出现金叉，双金叉发出强烈买入信号，毫不犹豫进入聚宝盘淘金。

4. 高位加速赶顶，换手率急剧放大，高位上影线预示阶段顶部到来，放量大阴确立下跌开始。立即清仓卖出，带走在聚宝盘中淘得的“宝物”。

【看图分析解密】

智光电气（002169）属于在2008年中小板股价严重超跌的次新股之一。2008年10月17日开始，该股在底部出现企稳现象，并收出多个十字星，筑底的同时，

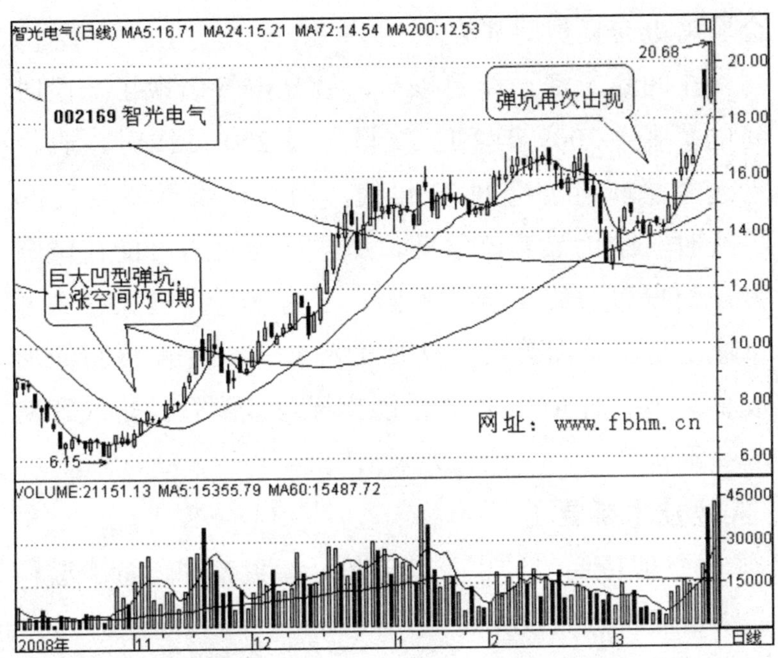

量能也温和放出，同时，10 月 27 日 MACD 出现金叉，见底信号越来越明显。11 月 3 日开始的连续三根中阳线，股价攻破 24 日线，5 日线金叉 24 日线，同时，伴随着量能减小，换手率降低，更加确立了见底上攻信号，此时便应大胆买入。在 11 月份的反弹中，中小板的个股率先举起反攻大旗。智光电气不甘落后，在上攻 72 日线的“决策线”时，K 线图已经明显制造出一个凹型的弹坑，上涨空间仍然可期。股价在一轮震荡后便出现十字星信号，继续上攻迹象明显。突破 72 日线，股价便开始加速上涨，每突破一个压力线，便会迎来更为猛烈的涨势。

在凶猛上涨一个月以后，智光电气出现了一段时间的盘整，2009 年 2 月 27 日触及 200 日线时，股价迅速企稳，再度夺回 72 日线，当 5 日线再度金叉 24 日线时，股价又开始飙升。那些认为主力可能在做圆弧顶的投资者终于恍然大悟，主力正是在借大盘之力迅速洗盘。总而言之，只要发现 5 日线上穿 24 日线形成金叉，同时 MACD 和量能指标有效配合，短线客便应毫不犹豫买入，让主力来抬轿。

【实战技术精要】

1. 低位明显结束下跌趋势，横盘整理，量能温和放大，股价触底反弹可能性极大。

2. 5 日线上穿 24 日线，上涨启动态势确立，应及时买入。

3. 小阳堆积，大涨小回，确立中线牛股态势，持股为上。

4. 股价在 72 日决策线上企稳，一段洗盘后再次与生命线金叉，新一波上涨开始，及时买入，锁定利润。

下　篇

翻倍黑马实操篇

股票操作要按照自己经验的积累稳步地推进。不要以为这样子赚钱慢。其实，步步为营，每次都成功的操作模式是最快的一种赚钱模式。

要重视实际操作，不要只看理论。以实战盈利为学习的目的，而不是以理论能说会道，只懂技术没有实践是不会成功的。任何理论都要经过实战的验证。

第五章　实战操作研究

“不管风吹浪打，胜似闲庭信步。”如果把毛泽东《水调歌头》中的佳句用在股市，就是高手历经大风大浪后的心态。暴涨暴跌乃年轻的中国股市的常态，大浪淘沙始见金，在无数来来回回过山车式的行情中都能赚钱，才是真正的高手！

显然，在不断产生的短线投资机会中，蕴涵着无数变幻莫测、难以捉摸的风险。但是，短线投资过程中的风险是可以通过技术分析控制的，也可以用良好的心态和出色的技巧努力克服。我们可以通过稳健的投资心态、成熟的投资理念和娴熟的投资技巧使之最小化，甚至化解于无形，从而使短线投资取得巨大的成功。

毛泽东还曾说过，我们要在战略上藐视敌人，在战术上重视敌人。当你成为真正的高手时，高超的战略战术完全可以傲视群雄，在股市赚钱自然不在话下。

第一节　实战在于经验积累

做股票操作的时间、次数、经历越多，你的经验就越丰富。有些散户在股市摸爬滚打了三四年，有的甚至十余年，仍然不得炒股的要领，能悟到股市奥秘的人非常之少，这也是在股市中极少数人赚钱、多数人赔钱的一个原因。

经验的积累靠总结。如果能持续总结自己实战经验，操作十年你肯定就是专家了。但没有良好的悟性，也就是对事物的理解能力，则很难对市场的内在规律有一个客观全面的认识。只有不断思考、不断总结、不断提炼、不断升华，持之以恒地坚持下去，不断总结操作成功的经验和失败的教训，只有认真积累做股票的点滴经验，不断使经验在实战中得到验证，之后演变成适合自己个性的操作方法，才能铺就一条通向明天在股市中赚钱的大路。

经验是一个很抽象且很感性的东西，它是无形的，它是理论与现实之间的桥梁，指导着你的实践。实战经验在书本上是学不到的，只有在真实的交易中获得，经验在于总结和累积。要善于总结，认真做好自己每次的买卖分析，不断寻找自己的失误。钱是怎么赚的，又是怎么赔的，都要有一个理性的认识。同时要敢于承认自己的失误，找出失误的原因，吸取教训，不再犯同样的错误，日积月累就会有意想不到的成效。没有量的积累，就没有质的突破。

“不积跬步，无以至千里；不积小流，无以成江海。”任何经验都是一点一滴不断积累的结果。实际上，股市上真正的高手赖以制胜的并不仅仅是书本上的知识，更多的是将各自所学与人生的经历、感悟等凝结而成的一种经验。

我积累经验的做法是，坚持每周总结一次，如果比较忙，至少每月总结一次。总结的次数越多，提炼出的精华就越多，可指引你操作的经验就越来越丰富。最后，把经验变成理论。有了理论的指导，实战成功的概率就会更大。

【看图分析解密】

许继电气（000400）是一只典型的庄股，有机构长期在其中运作。2007 年的大牛市股价涨了 4 倍多，表现十分出众。2008 年一路单边下跌到 5 元多后，主力卷土重来、再做一波大行情的意图跃然于 K 线图上。对于机构的大资金来说，价位足够低廉、跌幅足够巨大就是制造翻倍行情的最好支撑。当底部区域的成交量不断累积，5 日均线上穿 24 日线，股票就好像在跑道上滑行的飞机，加速加速，然后一飞冲天，将 72 日

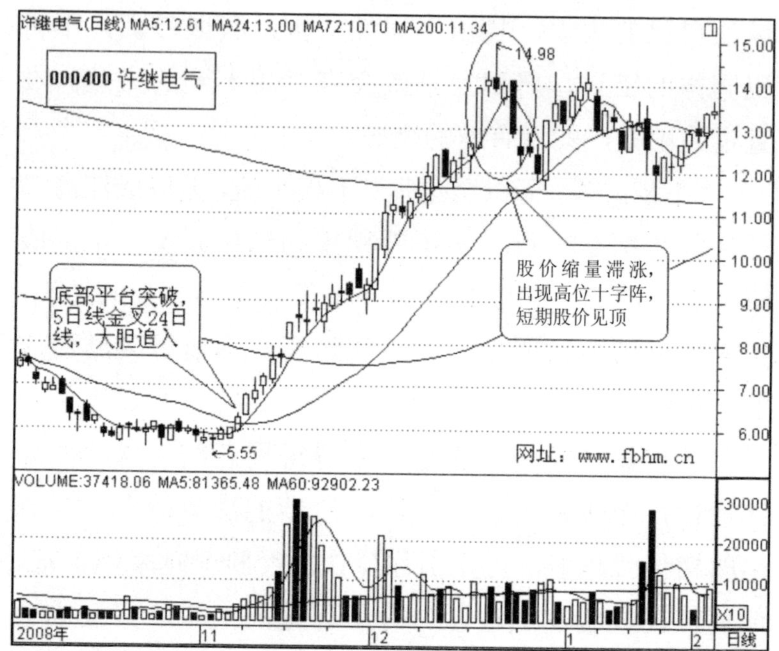

线、200日线的重要阻力全部攻克。在底部进场后，随着大市的不断走好，该股的主力也顺势不间断地推高股价，不知不觉，一个多月下来就已经翻倍了。类似这种主力经常相中的操盘品种，只要在底部发出明确的买入信号时敢于全仓杀入，就是战略上的大赢家，会赚个盆满钵满！

【实战技术精要】

1. 成交量出现5日均量线上穿60日均量线金叉时，是极佳的买点。

2. 5日均线上穿24日均线，突破底部平台，可以积极介入。

3．股价突破所有重要均线的压制，上涨空间被打开，回抽时还可买进。

4．股价开始滞涨，难创新高，成交量也力不从心了，则要小心主力对敲出货。

【看图分析解密】

中体产业（600158）在2007年和2008年因为奥运概念而广受各路资金追捧，其板块龙头股的地位深入人心。如图所示，随着奥运题材的炒作终结，该股一路狂泻，直到3.02元才探底成功。在连续三日的阳线后股价攻破24日线，此后5日线和24日线几乎处于粘合状态，但股价始终未下破生命线。小阴小阳的盘整，更暴露出主力吸筹的迹象。一些耐不住性子的短线客就此离场，也为主力在日后更大动作的拉升减少了阻力。

不过从2008年12月1日至31日，整整一个月的时间，中体产业5日线、24日线和72日线几乎都处于胶着状态。横得越久，爆发力越强。2009年2月3日，一根小阳线结束了粘合状态，第二天再次拉出了一根大阳线。此时的MACD指标形成金叉，可以断定主力吸筹宣告结束，拉升要开始了。如果错过了上次的最佳买入机会，第二次的金叉将是一个黄金买点，由于

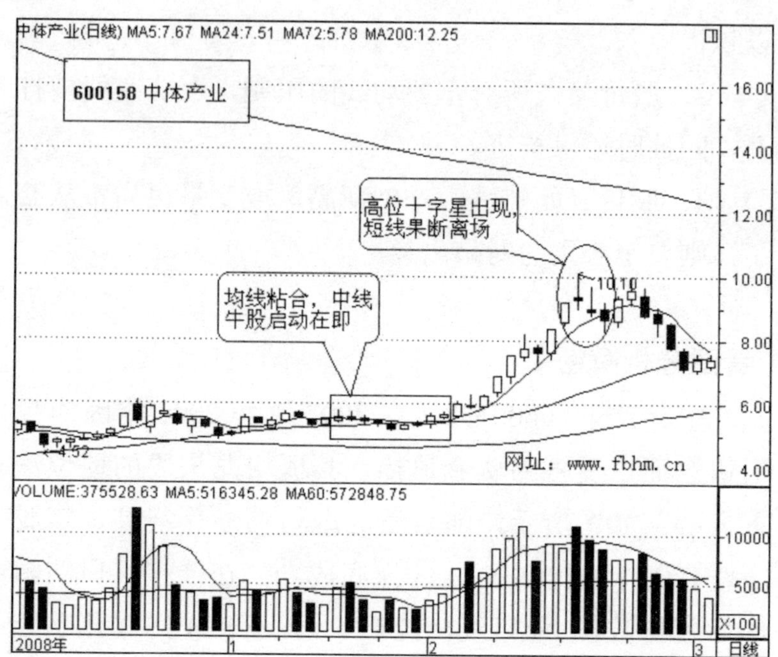

经历了一段时间的震仓吸筹，主力将会展现出比上一波更为猛烈的拉升力量。在短期的巨大涨幅后，高位连续出现十字星并伴随放量，阶段性见顶信号明确，短线落袋为安为上。

【实战技术精要】

1. 横有多长，竖有多高，量度涨幅总是可以期待的。

2. 股价不下破 24 日生命线，主力意在盘整吸货，同时震出短期获利盘。

3. 多线粘合，中线牛股启动在即。

4. 股价突破重要均线阻力，大举买入时机已到。

5. 短期迅猛上涨后连续出现高位十字针并伴随放量，立即清仓出局。

【看图分析解密】

华东数控（002248）的翻倍历程告诉我们赚钱其实真的不是很难，只要抓获启动点，就意味着赚钱的开始。该股2008年11月11日以跳空涨停的极强姿态宣告股票启动，5日线上穿24日线就是短线突破的极好买点，再加上5日均量线上穿60日均量线也几乎同时出现，更是我们大胆满仓买入的好时机。当股票启

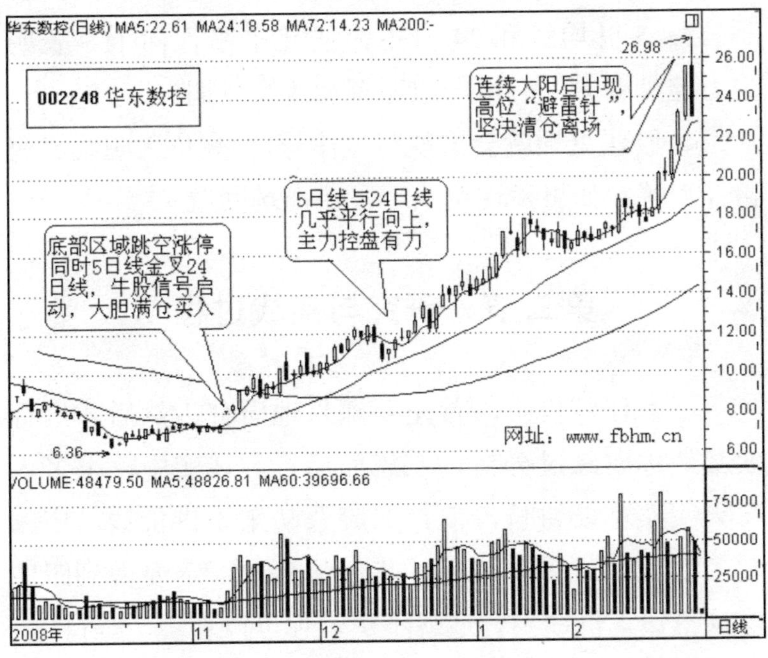

动上涨后，均线组合系统就是我们研判行情的亲密伙伴，如果发现股价紧贴着5日线而上，均线组合5日、24日、72日和200日呈现多头排列发散向上的时候，那就是大牛股诞生的征兆。你必须以常人难以置信的耐心和毅力去锁定底部筹码，直到最后加速见顶，再从容卖出。和机构庄家一样去思考和行动，就可以掌握股价运行的规律，成功挖掘出一匹又一匹的大黑马。

【实战技术精要】

1. 底部区域出现首个跳空涨停，通常是牛股启动的主要信号。

2. 当股价突破所有均线组合时，是买进的好时机。

3. 5日均线和24日生命线几乎平行向上，表明主力控盘有力，后市一定还有加速爆发期。

4. 股票见顶就会出现明显信号，如高位大阴线、“避雷针”等，如果发现苗头，坚决离场回避。

第二节　研究与实战过程

不管任何投资，首先要深入地研究，然后才进行实战。你要经过分析，三思而后行。现实中，很多人每天买菜都要讲价，但是买股票从来不讲价钱，庄家定多少钱他就多少钱买。我们认为，一定要做到跟庄家谈价钱，价钱不合适就不买，你可以观望、等待。

一只股票在没涨之前我们选它，靠的是科学的研究分析。我们大部分时间都在等待，下跌途中空仓等待，震荡市轻仓等待，上涨途中满仓等待，只有转势那一刻才动手买卖。请注意，股价不符合你的条件坚决不买，只有完全符合你的操作系统才去做。要静如止水，动如脱兔。

做股票其实只有两种操作，一个是买，一个是卖。很多人说，会卖才是师傅，但是我们认为，买对了才能赚钱——你选择的买点、时机对了，这只股票的风险就已经很小了，这是赢利的关键。另外，空仓观望不等于亏钱、亏时间，有所不为才能有所为。比如在某一时段，一只股票从 8 块多跌到 7 块多，如果你前面在 8 块多买了，显然就浪费了时间也浪费了金钱，因为买的时机错了。如果是跌到 7 块多你才去买，稍微一个反弹到 9 块，你就赚钱了。

在单边下跌市道中，空仓就是最好的等待进攻的方式。因为空仓首先是让自己立于不败之地，同时能有充分的时间去分析市场提高自己。当真正机会来临时，能清楚地认识它，准确地抓住它。

不同的股票，不同的时间介入点，会产生不同的效果。有些人常说，某只股票非常不好，某只股票很好很好，但我们认为，任何一只股票没有好坏之分，只有介入时间点、介入时机的问题。要做趋势的忠实朋友，只要处于上升趋势，你买的任何股票都是好的。

结果证明一切。只要你操作的结果是对的，就说明你买入的判断思路是正确的；如果结果是亏损的，证明你原来的买入思路是错误的，不要重复让自己错误的操作，而是重复让自己赚钱的观点持续去做。

【看图分析解密】

青松建化（600425）是水泥建材板块里跑出的一只牛股。当国家出台拉动内需的一揽子投资政策后，该股闻风而涨，迅速启动，特别是太行水泥的九个涨

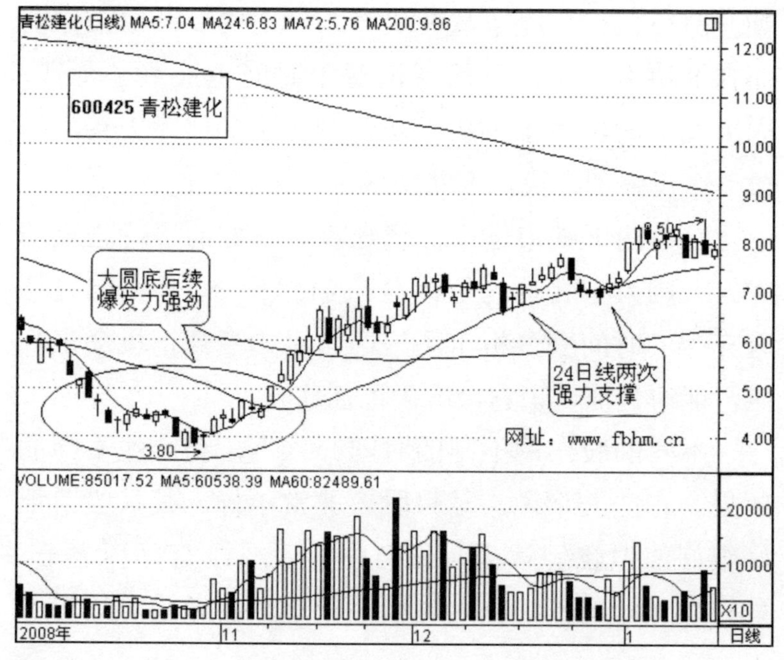

停极大调动了市场人气，大量资金云集该板块，不断挖掘相关品种。青松建化在上涨第一波爆发力显得十分强大，在K线图上该股画了一个大锅底，圆弧形上攻从技术形态上来说是最理想不过的了，短短几天，股价就涨了50%多，并且连续攻克24日线和72日线。之后该股大涨小回，涨时放量，跌时缩量，主力控盘有力。当均线系统呈现多头排列发散向上，就说明上涨的趋势明确无误，股价每一次回调到24日生命线附近都有巨大的神奇支撑力，此时大胆买入就是赚钱的开始，而且能持续不断地赚钱，因为你已经掌握了正确的选股方法，只需要重复去做就可以了。

【实战技术精要】

1. 大圆底是股票爆发力度最强劲的形态，一旦出现雏形就要重点关注。

2. 当股票突破所有均线压力时，短线要积极参与。

3. 在上涨的过程中，股价回抽确认生命线受到支撑，是最好的买入机会。

4. 耐心持有大牛股，不见高位死叉不出货。

【看图分析解密】

岳阳兴长（000819）从30多元惨跌到7元后，便拒绝再下跌了，从底部7连阳V形反弹后，主力画出了一根7%的杀跌大阴线。其实，这个细节恰恰表明

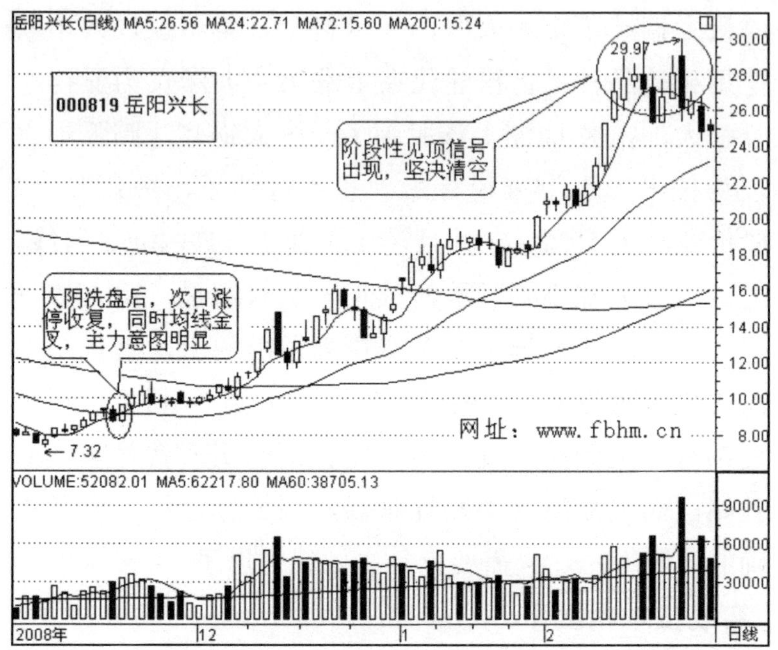

主力要大干一场了，第二天迅速拉出涨停，5 日均线也携手上穿 24 日生命线，宣告洗盘结束，股票进入强势上涨阶段，股价随之快速起飞。在 5 日均线的强劲依托下，岳阳兴长连续走出了三波清晰的拉升行情，一口气涨到 30 元附近。让许多中途下车的不坚定者懊恼不已，而那些看清大趋势、不见到明确见顶信号绝不出货的投资者无疑是最大的赢家。确立自己的目标，学习正确的方法，持之以恒，总有一天，你会成为股市里的常胜将军。

【实战技术精要】

1．主力以涨停手法来实现5日均线金叉生命线，王者霸气显露无疑，第一时间买进。

2．5日移动平均线是超级牛股主力运作的最常用参照物，股价沿着5日线上涨，就可以大胆买入。

3．5日成交均量线始终在60日均量线上方运行，表明该股就是强势股，要做就要做这样的股票。

4．当“见顶卖出”信号出现的时候，尤其是股价已从低价股翻倍到中高价股，我们要果断卖出，锁定利润。

【看图分析解密】

利欧股份（002131）是中国最大微型小型水泵制造商和出口商，同时也是最大碎枝机出口商。该股反弹初期在24日生命线的强劲依托下涨幅不俗，而进入2009年后，股价更有加速迹象，K线图上表现为小阳推高，不断创出反弹新高。当2009年春节刚过，国内北方持续大旱的消息一时成为各大媒体的头条，善于挖掘市场隐秘题材的江湖高手们又展开了想象的翅膀：旱情加重将导致政府购买水泵的需求增加，“抗旱概念股”应运而生，而当之无愧的龙头就是利欧股份！在各方资金的疯狂拉抬下，该股一连飙升了4个涨停，

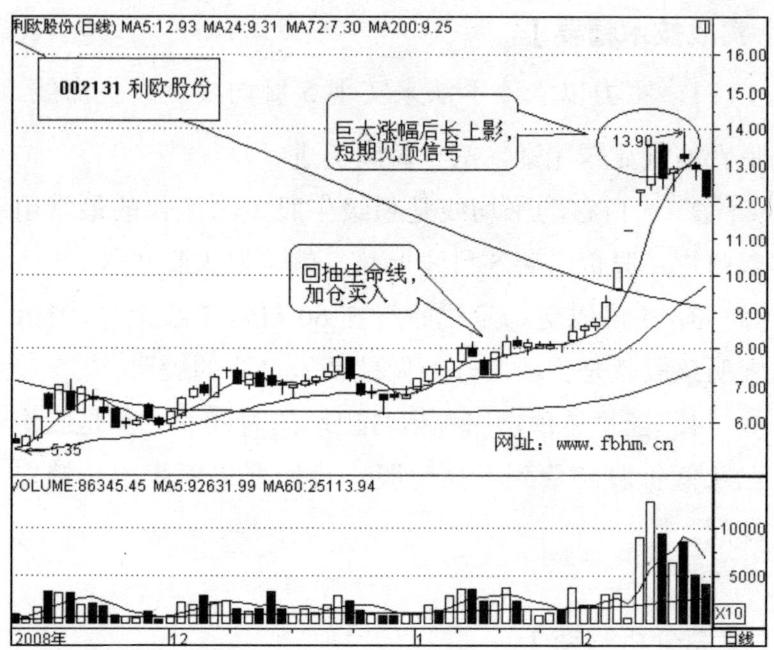

短线暴利十分可观。我们发现，牛股的诞生总是会有一段急速拉抬的暴涨期，而它爆发的前夜，通常图形也非常好看，潜伏其中的主力也许就是在等待一条线索、一则新闻、一个契机。时机成熟，立即引爆，绝不拖泥带水。相信一点，那就是市场顶级主力对于国内外重大新闻的洞察力以及执行力绝不输于冷战时期的中情局或克格勃，因为要想在资本市场活得更长久，只有比竞争对手更勤奋、更快速、更强大！

【实战技术精要】

1. 股价回抽 24 日生命线获得确认，此时应加仓买进。

2. 重大题材被市场刚刚挖掘出来，第一个涨停通常会放大量，且开盘有买入机会，在提前做足功课的情况下，更要相信自己的判断，敢于追涨，不要犹豫。

3. 如果市场情绪整体处于比较激情向上的阶段，更要大胆操作，一定会获利不菲。

4. 收出带巨量的长上影阴线，表明股价已无力上攻，短期见顶，应果断离场。

第三节　实际股票操作要点

如果做了多年股票，很多人或许有过赚钱的经历，但是多数人没有重复做让自己赚钱的事。请一定要分析，到底是什么原因让你在这个股票上赚钱了？

要注意结合趋势、价格、时机，只有这三者有机结合才能充分体现买卖股票的能力。有很多人都明白，做事专一才能够成功。同理，来到证券市场也需要专一。不少投资者都吃过这样的亏，因为投资不够专一，今天买这，明天买那，尽管忙个不停，但最后一年结算下来，总的收益还是亏。究其原因，就是投资思路不专一所致。有人观察统计过，有的股民一年下来的对账单里居然炒作过几十只股票甚至过百只股票。若以 10 万元本金计，只要买卖 60 次，其本金就已进贡给了手续费和印花税；如果投资者买卖超过60次，其缴交的手续费和印花税将会高出本金。从这一数据可以推算出，三心二意的操作方式注定是得不偿失的。

把让自己赚钱的对账单打出来，详细研究曾经赚钱的那个股票，当时的想法和操作的由头是什么？把它提炼总结出来，持之以恒我们才可以重复让自己赚钱的事。如果不去总结、不去思考、不去模仿、不去提炼已经赚钱的人的方法，你就没有核心竞争力，赚钱效应就难以持续。

股市中不可能要求完美，而要有积小胜为大胜、积小赢为大赢的精神。人人都向往获得财富自由，但很多人对此并没有信心，事实上，在中国内地实现财富自由的要求并不高，拥有500万就够了。如果你已经把赚钱的操作总结提炼出来的话，做股票三四年肯定可以达到财富自由的境界！

【看图分析解密】

沃尔核材（002130）在此轮行情上涨初期就显示出极强的牛股特征，2008年11月6日底部一个涨停，犹如旱地拔葱，突破盘整已久的平台，5日均线金叉24日生命线。我们看到，随后的4天里，该股持续放量，主力开始大举吃货，迫不及待建仓的动作给人的感觉好像重大利好随时会降临。果不其然，国家出台了有关扶持核电发展的强力政策，市场资金顿时狂热追捧“核概念”个股。在这种炒作氛围下，沃尔核材俨然成为该板块的领头羊，一连走出了5个涨停，令人咋舌的是，前3个涨停居然是一字无量涨停，想追都追不到。可以想象，在大盘刚刚从大熊市的阴霾中苏醒，绝大多数投资者都还惊魂未定的时候，该股主力敢于如此表现，的确给了猖狂已久的空头一记响亮的耳光，也鼓舞和聚集了失散的多头人气。在随后的反攻行情中，该股的王者气质渐入人心，主力利用这一点将股价又轻松地翻了一倍多！

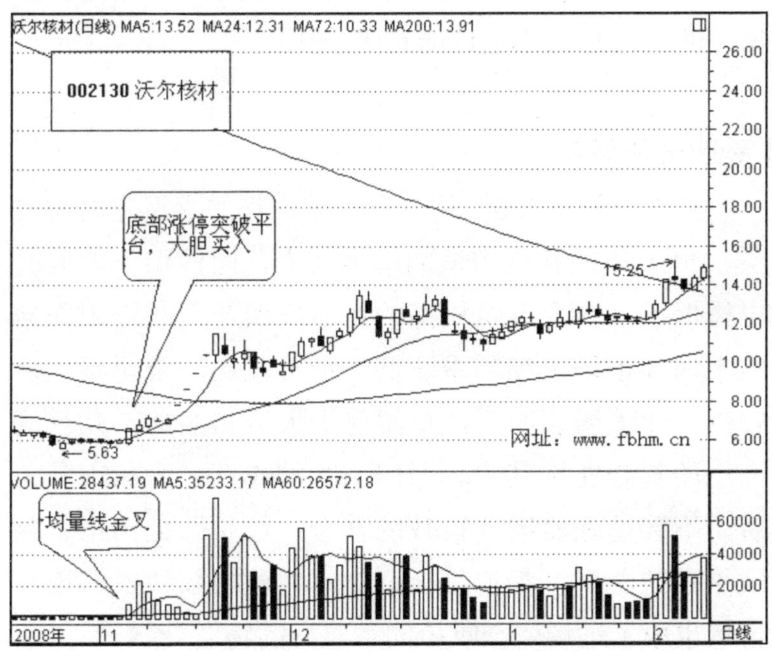

【实战技术精要】

1．当股票在底部横盘整理的时候不参与，一旦向上突破平台重点关注。

2．超级龙头股都是以底部涨停为突破启动的，看到第一个涨停就要大胆介入，马上赚钱。

3．底部阶段5日均量线金叉60日均量线，是买入最佳点。

4．股价刚启动突发利好，连续无量一字涨停后如果盘中放量可适当追买，不过要把握好节奏，短线赚一把就走，不可恋战。

5．大牛股第一波如果极其凶悍，主力通常还会做第二波，只是形式上可能有所变化。

【看图分析解密】

祁连山(600720）是一只非常强势的水泥建材类股票。2008年的暴跌市道的确很伤人，泥沙俱下的同时也掩埋了许多含金量极高的优质股票，而祁连山面向的中西部市场水泥需求旺盛、价格坚挺，公司景气度较高，业绩增长明确。查阅前十大股东名册，几乎清一色的基金扎堆其中。当国家吹响4万亿元救市号角后，不管是强烈需要自救的基金，还是四处出击、紧跟热点的游资，都把目标直指水泥建材板块，祁连山自然也成了进场资金哄抢的主要标的物之一。

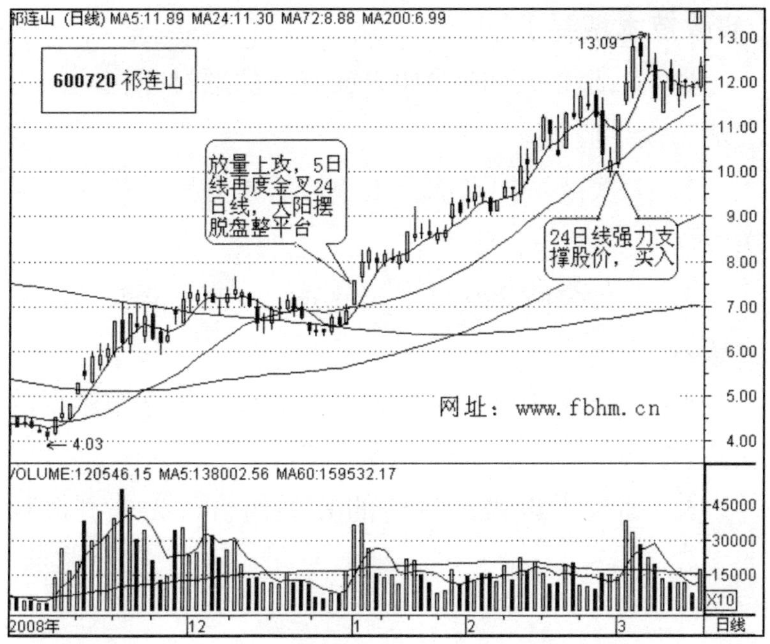

该股在4元附近获得支撑后，受消息面强力刺激，11月5日股价跳空高开后直封涨停，从此开始了波澜壮阔的大牛股行情。第一波短短10天就上攻到200日线位置7.08元，在牛熊分界线处多空大战了一个月后，终于多头胜出，2009年第一个交易日，祁连山再次高开涨停，5日均线完美上穿24日生命线，上涨动力源源不断，股价沿着5日均线持续攀高，成交量则不温不火地予以配合，当最高飙升至13.09元，我们发现，阶段性涨幅又高达85%了。有业绩，有题材，有资金推动，牛股的诞生其实并不复杂！

【实战技术精要】

1. 业绩优良的股票如果又有大的题材呼应，一定会成为大牛股。

2. 大底区域如果涨停上攻，后市有黑马相，重点关注。

3. 股价突破200日牛熊分界线，回抽获支撑，加仓买入。

4. 强势股5日线二次金叉生命线，是非常难得的买点。

5. 高位出现带上影线的K线组合，先获利离场是上策。

【看图分析解密】

东源电器（002074）在单针探底4.05元后，走出了圆弧形的上攻行情，要知道，这种形态的爆发力是十分强大的，足以让每个持有它的投资者感受到极速赚钱的快感。伴随着连续放出巨量，主力一口气拉出了4个涨停，股价连续突破24日生命线和72日决策线，强势特征表露无遗。在之后的三个月里，我们可以发现主力操盘的手法十分老到。首先成交量方面保持温和缩量水平，筹码锁定性好，主力不需花多少资金就能让股价轻松地上涨；其次，股价沿着上升通道，以5日均线为依托不急不躁地向上拓展空间，当大市

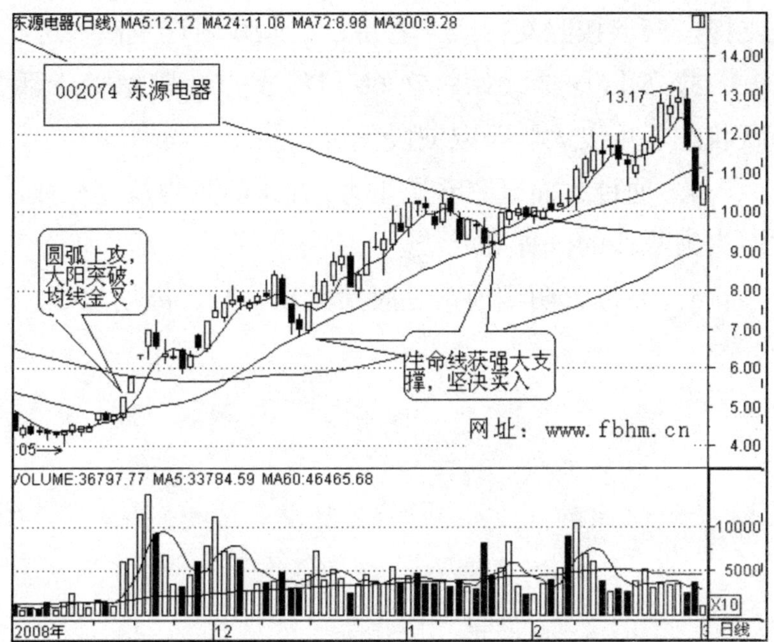

不好时就顺势调整，修复一下指标，但只要触及24日生命线，就会拉出大阳，股价重拾升势。表明主力运作该股经过精心策划，到了关键支撑点位，一定会有所作为，显示出决心和信心。当看出主力资金实力非同小可，操盘经验丰富时，我们就可以大胆跟庄一把，后面的行情会有丰厚的利润送给我们。

【实战技术精要】

1．圆弧形上攻形态要重点研究，一旦确认涨停开启行情，第一时间追进。

2．上涨阶段，股价屡次受到24日生命线的强大支撑，应该按照支持线来看待，在此线附近坚决买进。

3．5日均量线始终在60日线上方，股票处于活跃状态，可以大胆赚取波段差价。

4．通过盘面研究看透主力，并跟随主力反复操作，不失为赚钱的一种好方法。

5．高位大阴线通常是股票见顶信号，离场为好。

第六章　快速赚钱方略

美国前总统杜鲁门曾说，一些企业兴起了，一些企业衰败了，这就是市场，这就是文明博弈的逻辑！天下没有崭新的事，历史上都曾发生过，只是你不明白而已。对于相当多的中国富豪来说，他们曾经的发家史与目前正在书写的奋斗史，都与中国股市紧密相联。有人说，不到20年的A股K线图就是一部活生生的教材，图上记载着财富的跌宕起伏，站在历史的K线面前，一个人的力量渺小得如蚂蚁，好比大海中的水滴。

股市的暴利机会永远留给有准备的人，其最大的魅力正是不断地向人们提供着机会，不论是牛市、熊市还是震荡市。牛市表面看机会多多，但据统计，2006年到2007年的一轮大牛市中，还是有不少投资者亏钱。熊市表面看机会渺渺，但也有不少人赚钱甚至创造神话。股市里的机会是相对的，把握得好就能赚钱，把握得不好机会就会变成风险。

要在股市赚钱，一定要牢记自己心中的目标，按照已经制定的操作策略和铁的纪律坚决果断地操作。除非出现特大的变故，否则轻易不要动摇，不要随随便便就改变自己已经深思熟虑的东西，更不要轻易破坏自己的操作纪律，这是步入炒股最高境界的必由之路，也是实现炒股赢利的前提。

第一节　快速分析主力意图

炒股，炒的就是筹码的集中与分散，体现在操作上就是跟庄与弃庄，从这个角度来看，炒股就是炒庄家，跟庄跟对了何时弃庄是利润最大化的关键。

股市中的主力很多，包括国资、基金、券商、私募、保险公司、社保基金、大型企业集团等。之所以能够快速分析主力的意图，是因为主力的想法你已经非常了解。在这种情况下，你对主力下一步想做什么，就是可以用逻辑推理出来。主力机构固然强大，但也并非不可战胜。主力机构数以百亿、千亿计的资金进出股市，不可能不溅起浪花，他们运作的股票不论怎样千变万化，最终总有一个拉升的过程，这就在客观上给普通投资者造成了获取巨额利润的机会。

分析主力意图就如下棋一样，每次你都思考好了对策再去做的时候，就能逐渐快速理解对方想干什么。

比如成交一大早就拼命放量，可能是主力追求放大成交量准备拉升，上涨空间也许会大一点；又如，有时主力为了引诱多头进来，可能在尾盘刻意猛烈拉升，吸引跟风盘维持股价，方便第二天更好出货。开盘或尾盘突然急拉，是经常出现的主力动作，出现类似走势你就要分析、判断主力的意图：他的运作是处于什么阶段？是上涨阶段还是已经结束了？

主力搏击市场的套路有很多，但是离不开最基本的和常规逻辑。只要投资者在碰到新的状况发生时多方面思考问题，先摸清主力的基本套路，再参与也不迟。只要独立去思考问题是容易触类旁通的。

在不同的阶段，主力的意图是不一样的，操作手法也可能有所改变。如果是处于已经拉升完毕出货阶段的话，主力的任何动作都只是想吸引跟风盘，他的目的是出货。如果是在底部还没启动，一直不断震荡，那他可能是在反复吸货，高抛低吸收集筹码把成本降低。如果是在启动初期，那他可能会快速吃货，当手中筹码已经锁定了，就可以迅速抬高股价脱离成本区。

【看图分析解密】

宝光股份（600379）的走势很值得大家研究一番。该股主力在制造了最后一砸即“挖坑”后，便迅速令股价反身向上，呈 V 形反转状，5 日线顺利突破 24 日重要生命线。之后，出现三根调整阴线的洗盘，股价基本调整到位，并在24日线受到强劲支撑，成交量开始再度温和放大，5日均量线金叉60日均量线，该股重拾原来的上升趋势，特别是股价突破72日决策线后进入加速状态，而捕捉加速形态的个股往往可以赚取快钱。在遇阻200日线后，主力故技重演，只是杀跌的力度较上次明显增强了许多，因此留下的都是心态极好的持仓者。而市场给予他们的大红包不需要等待多久就降临了，而且是超乎寻常的丰厚！2009年1月15日开始发动第一个涨停，5日线再度金叉24日线预

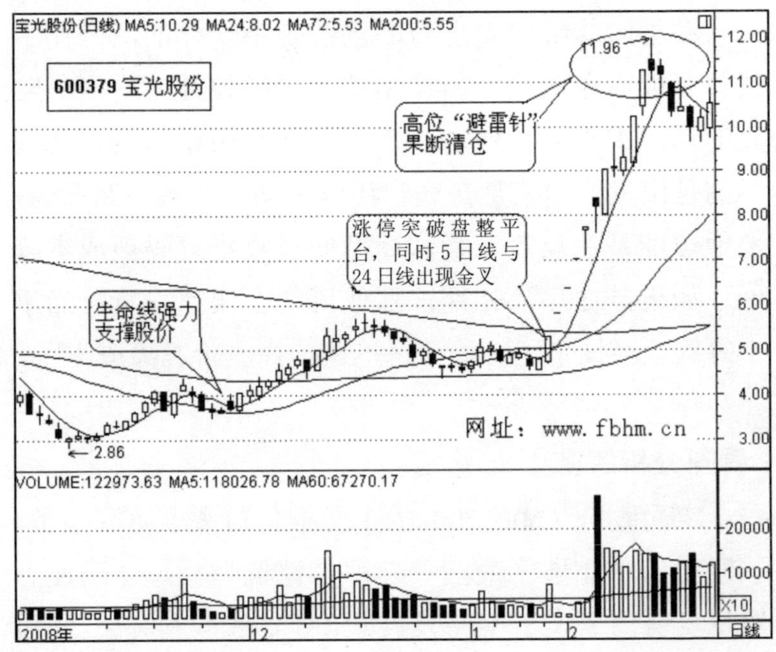

示着大行情将如喷薄而出，公司随后宣布实际控制人将由宝鸡市国资委变更为西安电力机械制造公司，实际控制人的变化引发了市场对宝光股份可能获得注资的无尽猜想。股价果然一飞冲天，三个一字涨停后主力还在狂拉猛攻，十个交易日后该股就已轻松翻倍，成为2009年股市开年大戏中最闪耀的一颗明星。

【实战技术精要】

1. 主力挖下的空头陷阱如果能迅速被V形填满，表明主力志存高远，一波惊天大行情可期。

2. 向上趋势已定，不要害怕实体阴K线，注意在24日线附近低吸捡便宜货。

3. 5日线突破72日线、特别是二次金叉24日线时，是股价加速的开始，此时追买短线易获暴利。

4. 放出天量后，第二天依然缩量涨停，表明新主力接手意犹未尽，上涨空间还有一段。

5. 股价短期内实现翻倍目标，一旦出现高位“避雷针”信号，是撤离时候了。

【看图分析解密】

力源液压（600765）的主力很有耐心地培养出了一匹翻倍黑马。股价从6元多起步，在上涨初期显得不温不火，小阴小阳沿着5日线缓步走高，当5日线上穿24日线形成金叉后，主力上攻的步伐明显加快，成交量每日递增，5日均量线陡峭上升。第一波翻倍目标在短短二十几个交易日里就得以实现。我们要做的就是在股价上涨初期就发现这个趋势，当发出金叉信号时，第一时间杀进，绝不拖泥带水，贻误战机。

力源液压在突破12元后，迅速进行了主动回调洗盘，而24日线就是判断股价是否到位的重要依据，一般来说，24日线是主力运作的生命线，回抽该线的时候就是很好的介入时机。特别要留意的是，当5日线、24日线、72日线这几条重要均线交汇在一起也是一个千载难逢的好买点。果然，该股主力在横盘震荡一个

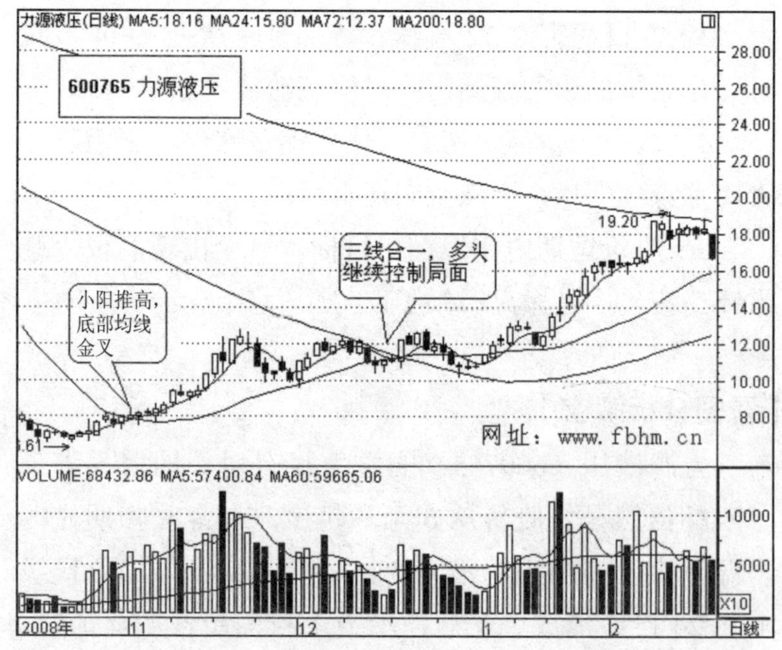

月后，再度大发神威，采用了和第一波行情一样的操盘策略，不知不觉又涨到了接近20元。通常情况下，一只股票长期走上升通道时，主力也是依据当时的市场环境而不断修正自己的目标位，因此，像这类牛股，只有当大盘明确见顶后，它才会形成一个顶部形态。

【实战技术精要】

1. 股价刚刚启动阶段的最好买点就是“金叉买入”信号，此时介入风险很低。

2. 发现主力有加速拉升迹象，一定要跟紧，赚取利润的速度有时让你意想不到的快。

3. “三线合一”后5日线站在最上方，多头控制局面，火速进场，等待主力拉抬。

4. 股价突破箱体震荡格局，回抽确认24日线时抓住机会，满仓大赚第二波。

第二节　快速判断涨跌动向

股市操作的技巧有很多，十八般兵器也各有用处。但普遍常见的问题是，即使你熟知了大量记载于书本、授自于各路高手的炒股技巧，却还是难于在股市做一个长久稳定的赢家。正如学习的是同一部《孙子兵法》，相当多的将帅却仍难于像韩信、难于成为军事家一样。

快速判断涨跌动向是短线操作获利的重要前提，

在股市最能够反映股价运动趋势的技术是移动平均线。翻倍黑马将自己的平均线系统设为5日、24日、72日和200日。我们可以根据5日均线作为判断短线股价涨跌的标准——当股价跌破5日均线时，看空；突破5日均线时，看多。

换手率也是一个重要参考指标——单日换手率如果维持5%~7%，就有能力推动股价的持续上涨；换手率较小时，上涨和下跌都有可能；如果换手率太低，要么是主力锁筹比较严重，要么是该股的筹码比较分散，没有很多人关注；当换手率达15%以上时，就要比较谨慎了，因为此时主力随时可能开溜；换手率要是在27%以上，主力出逃的概率相当大。

高换手率的股票，如30%以上的，短期风险是相当巨大的。此刻，可能迎来逼空行情，主力正在不断把股价拉上去。或者出现缩量暴跌——为何是缩量呢？因为主力都跑了，已经懒得护盘也不用去对敲了，所以成交量骤降。主力其实已经在上涨过程中放量出完货了，筹码已悄悄转换到散户的手中。

成交量是一个非常好的判断指标，任何大趋势都要量价配合才能完成，量价关系的基本原理是“量是因价是果，量在先价在后”。识别量能是最为客观的指标，因为就算主力要做假量，也要真正的对敲才行，而任何一笔买卖都交税，哪怕主力对敲也要付出一定的成本。

【看图分析解密】

科达股份（600986）K 线图上勾勒出的一波波连绵不绝的升势让每一个旁观者称羡不已的同时，更让人感叹其背后推手的强大实力和老谋深算。我们发现，该股主力推高股价的手法显得极有耐心，不知不觉间股价已翻了几倍，却几乎没上过龙虎榜。即使在底部发起的第一波十三连阳的翻倍攻势中，也仅出现一次涨停，不急不躁的连续小阳推高加上张弛有度的回调

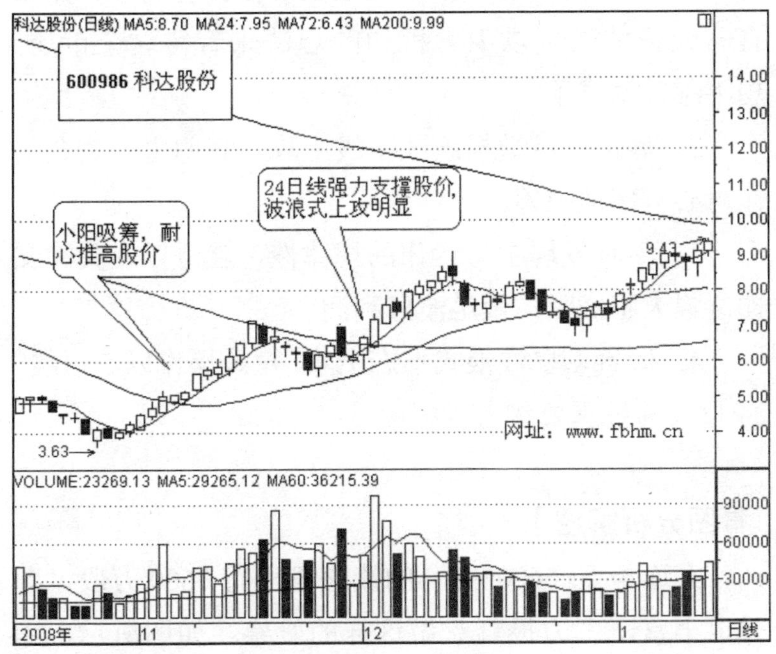

洗盘，都显示了主力对资金运作的胸有成竹和远大抱负。通过每天和那些一根根盘面K线语言的无声交流，发现和揣摩幕后主力的思想、手法，你会发现自己的功力日益见涨，预测也变得慢慢精准了，直到有一天，敢于在股价回调至24日线时或者突破整理平台时就大胆买进的你，终于可以骄傲地告诉自己：在股市里赚钱其实一点也不难，相信自己，只要有付出就有回报。当然，成功的前提还是学习掌握正确的理念和操作策略。

【实战技术精要】

1. 经常问自己，你如果是主力你会怎么办？如果有一天你能做到以主力机构的想法来看待这个市场，想不赚钱都难了。

2. 底部区域数根连续阳线上攻，表明主力资金仍在耐心有序地吸筹。

3. 一旦发现主力运作的规律性，就可以在关键支撑位置大胆低吸，做足波段利润。

4. 股价若以波浪式形态上攻，短线操作以5日线、24日线为最重要参考指标。

【看图分析解密】

大连圣亚（600593）的流通盘只有7600万股，题材也丰富，主力很喜欢做这样的股票。如图所示，当该股跌到 3 元附近时，的确是一只被严重低估的好股，底部一旦启动，很快得到市场的共鸣，大量的资金马上疯狂涌入，争抢筹码，5 日均量线急速突破 60 日均量线，近乎 70 度角一路上升。股价连续 4 天报收涨停，5 日线突破 24 日线时就是最佳买点，买进之后就可获取短线暴利，这一阶段主力没有进行洗盘或者震仓，表明一口气拉升到目标位的欲望十分强烈。当股价涨到 7.5 元时，主力终于进行了一波力度较大的回调，但到后期成交明显萎缩，当 5 日线再次金叉生命线之后，新高又指日可待了。

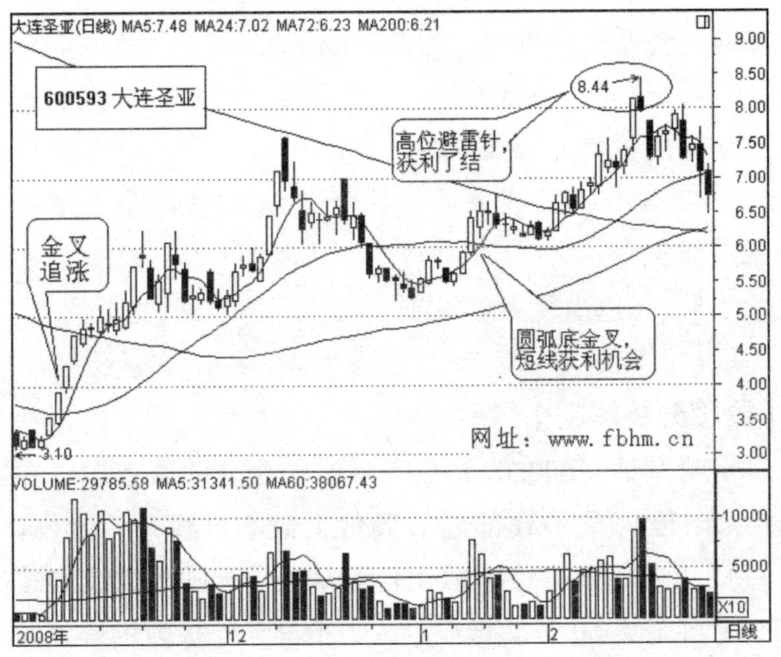

我们发现，强势股的运作从行情一开始就会奠定它的风格，往往大盘稍一走好，主力就拉个涨停板，让人感受到做强势股、龙头股的无限快感。对于追求快速致富的短线投资者而言，一定要参与强势股回避弱势股，认真学习研究加速上涨股票的共性，果断买入那些可以持续上涨的牛股，假以时日，坚持原则，积小胜为大胜，小散户也会变成超级个人大户的。

【实战技术精要】

1. 很多大牛股底部启动都是以涨停突破开始的，必须重点关注这些具有非常巨大上涨预期的涨停股。

2. 底部持续放量，5 日均量线急速突破 60 日均量线，资金跑步进场，此时为最佳买点。

3. 选对个股赚大钱，一旦锁定强势股，可采取积极运作的策略，回报丰厚。

4. 5 日线呈圆弧形二次金叉 24 日线，是非常好的短线机会。

5. 高位出现大阴线或“避雷针”信号，可先行离场。

【看图分析解密】

哈空调（600202）是一只比较典型的强势股。在 6 元附近构筑了底部之后股价突破 5 日线开始上涨，短短几天，该股连续放出巨量成交，5 日均量线快速且笔直金叉 60 日均量线，主力抢筹动作极为凶悍。连

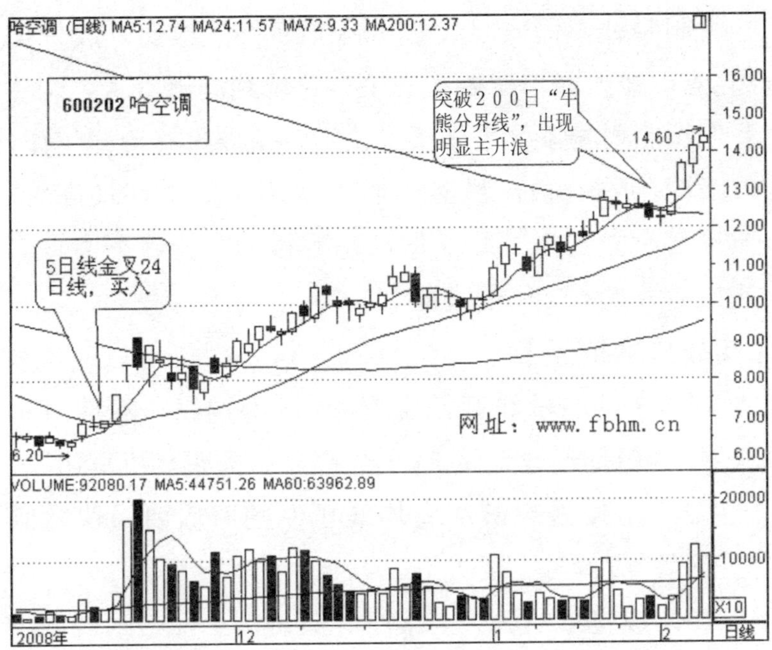

续两个涨停的猛攻之下，股价也迅速突破了均线组合的24日生命线、72日“决策线”。而强势股的最大特征就是股价快速上涨，很少回调。短期涨升基本上都以5日线为动力依托，大盘如果非常不配合主力顶多也就将股价砸到24日生命线为止，如果大底部启动时我们没有来得及进场，那么这时候反而是大胆低吸的绝佳时机。

当股票突破200日“牛熊分界线”后，股价明显出现了主升浪，一路走来，股票得到成交量的有力配合，呈现温和均衡的特征。只要把握住这个特点就可以放心大胆赚钱，而一旦发现上涨斜率突然改变，股价偏离 24 日线太远，就要小心主力兑现利润出货了。既然我们按照均线系统来做买卖决策，就要严格遵守纪律，该卖时绝不犹豫，虽然事后发现不一定卖在最高价，但只要能做到每一笔操作都是赚钱的，持续下去，你就是笑傲资本市场的大赢家。

【实战技术精要】

1．5 日均量线开始金叉 60 日均量线，随后股价涨停，5 日均线也金叉 24 日生命线，天赐良机莫错过。

2．在 K 线突破所有均线压制的时候要最快时间抢筹码，股价马上要大涨。

3．成交量的放大与缩小、股价的上涨与回调，用心观察量价之间的结合特点有助于我们擒获大牛股。

4．坚守原则是成功的基本保证，该卖出时一定要果断，不可患得患失。

5．一个成熟的投资者“在买之前，就知何时卖了”。

第三节　果断操作实现赚钱

炒股最忌贪心，很多人在赚钱的情况下不舍得卖，我的观点是：有赚就跑，见好就收。哪怕你只赚 5%、3% 甚至 1% 也无妨，有赚随时走都是正确的。就算卖完股价还涨了也不用后悔，因为好股票多的是，你每个股票都能赚到钱的话，就能实现巨额收益。

请记住：不管多少，当庄家送钱给你赚时，你一定要收，如果不收，你就要掏钱给庄家。股价上涨恰似庄家在请吃饭，当时你也在一起吃，如果大家都吃完并跑了，只剩下你还在饭桌上，而最后坐在饭桌上没有走的人，就是最后埋单的人。

资本市场是用资本说话的地方，不管牛市还是熊市，资金的松紧是直接导致股价涨跌的根本原因。作为资金推动型的中国股市，平时多接触金融机构特别是银行，将有助于我们的判断，因为银行总是最清楚资金的供求。

在许多时候，从一些细节我们可以看出市场的规律：在高点的时候，大家都认为股市好捞钱，把钱都投入到了里面，房地产也出现一个高潮，此时很多人与机构持有筹码，银行现金短缺。当市场转入下跌时，银行现金短缺更加严重，因为有钱的都去补仓去了，紧接着出现市场资金跟不上，股价开始猛烈下跌。等市场跌得差不多了，如2008年跌到1600多点，国家信贷政策发生改变，房地产又可以融资了，个人贷款也相应放宽，资金慢慢转为充裕了，股市于是开始回暖。

“一收就死，一放就滥”，不仅是中国货币政策的特色，国外也曾发生过。“9·11”事件之后，为刺激经济复苏，全球各主要经济体普遍实行了超低利率政策，美联储连续10多次降息，将联邦基金利率从6.5%下调到零利率。结果，经济是增长了，全球流动性过剩也汹涌而来。5年来，许多发达国家的房价上涨了一倍，国际现货黄金价格、原油期货价格也纷纷创下历史最高纪录。流动性泛滥一直持续到了2008年次贷危机冒头才结束。

从以往A股的几次回调来看，股指下跌都被强大的力量托起，这使得本来不能合理定价的市场几乎没有什么风险，每一次股市回调都是最佳建仓良机。这几乎和以往政策市管理层承担风险是一样的。而一个政策市掩盖系统性风险的市场，有了强大的政策资金支撑，市场就会再度疯狂。

目前，中国股市还是属于政策市，曾经的“三大政策”、“十二道金牌”，都是“政策市”的杰作。我们在这种前提下去做股票，就一定要关注金融政策。普通的消息甚至如增减印花税等，相对于资金的松紧政策而言，还是属于次要的，资金的松紧才是最重要、最核心的判断标准。

【看图分析解密】

乐凯胶片（600135）在2007年的大牛市里就曾是一匹超级大黑马，从5元一路飙升到19元，给投资者留下了深刻的印象。受到2008年残酷且漫长的熊市影响，该股的绝对价格竟然最低时只有2.6元，严重超跌的低价股往往是大黑马诞生的大本营，如此诱人的“黄金”还埋在沙堆里，主力资金再也不想掩饰自己暗中吸货的目的，而是撕掉伪装，走上前台，开始拉升吸筹。股价已经呈现多头排列的趋势，5日均线金叉生命线，5日均量线也突破了60日均量线的压制，一路上扬。在一波8连阴的强劲洗盘后，很多人都害怕了，大熊市的阴霾在心头始终挥之不去，能解套或者少亏点就赶紧出逃吧。其实，当你最难熬的时候就是黎明

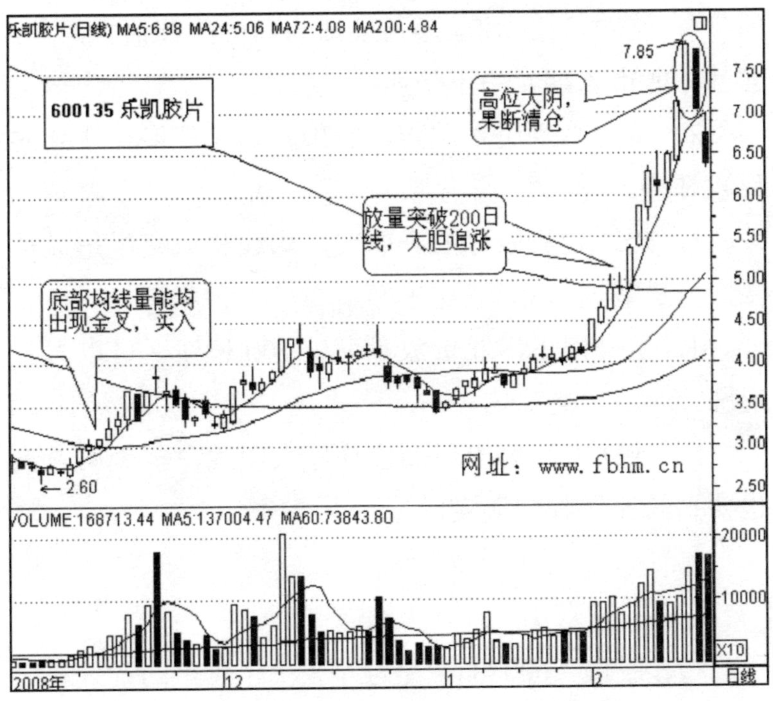

前最黑暗的时候，主力资金一旦吸筹完毕，马上开启主升浪。

乐凯胶片一连串小阳上攻后，5日均线、5日均量线再次金叉生命线、60日均量线时，股价显示出极强的爆发力，一波十分流畅优美的主升浪在5日均线的伴奏下被主力演绎得淋漓尽致。牛股发起飙来，会有巨大的惯性，一天一个价，股价快速实现飞跃。所以我们要做好股票趋势的研究和判断，不能总是上演刚一卖出主升浪就来的后悔一幕。

【实战技术精要】

1．绝对价格越低，越可能成为后面的翻倍大黑马，尤其在熊市末期、牛市初期。

2．主力吸筹进入尾声，股价开始呈现多头排列的反攻态势。

3．想让趋势做你的好朋友，均线和成交量是最重要的分析数据。

4．主升浪里，股价放量突破200日线，可以大胆追涨。

5．连续大涨后出现高位跌停大阴线，至少第二天也要离场保住胜利果实。

【看图分析解密】

杉杉股份（600884）是近年来炙手可热的一只新能

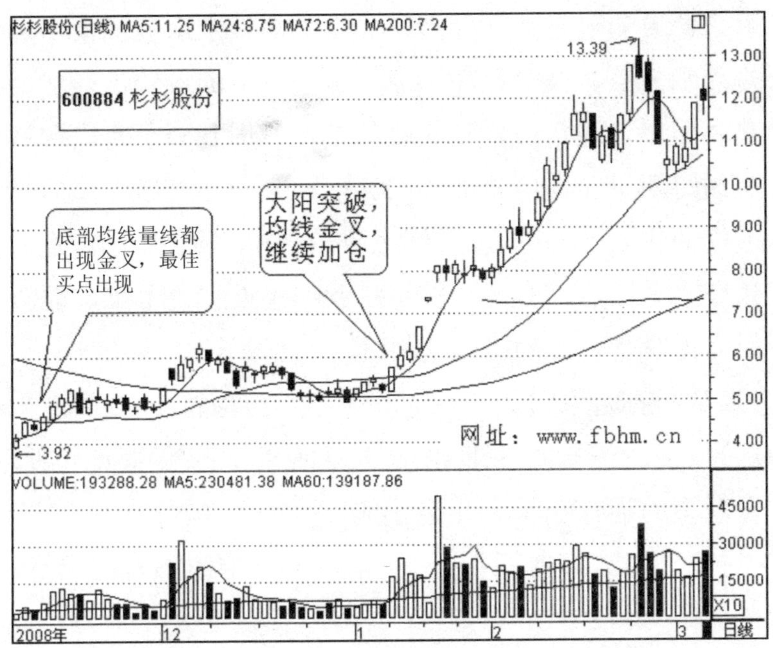

源领涨黑马股。一个大的题材热点的诞生需要大家的认同，然后需要资金的推动，从而产生巨大的赚钱效应，一批翻倍黑马大牛股的涌现会令整个市场内外都为之惊叹，产生共鸣！我们就是要在有苗头的时候，第一时间预判出市场热点群体，发现其中潜在的大机会，果断介入获取厚利，稳步把自己的资金投入到最有把握赚钱的每一次交易中去。随着新能源概念越来越深入人心，杉杉股份也一步步进入市场主力的视线范围。2009 年 1 月 9 日，一根涨停大阳，5 日均线突破 24 日生命线，5 日均量线同时金叉 60 日均量线，主力迫不及待拉升吸筹，此时无疑是最佳买点，大量的热钱潮水般涌向市场热点和焦点，及时跟随主流资金进出主流板块，当然会获利丰厚。通常板块领涨股都是在一周到一个月内这样短的时间里实现巨大涨幅的。杉杉股份在连串涨停后只横盘消化了5、6天就继续上攻，轻松突破12元。看来只要主力愿意，究竟会神奇涨到哪里谁也说不准，顺势而为无疑是最好的操作策略。

【实战技术精要】

1．主流热点一旦形成，要抓紧挖掘领涨人气股，发现主力运作苗头，雷霆出击。

2．强势股展开主升浪，不破5日均线不考虑出货。

3．出现缩量涨停预示后市爆发力更大，主力后备资金充足。

4．5日均线强势金叉200日线，打开上涨空间。

5．连续大涨后，累积风险随时会降临，高位出现“避雷针”信号要撤离。

附录

媒体报道节选

2009 年 5 月 25 日《南方日报》B04 整版报道

专题撰文　本报记者贾肖明

翻倍黑马：

6年打造1000个500万富翁

“天下武功，惟快不败”，武侠迷们应该都会记得古龙小说里的这句名言，无论对手功力多深，只要出手比他快一秒，就可以克敌制胜。

熊市被套得一塌糊涂，牛市里只赚指数不赚钱，小散总是被主力们玩得晕头转向。在股市里有没有这样的一种“武功”，可以“笑傲庄家”、“跨越牛熊”？

2006年11月27日，本报《投资周刊》封面文章《解码股市“翻倍黑马”神话》曾报道了一位民间短线高手“翻倍黑马”，炒股亏损12年，但是终于“悟”到了跟“庄”密技，一年间赚回了30倍。

时隔两年，2008年11月17日，在东方财富网“股往金来英雄汇”模拟炒股大赛中，“翻倍黑马”从全国10万名选手中脱颖而出，一个月内在预赛和决赛中以115%和38.55%的骄人战绩双双夺冠，摘得雪佛兰新景程、别克林荫大道两辆轿车的金钥匙，名动天下。这也是他第13次获得“炒股”比赛的冠军，13次竟无一次失手，可谓A股绝顶高手。

如今他开始集纳自己的炒股心得和人生感悟，并开始出版《翻倍黑马》系列图书，并表示希望在自己40岁之前（今年34岁），帮助1000个人赚到500万元。这又是新的爆炸性新闻，他到底将如何实现自己的愿望？是自我炒作还是真实想法？他的成功别人能否复制？带着这些疑问，记者再度采访了这位神秘又神奇的短线高手。

经 历

信奉“老巴”躲过大熊

17岁开始炒股，一路跌跌撞撞走来，26岁赚得人生第一个百万又损失殆尽，30 岁才开始收获成功的翻倍黑马，在 2007 年和 2008 年极具戏剧性的起伏中，又是怎样一番经历？

经过这两年牛熊的折腾，很多投资者平添了许多白发，沧桑和疲惫也是常态。两年不见，已为人父的“翻倍黑马”笑容依然略显孩子气，但举手投足更多一分从容自信。

“快、狠、准”是“翻倍黑马”的操作风格，每只股票一般只持有 1 天，最长不超过 5 天，每次只赚三五个百分点。虽然身为超级短线客，但“翻倍黑马”最崇拜的投资人却是巴菲特。他认为，最完美的操作是，“巴菲特的理念，加上索罗斯的风格，这是中国股市的特色”。

而对巴菲特的崇拜，也帮助“翻倍黑马”在 2007 年 9 月股市位于 5000 点附近时成功逃顶。“7 月份巴菲特开始抛售中石油时，我就开始慢慢清仓。连股神都觉得中国股市过热了，我们还等什么呢？”此后不久，李嘉诚也在套现股票，更令他强烈地意识到，股市的顶部已经不远了。他在 2007 年 9 月开始清仓，并建议身边的朋友也该果断撤离。果然，股市从 6000 点崩盘，而“翻倍黑马”一直在观望。

2008 年 9 月之前，他主要的精力放在了家庭和写书上，“一直到 2008 年 9 月之前，我只是偶尔操作，约两成的仓位，但是到9月份收益已经达到70%了”。随后，东方财富网模拟炒股大赛的消息吸引了他，“以前都是实盘赛，想体验下模拟比赛”。虽然相对于实盘赛，模拟赛的规则严格了很多，但是“翻倍黑马”再度创造了“神话”：自2008年11月17日初赛始，至12月26日决赛结束，其间，上证指数跌76.09点，跌幅为3.95%，而他初决赛累积收益为151.72%。为此，《民间股神》系列丛书作者白青山形容他是“熊市牵金牛的人”。

掌握了“必杀技”的他，越发轻松自如。两年多前，除了白天的交易时段，他每天晚上都要做大量的功课，看技术指标，一看就是五六个小时，经常研究到深夜。但现在，他每天晚上只用1到2个小时选股，更多的时间用来看书写书。他告诉记者，除了投资类著作外，他还喜欢看伟人的传记，从中汲取人生的经验和智慧。

早已实现财务自由的翻倍黑马又给自己立下了新的奋斗目标，在40岁之前，出12本书，帮助1000个人成为500万富翁。

对　话

参赛都是选择行情启动初期

记者：俗话说，“一寸短，一寸险”，但是你频繁短线交易却几乎不会失手，而每次参赛又都能拿到冠军，这让很多人无法相信。

翻倍黑马：做短线并不是每天进出，看准了只需要做几次交易，我有时为等一只股票的启动时机，会关注很长时间。一旦机会出现，股价启动，涨幅达到3%左右，我都会立即卖出，无论等多久，赚钱了我就撤，这样安全操作才能持久。如果把我4年以来的交易清单打出来，每一笔都是赚钱的。

我选择的日K线参数分别为5日、24日、72日和200日均线，将技术指标结合市场成交量、人气以及政策面的情况来挑选股票，经过不断调试和优化，我现在的选股系统可以堪称完美，不会出错。每次参加比赛，我都是选择行情启动的初期，别人都很谨慎，但是我可以凭短线技巧大胆操作。

记者：你的交易策略是“跟庄”，但是现在你的资金越来越大，主动跟风你的人也越来越多，是否会引起庄家警觉，导致你的策略失效？

翻倍黑马：庄家要赚的是300%，我每次的要求是赚3%，而且很快就走，一般没有冲突。只有一次有人主动打电话来，让我把筹码交出来，我照办了，按3%的赢利抛了，这些人得罪不起。

1000人的想法来自孙正义

记者：你给自己定下的下一步目标是6年打造1000个500万富翁，听起来很不可思议，为什么会有这样的目标，1000人和500万的数字又是怎么定下来的？

翻倍黑马：我今年34岁了，希望在40岁之后退休享受生活。实现了财务自由之后，我也希望做一个有影响力的人。我也经历过亏损的痛苦，希望能帮助更多人成功。

在我读过的人物传记中，比尔·盖茨和孙正义的故事对我影响很大。孙正义的理想是，要帮助1000个互联网企业，他的目标已经快要实现了。所以，我的目标也是帮助1000个股民。有了500万元，可以算是财务自由，可以过自己喜欢的生活了。

记者：这1000个人怎么选出来呢？你会开办专门的培训班？通过QQ群指导？赚到500万，起步资金至少要多少？

翻倍黑马：我没有招收会员的计划，现在也不会用QQ群和MSN这些网络聊天工具。我计划通过博客、报刊、讲座等，把我的投资理念传播出去。我已经写了两本书，打算总共写12本，假定每本销1万册，就算有1%的读者相信我并掌握稳健复利的短线技巧，也有1200人了。起步资金50万元，3年10倍并不难。

记者：你经历了10多年的磨炼才掌握的经验，可以快速复制吗？太多人采取你的策略，是否会导致这种策略失效呢？如果是你的读者，赚了500万元但没有告诉你，又该怎么办？

翻倍黑马：我认为可以快速复制，我的交易系统本身是完善的，如果愿意尝试的人，只要努力，我相信经过1到2年的磨炼就可以掌握。我在书中留了电子邮箱，在学习当中遇到困难，也可以给我来信。中国的市场很大，未来上市公司越来越多，所以我不担心人多了方法就会失效。如果有人用我的办法赚了500万元，我相信其中有99%的人会来信和我分享喜悦。

方法不对就频繁交易是散户大忌

记者：大部分散户都会亏钱，你觉得最根本原因是什么？好的投资者应该具备什么素质？

翻倍黑马：一般散户都没有自己的交易系统，没有正确的心态，没有操作原则，随意买卖。没有掌握正确的方法前就频繁交易，套牢之后不再动。

要做股市的赢家必须要头脑冷静、独立思考、反复推理、心态平和、相信自己。善于总结每一次交易失败和成功的关键和本质，学习和复制名家的思想并结合到自己的实践中来，通过心态、技术和经验累积，掌握持续赚钱的能力并坚持下去。

记者：有没有计划发行阳光私募，直接帮投资者快速赢利？

翻倍黑马：没有这个想法，私募产品对于选股、持仓比例等要求较严，这会制约我的操作。

黑马股经

“重复做让自己赚钱的事”

“买股必须跟主力”，经过10多年的摸索，“翻倍黑马”总结出了一套简洁但有效的交易系统。用他自己的话来说：“如果把4年以来的交易清单打出来，每一笔都是赚钱的。”听起来不可思议，但是实盘赛的清单又是明证，他是靠怎样的秘诀可立于不败之地呢？

要诀一：没有把握绝不出手

“有百分之百把握时才出手！”这是翻倍黑马近4年中保持不败纪录的制胜要诀。一切操作行为，符合他自己的交易系统原则，然后才行动。当找不到符合标准的投资机会时，要学会耐心等待，直到发现机会。“这是巴菲特和索罗斯共同的投资习惯”。

要诀二：集中兵力

“一个人的精力有限，时间有限，做股票千万不要贪多，而在于精！”在资金不足500万元时，翻倍黑马一般只会去买一只股，到资金超过1000万元后，他也只买3只股票。

要诀三：积少成多

翻倍黑马认为，在股市里要想取得较高的收益有两种途径：一是单一品种获利幅度巨大；另一种则是积少成多，通过短线滚动操作，提高资金运作效率，像滚雪球一样，越滚越大。每次赚三五个点，长年累月，收获也会不菲。

要诀四：不听消息

与绝大多数股民不同的是，翻倍黑马选择个股从不听消息，"如果你相信'消息'，那就是你赔钱的开始"。他认为，对股民而言最重要的是不断总结提炼经验，形成自己的投资原则和操作系统，并坚持下去。"请相信自己，重复做让自己赚钱的事，你很快就富了。"

要诀五：随机应变

虽然是短线高手，但是翻倍黑马同样很看重趋势的力量，他的经验是：当上证指数K线5日均线上穿24日均线，且5日均量上穿60日均量时，表明大盘强势，可以大胆进行短线操作；当上证指数跌破24日均线时，表明大盘有所走弱，要减少操作，降低仓位；当上证指数跌破72日均线时，表明进入空头市场，要绝对空仓，不再操作。

个股选择的经验是：在行情启动初期（上证指数K

线 5 日均线刚刚上穿 24 日均线时），选股的对象集中在流通盘小于 5 亿股的低价股，流通盘小于 2 亿股的更好；如果上证指数突破年线，而且所有中短期均线均已突破长期均线，72 周线走平转升时，表明牛市已经启动，选股对象则要转向流通盘大于 5 亿股的基金重仓股。

记者观察

复制心态比复制技法更重要

长线是金，短线是银。

股市如同武林，有各式各样的门派，以胜负论英雄。虽然技术派和短线操作已经渐渐式微，但在江湖中始终有一番天地。翻倍黑马的成功，可以说是把短线操作发挥到了极致，有如“小李飞刀”般神奇。没有繁复的武功，但飞刀出手，绝无虚发。

40 岁之前，他能否实现自己的愿望？有多少人能在他的影响下，走上财务自由之路？江湖有无可能再出来 1000 个“小李飞刀”？其实，只要能胜，不用“飞刀”用“大刀”又何妨？

要复制翻倍黑马的成功，最重要的恐怕不是他的短线技法，而是他的投资心得和人生感悟。在他的书中，不少金玉良言，例如“做股票首先要清楚自己的特长是什么，自己适合怎么做股票，哪一种盈利模式跟自己的性格吻合，找准方向”；“成功者永远不放弃”；“越想赚快钱亏得越快”等等，这些都是他10多年间，从一个小散户摸爬滚打到一代“大侠”后的肺腑之言。

无论是短线高手还是价值投资，很多地方其实是一致的。就像翻倍黑马自己总结的那样，“在暴跌中表现稳健，在上涨中出类拔萃，这是投资股票的追求，也是一个成熟的短线高手应备的基本素质。看上去每次只赚3%左右，但是累积起来，就是很大的收益。看似普通的操作，在每次的复利下，就会出现所谓神奇的效果。”虽然操作模式不同，但是翻倍黑马对于复利的追求和价值投资同出一源。

成功来自毅力和决心，而不是天赋和才华。翻倍黑马虽然只有大专文凭，却比很多金融学博士更为精彩！找到适合自己的道路，并坚持走下去，终有一天我们自己也会成为投资高手。

后记

复利传奇　每战必胜

不知不觉又已经写完第三本图书了。一直坚持简单明了的写作风格，希望给大家阅读的时候带来方便。股票投资的核心思想在于稳健操作。

人总是会遇到各种各样的诱惑，当你可以轻松克服心理障碍和人性弱点的时候，股票投资将呈现出另外一番景象。复利是股票市场最厉害的关键按钮。当你体会到保住本金，安全操作，稳健操作，步步为营的精粹之后，股票市场将成为你最好的赚钱渠道。

轻松赚钱的境界很快就会在你身上体现。在每次公开课程当中，给报社读者和图书读者带来的冲击都是震撼的。对财富的思考，对股市的理解，每个环节都是深悟股市规律之后的自在平淡的心态。

复利是一种传奇的缔造力量。如果我们都开始实现每战必胜的时候，财富的稳步递增带给我们的喜悦是非常明显的。很多朋友都开始与我分享股市投资带来的财富暴增的快乐。

在安全的前提下进行短线投资。清楚知道自己的特点和优势，善于思考。然后就是赚钱的快乐。没有人可以预知未来，但是，只要你坚持使用正确的操作方法和选股策略，可以预见的是财富自由的结果。

再次感谢所有帮助过翻倍黑马的读者和朋友们。我知道，一切都是因为股市把我们联系在一起度过无数波涛汹涌的岁月。牛市熊市我们都将一起经历。很多朋友使用选股绝招赚钱之后都出现团购几十本我的书导致《翻倍黑马》快速成为新华书店的畅销书。我期待得到你们更多的帮助和支持。

每战必胜的模拟比赛给大家带来很多财富的回报，也给大家认识到复利是多么的传奇。

如果有任何问题，请立刻登陆翻倍黑马网站www.fbhm.cn注册，并发邮件给翻倍黑马电子邮箱fbhmvip@163.com，有任何意见和建议一定要给我写信。坚持了很久，每天阅读几百封电子邮件来信。与您的沟通会让我下一本书帮助更多人成功。感谢您的阅读，祝福您和我所有朋友一样快速实现财富自由！

翻倍黑马

2009年8月

图书在版编目（CIP）数据
翻倍黑马/翻倍黑马著. —广州：广州出版社，2009.9（2014.1重印）
ISBN 978-7-5462-0030-9
Ⅰ. 翻… Ⅱ. 翻… Ⅲ. 股票-证券投资-基本知识
Ⅳ. F830.91
中国版本图书馆CIP数据核字（2009）第155431号

书　　名　翻倍黑马
　　　　　Fanbei Heima
出版发行　广州出版社
　　　　　（地址：广州市天润路87号9楼、10楼　邮政编码：510635
　　　　　http：//www.gzcbs.com.cn）
责任编辑　柳宗慧
责任校对　阳　潮
印　　刷　广州市怡升印刷有限公司
　　　　　（地址：广州市番禺区市桥横江　邮政编码：511400）
开　　本　889毫米×1194毫米　32开
总 印 张　10
总 字 数　240千
版　　次　2009年9月第1版
印　　次　2014年1月第2次印刷
书　　号　ISBN 978-7-5462-0030-9
定　　价　196.00元（全两册）

翻倍黑马④

翻倍黑马 著

广州出版社

图书在版编目（CIP）数据

翻倍黑马/翻倍黑马著. —广州：广州出版社，2009.9（2014.1重印）

ISBN 978-7-5462-0030-9

Ⅰ. 翻… Ⅱ. 翻… Ⅲ. 股票-证券投资-基本知识
Ⅳ. F830.91

中国版本图书馆CIP数据核字（2009）第155431号

书　　名　翻倍黑马
　　　　　Fanbei Heima
出版发行　广州出版社
　　　　　（地址：广州市天润路87号9楼、10楼　邮政编码：510635
　　　　　http：//www.gzcbs.com.cn）
责任编辑　柳宗慧
责任校对　阳　潮
印　　刷　广州市怡升印刷有限公司
　　　　　（地址：广州市番禺区市桥横江　邮政编码：511400）
开　　本　889毫米×1194毫米　32开
总 印 张　10
总 字 数　240千
版　　次　2009年9月第1版
印　　次　2014年1月第2次印刷
书　　号　ISBN 978-7-5462-0030-9
定　　价　196.00元（全两册）

目　录

上篇　翻倍黑马策略篇

下篇　翻倍黑马绝招篇

序言

淡定心境　全胜策略

股票投资是需要有良好的心态和成熟的技术支持的，如果还没有养成适合自己的一套方法和盈利模式，那么，想在股市赚钱还是非常艰难的。

淡定心境是一种对待事物变化的良好心态。不必与市场争方向，只要市场走出来了，再进行随心操作。淡定就是心中早已稳操胜券，按部就班地去实现自己宏伟的计划。

“翻倍黑马”之所以能够突破比赛对手的心理枷锁，一枝独秀，连续收益大幅度飙升，是因为胜在选股，还有操作的策略。精确选股的意义就是每次操作都必须经过详细的思考和研究，绝对不因为一时的冲动而进行盲目不理性的操作，导致操作失败。

全胜是操作过程当中采取多种数学模型保持资金的安全和稳定性，控制波动幅度，让自己的资金稳定地增长。

当市场的风险不断涌现的时候，波动幅度异常巨大。此时，安全第一、赚钱第二的原则就体现出重要的意义了。全胜的策略是在有100%把握的时候才出手，不要做无谓的冒险和激进的行为。始终保持理性的思维和休闲的心态，淡定的心境，出手之前就已经稳操胜券。

当没有人去做股票的时候，你大胆去买入股票。当大家疯狂的时候，你要保持多一份清醒。一定要保住自己的保证金。这样子就可以在好赚钱的阶段你参与了赚钱，在很难赚钱和很容易亏损的时候，你就保守操作空仓等待。这样子的稳健操作如果能够持续，那复利会给你带来神奇的实际收益。

关键是如何克服人性的弱点。不要与大众去争论涨还是跌。涨跌自有市场自己来演绎。我们要做的只是，静静地等着。等方向明确、可以操作的时候才开始操作。

因此，大家已经明白股市不是与庄家争长短，只是把握好自己的心态和操作就可以了。持续地采取行动做让自己赚钱的事情，你很快就会进入富人的阶层了。

热爱学习的人一定会愿意学习先进的方法。阅读大量的图书总结出适合自己的方法。借鉴市场多数高手的赚钱绝招，经过自己的提炼，转换成自己的投资原则。快速应用到实战当中，取得非凡的成绩。

本人一直强调稳健、步步为营，是因为16年来看过太多的投资者在市场上不断被消灭。主要原因是投资者采取不稳健的冒险操作。盲目操作是亏损的主要根源。要知道自己如何操作才可以成功，并且了解自己的心态和特点，适合哪种模式的操作。

当大家能够找到一种适合自己的方法的时候，我们认为持续的力量就会体现出来。很多人并不是不会买卖，主要是没有耐心去做让自己赚钱的事情。

希望通过本书传播给大家一种稳健的投资理念，进入一种全新的淡定全胜境界。感谢一切曾经帮助过翻倍黑马的朋友们，感谢所有读者的支持。祝福大家持续赚钱，吉星高照。

有任何意见或者建议请直接短信、邮件告知或者登录网站反映，让我们再版时可以改进。感谢您的帮助。

作者联系方式：fbhmvip@163.com

翻倍黑马网站：www.fbhm.cn

注册读者俱乐部电话：13929558821　13929558831

翻倍黑马电话：13660166668（限千万以上大资金）

翻倍黑马全体同仁将继续努力，把后续产品尽快推出给大家使用，让大家享受阅读的快乐和赚钱的成就感！

翻倍黑马

2009 年 9 月

上　篇

翻倍黑马策略篇

我们想告诉大家一个很简单的道理，股票投资是一种很好的生活方式。作者本人就是通过股票投资实现所有个人目标的。如果有一种方法可以让您财富自由，如果有一位专业的老师愿意告诉你致富的秘诀，如果有一些通过研究上千本书籍、并且通过市场检验获得巨大成功的经验和方法要告诉您，如果有每年都可以轻松赚钱的方法，您是否愿意花一次上饭馆的钱来购买本书？

如果再加上老师身经百战、价值连城的杀手锏——“极品选股公式”送给您，一些可以让您持续稳定赚钱的绝招，您是否愿意接受翻倍黑马的策略？

步步为营、稳步赚钱的绝招，能够改变翻倍黑马的命运的方法和策略，我坚信也一定可以改变您的投资命运。

第一章　稳赚买卖策略

投资是有方法有策略的，其中最重要的就是稳赚的买卖策略。投资是一辈子的事业，如果你还要在这个领域做出杰出的成绩，那么，付出大量的时间来学习和阅读成功人士的书籍，一定可以达成自己的目标和愿望的。

作为年轻的人更加要加倍努力，让自己可以更加快速地实现财富自由。为了一个目标一个梦想，集中精力，付出时间去做。当你用对方法的时候，发现一切都是那么的自然。

通过股票投资快速实现财富自由是完全有可能的。当你完全了解股票投资领域你需要了解的所有知识之后，持续去运用智慧，把握自己的内心和市场吻合，踏准节奏，稳步实现利润。

当我们开始掌握稳健的方法的时候，不要犹豫和拖延时间，立刻去实施，只有行动才可以改变命运。最好的赚钱方法摆在你面前如果你不去付诸行动，看到听到和学会的一切都只是徒劳。因此，请阅读本书的每一位朋友，一定要坚持学习最新的赚钱方法，并持续付诸行动，成功一定是属于你的。

稳赚的技术其实很快就学会了，但是，笔者不说可能你要摸索 12 年还不一定明白。向市场交学费交多了，自然就会变聪明了。于是，我想所有人投资股市可能都会与我遇到的问题和碰到的困难相同，如果我总结出简单易学的稳健赚钱原则，一定会被大家广为传播和学习的。

首先就是要在自己的大脑里刻入一种“稳健赚钱”的核心思想。时刻提醒自己要在安全的前提下稳步地去操作，实现利润稳步增值。股票投资领域是有稳健型投资的成功模型的。这种模型就是在大盘和个股都出现共同的向上趋势的时候采取操作，成功就有把握了。

第一节　买卖原则

安全第一，赚钱第二。根据条件来买卖股票，不能只自己随心所欲地临时决定、频繁操作。如果没有克制自己的操作，不养成良好的操作习惯，就很难有所成绩。

要保持适合自己的买卖原则来操作，持续地实现利润。

买入原则：

一般符合均线多头排列，在成交量配合的情况下进行操作。如果有两个指标以上显示走好，我们就可以得到买入的结论。

一般移动平均线出现“金叉”即常见的5日均线上穿24日均线的时候，为买入信号。当成交量符合5日均量线上穿60日均量线的时候，是买入信号。

要坚持根据不同的市场阶段采取不同买卖策略。

卖出原则：

当出现高位“避雷针”见顶信号的时候，要小心了。出现高位大阴线，跌破重要的支撑线的时候就差不多要撤退了。往往巨大的暴跌是在出现技术形态的头部特征之后，5日线压着K线一路下跌进入加速下跌的阶段才是投资者亏钱主要阶段。

作为股市的少数赢家一定要把握好在高潮的时候随时保持清醒的头脑，什么时候都要把风险控制在自己的可承受范围内。几乎每次见顶都是出现新证券开户排长龙的时候。或者连社会低收入者都抢着进入证券市场的时候，也许很快就要见顶了。

当大家都去一窝蜂去做一件事情的时候，最糟糕的情况就会随时出现。我们应该远离人群，多人去做的事情通常都已经没有什么利润了。

我们要用心去挖掘以后会被别人挖掘和认同、短期具有上涨空间的股票进行研究。只有比别人提前发现价值和知道市场的走势特点，才可以把握好进出的最佳时机。

当我们开始明白股市其实就是跟自己在竞争，对自己心态和技术的认识，然后制订适合自己的股票投资方法。

而笔者一直坚持的是一种步步为营、稳健投资的策略。最适合自己的短线操作模式，就是根据大盘不同的阶段采取不同的操作策略，很快就可以实现持续盈利了。这个持续是最关键的。因为赚一次不能让你实现财富自由。只有不断地持续地盈利才可以让你实现梦想。

最后总结出来的方法是非常简单的。就是上涨阶段做强势股，单边下跌就空仓，震荡市就采取高抛低吸的策略。基本上股市的波动也就三种市况。

关键就在于能够准确地判断市场处于什么阶段。我们只使用最简单的均线系统来作为参照物，判断大盘的趋势和所处阶段。

【看图分析解密】

德豪润达（002005）是中小板首批上市的股票之一，其主导产品为面包机、烤箱、电炸锅等小家电。

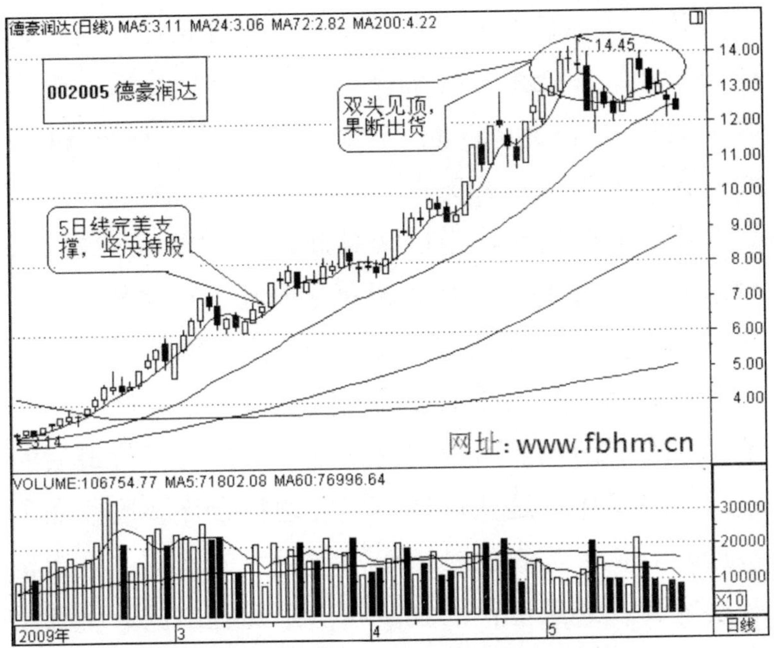

在2007年的超级大牛市里该股也曾经从5元多被炒到20元附近，无奈2008年风云突变、内外交困，股价一落千丈，最低逼近2元大关。买了该股的股民无不损手烂脚，但就在年底最黑暗的时候，主力悄悄进场吸纳，在3元以下的底部区域耐心收集廉价筹码。2009年1月5日，德豪润达以一根光头中阳开始了新年的神奇之旅，5日线上穿24日生命线，横盘几天后，主力启动拉升，一气呵成的九连阳走势相当精彩，200天线也转瞬被攻克。所有均线呈现多头向上发散排列，不管大盘风吹雨打，该股股价始终紧贴着5日均线向上攀升。几个月下来，人们惊奇地通过统计发现：这样一家业绩接连报亏的企业竟一跃成为中小板第一牛股，股价从1月份的3元拉到5月份最高时的14.45元，其间涨幅超过300%！

值得回味的是，当后期股价加速上涨时，公司二股东拟注入LED资产的消息终于曝光，在此利好的推波助澜之下，该股主力一改前期稳步上涨、少拉涨停的操盘风格，K线图上屡屡出现涨停大阳。其实说穿了，主力制造出的所谓题材就是拿来配合股价最后的赶顶阶段所用，这些市场热门的题材会导致股票在那些后知后觉参与者的哄抢中出现巨大的涨幅，主力也就很容易在连续涨停的狂热氛围中顺利出局，将翻倍的利润笑纳囊中。

【实战技术精要】

1. 抓牛股，要重点锁定那些在上涨初期均线就已经多头排列的股票，这类股后市成为大黑马的概率极大。

2. 5日线上升斜率成45度、5日均量线也同步上升，主力控盘完美，一路持股，不要恐惧。

3. 股价开始出现连续涨停，加速上涨行情来到，注意随时准备获利离场。

4. 高位“避雷针”信号出现，可以撤离战场，抛错了也不必后悔，没有人可以吃尽利润。

5．当高位完全形成双头的见顶形态后，要果断出货，不要犹豫。

【看图分析解密】

露天煤业（002128）是 2009 年上半年跑出的一匹煤炭大黑马。由于本身盘子不大，加之 2008 年严重超跌后股价不足 10 元，包括游资、基金在内的不少主力资金年初都瞄上了这只“煤炭新贵”，伺机制造一波超级大行情。2009 年 3 月起，伴随着国际油价的强劲回升和市场资金流动性的再度充裕，资源类个股普遍出

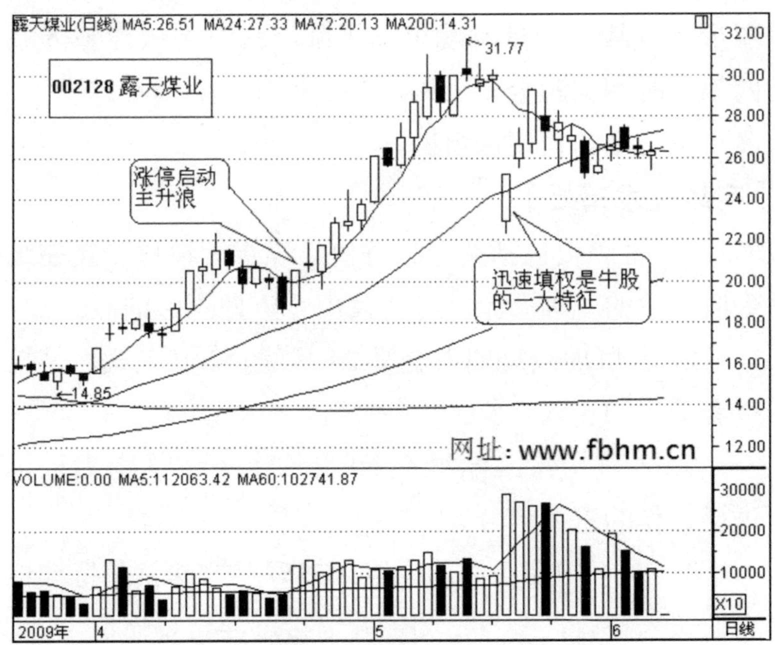

现大幅反弹，煤炭价格也水涨船高，市场主力资金很自然地选择了煤炭板块作为拉动大市的火车头。如图所示，露天煤业股价的5日均线在两三天内成功突破24日生命线和200天牛熊分界线，每上一个台阶后就整理几天消化浮筹，到了4月23日，主力拉出涨停大阳结束调整，开始了轰轰烈烈单边上扬的主升浪行情，特别在10转3股分红后，主力仍然快速拉出三根大阳，圆满填权。一个月时间，在大盘趋势、政策消息和资金实力的共同打造下，主力以摧枯拉朽的气势一举完成了主升浪翻倍的量度目标。对于这类“时势造黑马”的经典案例，只要我们平时熟记黑马启动点时的K线图形，实战中一旦发现机会来临，就在突破盘整区域的第一时间大胆全仓买入，买点抓住了、节奏踏准了，股市就是你的长期提款机。

【实战技术精要】

1．资源类包括黄金、有色、煤炭等板块，是超级牛股诞生的一大温床，可在其中重点挖掘标的股。

2．5日均线短期内金叉24日线、200天线，是投资者最好的买入点位。

3．5日均量线始终在60日线上方，是主力积极进场运作的重要信号。

4．对于中期上涨的牛股，最好的方法就是持续地逢低买入持有，一直捂到主升浪接近翻倍目标位为止。

5．大牛股通常都会发生抢权、填权效应，心态良好的投资者可顺势而为，在除权高点分批获利抛出。

【看图分析解密】

中炬高新（600872）是非常典型的均线多头排列超级黑马股。均线在3.3元附近形成了粘合在一起的组合形态，5日线伴随着成交量的明显放大，一举发力越过24日生命线，横盘整理几天就到了2009年春节休市期。一出精彩的好戏在节后上演了，由于受益于政府支持新能源汽车的政策，汽车用动力电池概念

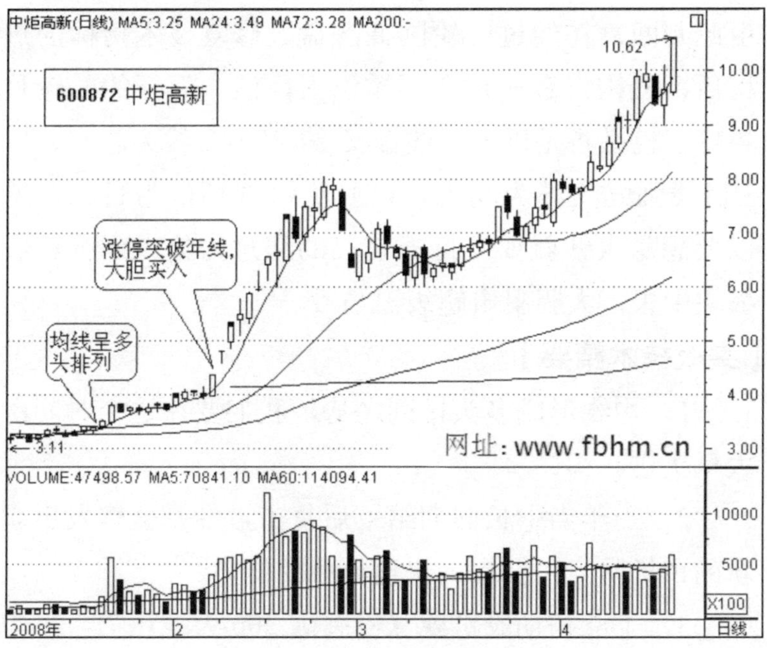

股俨然成为各路资金争相追逐的对象，凭借子公司主营镍氢动力电池业务的中炬高新则扮演着领跑者的角色。该股2月6日涨停突破200天牛熊分界线，进入加速阶段，这个时候观察均线系统，明显呈现多头排列并发散向上，一波超级震撼的大行情在主力持续买进的强劲推动下展开了。该股只用了14个交易日，即从3.97元升至7.86元，若以节前收盘价3.75元计算，短期涨幅高达110%。我们知道，行情的展开是波段反复上涨的，对于大牛股更是如此。而在节后这一波与其他电池概念股绝大多数属游资推动不同的是，部分机构席位在此轮中炬高新暴涨行情中也露出身影。由此判断，在经过一轮回调洗盘、修复技术指标的过程后，机构资金一定会再掀滔天巨浪，而新的一轮攻势特点也必将是以5日线金叉24日生命线为起点、以5日线强劲支撑为动力、以股价再度翻倍为目标，所以要想赚大钱就要坚持把自己的注意力集中到强势股板块中去，大胆狙击超级黑马股。

【实战技术精要】

1. 均线形成多头排列之势，我们要在这个时间段大量买进。

2. 一年当中长假期结束后复市，经常会爆发出崭新的市场热点，要提高快速反应的能力。

3. 上涨初期股价就涨停突破200天线压力，主力资金实力强大，明显要做一波超级大行情。

4．发现有机构资金进场，洗盘越狠，后市再起一波的力度越大。

5．大牛股的爆发主升浪都是以5日均线为最重要的参考指标，涨幅目标至少一倍。

第二节　专注短线

很多人在投资股票的时候一会学这样，一会学那样，结果都不得要领。要在一个领域或者一个行业有所成就，必须专注，也只有专注去研究股票的内在波动规律，才可以把握股市的脉搏。

作为短线投资者，一定要研究对股价短期波动最有影响的因素。而这个因素通常都会通过成交量变化的形式体现出来。短线操作一般是在一个月的时间内的操作。而超短线就是在一个星期内进行的操作，特别是波动比较剧烈的时候，超短线有时候今日下午买入，明日上午就已经卖出，只要差价的利润够大。

坚持只赚3%以上随时就获利卖出，通常都是保持赚5%就卖出走人。这样子主力很难套住你的。因为你不贪心只赚一点就卖出。

有几种情况是不适合做长线的。一种就是单边下跌的大熊市，调整的时间很漫长，如果做长线投资选的股票一路下跌，持有时间越长就亏损越厉害。另外一种情况就是震荡市，一会儿涨，一会儿跌，很难判断，总体来说不涨不跌。如果从年初持有到年尾，不赚也不赔，浪费了时间。因此，震荡市也不适合做长线投资。

我们深刻认识到中国股市的运行规律之后可以采取相应的策略。在牛市和震荡市采取超短线操作策略还是比较适合的。牛市多次操作赚钱累积出来也是赚大钱了，震荡市高抛低吸赚差价累积起来也是复利增长收益可观。

之所以坚持短线操作，是因为比较符合我个人的性格特点，也比较符合中国股市的现状。有很多人在骂我们是股市最不坚定的分子。但是，我们却认为我们长期关注股市是想在股市里赚钱的，我们不是来赔钱的，更不是单纯地去为上市公司做贡献免费给他们锁筹的。我们不能成为机构的接盘套牢者，因此，我们不能一成不变地盲目相信任何所谓的价值理念，我们只看结果的现实主义。得到的结果如果是被套亏损了，那么，就算是道理上怎么正确的理念我们也不会迷信的。只有是赚钱的结果，投资成功的结果，就算是别人说这个是投机取巧，也不必在乎别人的评论。

世界上喜欢评论这个评论那个的人太多了，我们不用去管。只要管好自己的账户是否增长是否赚钱，投资股市我们是要来赚钱的，不是来混日子的。每年一定要对自己的一年的操作情况做一次总结。因为不断的总结是进步的开始。我们最后还是坚持短线投资，专注短线操作。不是我们不想长线投资，是我们尝试过多次了，结果亏损严重。

人总是要改变的。不断地学习进步才可以向更好的方向发展。投资是一辈子的事业。如果你能够熟练地在股市里赚钱，那么，什么实业可以与你相比呢？我始终认为用钱来赚钱的方式是最高级的模式。资本市场是最高端的经济博弈的地方，也是穷人能够快速改变命运的地方。潜力一旦发挥出来，短线的高手都会快速成功的。当资金开始不断庞大之后，进入稳健递增的轨道就可以良好发展了。

我希望我们的读者们都从此坚持短线投资，以赚钱为目的进入股市投资。不要一味去坚持那个这个理念，最后不能在股市里生存，亏损含恨而离开股市。

学习最顶级的短线技术。不断地向成功的高手学习，我相信一定可以找到适合自己的投资方法。当我们学第一名的方法和策略的时候，我们赚钱的速度会更加快速。

笔者百分百相信能够让翻倍黑马成为第一名的方法一定可以让大家改变投资的命运。如果你也是喜欢做短线，那么一定要多看关于短线的有关书籍。翻倍黑马系列图书就是中国短线实战第一品牌。书中的内容和理念一定可以帮助你成为成熟的投资者。

【看图分析解密】

中天城投（000540）的主力相当狡猾，在2008年岁末那几天精心策划了一波七连阴的砸坑行动，相信不少投资者都被这一招无情地清洗出局，将“带血”的底部筹码拱手交给了主力。2009年新年新气象，该股主力一上来就高举高打，五连阳拉到7元附近的走势将圆弧形底部的右半边勾勒得清晰而完美，特别是5日均线同时金叉24日生命线和72日决策线的举动，

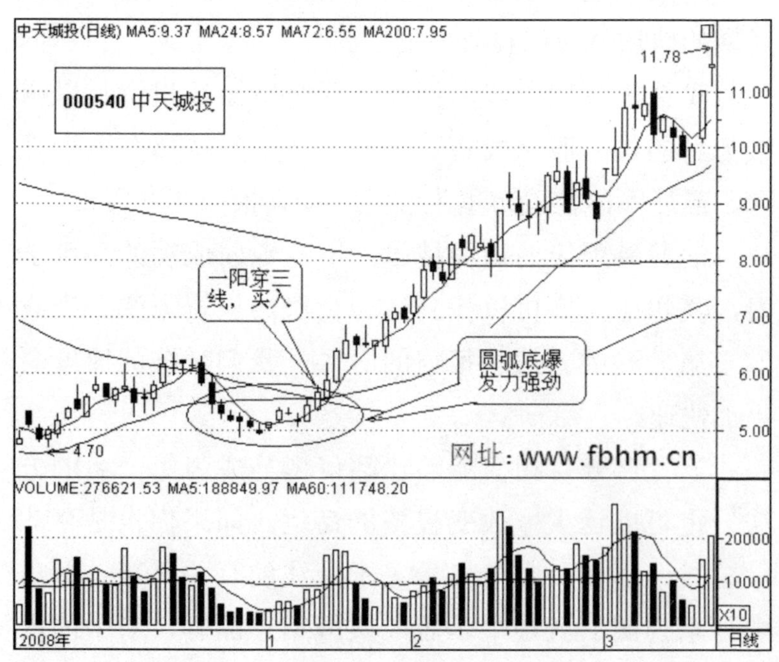

表明了主力资金跑步进场，主升段目标至少也要翻一倍。果然，在股价大涨小回的美妙节奏中，该股不知不觉间来到了10元关口，在面临冲关的关键时刻，3月2日，公司方面恰到好处地释放了10转6股的高送配分红利好。第二天股价跳空高开涨停，主力在盘中一度“开闸放水”，敢于将那些逢利好就出货的短线客筹码尽收囊中，因为主力判断市场环境已明显回暖，作为区域性龙头地产的中天城投后续一定还有不少的利好，大胆运作、抢权再填权的操盘策略无疑会极大吸引市场参与者的眼球，人气一旦高涨起来，主力在高位派发筹码、完成出货的过程会容易得多。

中天城投接下来的强劲表现证明了该股主力的眼光的确不凡，正是基于对大势的精准研判以及对个股题材的有力掌控，主力庄家最终都能赚个盆满钵满，而我们作为一个普通投资者，也要从一开始就尝试站在主力的高度上判断后市，进而揣摩主力的运作意图，在恰当的时机大胆买进恰当的股票。时间久了，次数多了，你会惊喜地发现，在股市中跟随主力，不断抓住趋势向上的股票，抓住主升段的极速行情，是一件无比美妙的事情！

【实战技术精要】

1．圆弧形底部爆发上来的力度是非常强大的，可以长期关注。

2. 底部均线系统出现“一阳穿三线”的宝贵买入信号，要好好把握。

3. 强势股上涨过程中，如果股价回调至24日线附近，可加仓买进。

4. 跳空涨停，盘中一度“开闸放水”，这类股票后市还会有不小的上涨空间。

5. 只要不碰到大熊市，高送转股票发动抢权、填权行情的概率还是很大的。

【看图分析解密】

吉恩镍业（600432）是有色金属板块里的一员猛将，适合大资金进出，尤其是那些从金属期货市场转战A股的“过江龙”资金经常锁定该股为出击目标，高举高打，连拉涨停，股价涨个几倍都是见怪不怪的事。当然，在上涨过程中的洗盘阶段也如暴风骤雨般，让跟风炒作的短线客们心惊胆颤。一方面眼红滚滚暴利，另一方面又害怕套在高位出不来，普通投资者如何应对这类有色金属股独有的炒作模式呢？

无数次实战下来所积累的成功经验告诉我们：买在底部不追高、大胆持有赚波段的操作策略既实用又稳健，可以说是猎庄屠龙的必杀技。而这一绝招的核心法宝就体现在对24日生命线的判断和运用上。当股票从底部一跃而起的时候，都会先突破重要均线的压

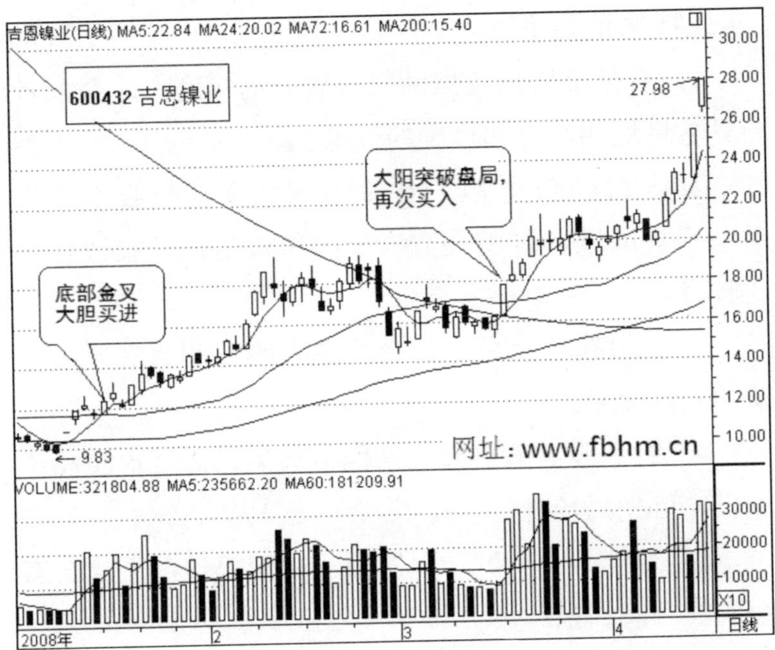

制，5 日均线上穿 24 日线就是短线的“突破买入”信号，是最好的买入点。完成底部建仓的关键性步骤，就成功了一大半，面对主力接下来时常借外围市场价格大幅波动所制造的暴涨暴跌行情，只需调整好心态，发现 5 日均线突然拐头向下时马上离场观望、遇到 24 日线获得支撑时捡回筹码，不被市场气氛所感染，不被胜利冲昏头脑，反复操作好你熟悉的这只股票，成功一定会复制在你的身上。

【实战技术精要】

1. 有色金属板块里的黑马股波动幅度大，介入者要具备良好的心态和过硬的技术。

2. 5日线金叉24日生命线的意义在于股价开始进入强势区域，有了主力资金的积极运作，赚钱自然比较容易。

3. 5日线二次金叉生命线是牛股发动第二波大行情的明确信号。

4. 有色股一般连续大涨四五天后，需要提防高位抛压，可先离场观望。

5. 专一地去研究一只股票，搞深搞透，一定会有超额的利润回报。

【看图分析解密】

冠城大通（600067）在上涨过程中均线系统对股价所起的巨大作用值得我们深入研究。该股在2008年末反复震荡后，2009年元月股价从底部4元整数关口起步，一连串的小阳小阴过后，我们发现24日生命线、72日决策线慢慢粘合在一起并走平，5日线也逐渐上行，与之越靠越近，1月16日，“三线合一”的形态终于形成了。三条重要的均线相逢在一起而且平走了四个交易日，意味着重大战机随时可能降临。1月22日，5日线金叉突破24日线和72日线，一个冷静果

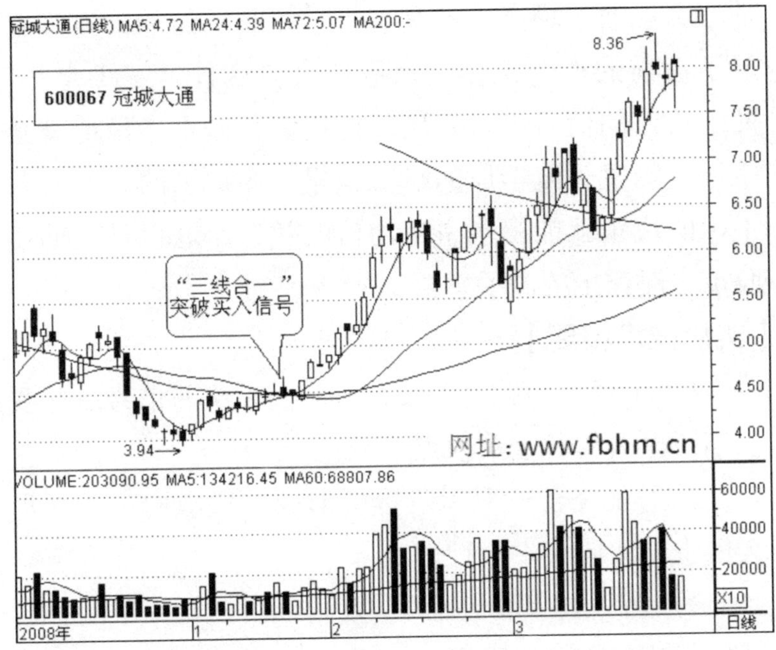

断有经验的投资者很清楚，“三线合一”之后的股价突破、均线发散向上，一定是一波大行情的来临。这个时候，就要像森林里埋伏已久的猎人终于发现猎物一样，在第一时间快速又准确地扣动扳机，这样才能成功捕捉到超级牛股所带来的超级利润。当所有的均线都回落到K线下面之后，24日生命线成为中长期的主要上升趋势线，主力的运作显得游刃有余，在锁仓的威力下成交量逐渐递减，股价几乎没有遇到什么阻力便轻松地一跃再跃，冲到了14元。

每天面对着纷繁喧嚣、充满无数诱惑和陷阱的市场，真正的市场高手都是善于学习和总结的。做好做足了盘前的准备工作，像冠城大通这种“三线合一”突破买入的信号一旦发出，他们就会毫不犹豫地满仓杀入，实现一波丰厚的财富积累。在适当的时候采取正确的决策就能得到事半功倍的效果，这也是长期在股市中浸淫出的高手感悟。

【实战技术精要】

1. 出现典型的“三线合一”突破买入信号就是我们期待已久的黄金买入点。

2. “三线合一”后股价所形成的发散向上的弧形会催生出波段大牛股行情。

3. 强势股上涨过程中，5日线再次金叉24日线，通常意味着主升浪开启。

4. 所有均线都被轻松拿下是大牛股的共同特征，不可放过这样的大好机遇。

5. 主升浪过程的成交量明显不如初段上涨期，说明主力锁筹决心坚定，目标远大。

第三节　坚持稳赚

我们在做股票投资的时候一定要注意风险控制。赚钱的投资者都是用成功的模式去操作的。而稳健的投资者都是使用成功的策略的。

投资的最主要的策略就是坚持稳赚。当你掌握了稳定赚钱的方法之后，你一定要坚持到底。如果你不断地去做让你赚钱的事情，相信成功已经就在你身边。

我们了解到赚钱的操作是很简单的，只是很多人不去坚持而已。要一次操作赚很多钱，对自己的要求过高，不容易达成目标。如果降低要求，每次只赚3%到5%，那么实现的机会就比较高了。

由于多数投资者都会高估自己的能力，把目标定得过高，结果不但没有实现一个月40%的利润，到年底一看保证金市值，结果又是亏损的，白忙活了一年。

在国外成熟的股票市场一年的利润超过40%还是比较难的。但是。在中国的证券市场还处于不成熟的阶段，波动的幅度相对比较大。因此，在中国股票市场的赚钱机会比较多，只要你能够按照稳健的思路循序渐进地去操作。

“稳健赚钱，步步为营”的投资策略和战略思想是最主要的投资策略。我们坚持使用稳赚的策略是根据市场的波动规律来决定的。当我们的成功概率很高的时候才出手去买卖，那么我们就可以实现稳赚的结果。

只有稳健才可以复利。当我们一直都在思考复利的神奇的时候，之前我们首先要学会稳赚的方法或者策略。

投资最高超的不是技术。是什么呢？是策略。对不同的行情采取不同的策略，我们的策略是大牛市单边上涨，在行情的中期，做基金重仓股。熊市单边下跌，我们耐心空仓等待。在震荡市行情，我们采取的策略是高抛低吸。

不管是对大资金还是对小资金的投资者，稳健投资，持续赚钱是很重要的。一定要先学好方法再加倍投资，如果思想不成熟就大量地去用自己所有的储蓄去搏，通常都是惨败收场。

投资的过程当中要不断地总结适合自己的性格的操作模式。如果你已经找到适合你自己的心态和性格特点的方法了，不要认为太慢致富就不去做了。也许持续下来，你就是在做专注让你赚钱的事情。想不富足都很难！

从投资心态来说，别人认为很好的东西不一定就是适合你的东西。当市场出现极度低迷的时候，过三个月后你再去进入市场，也许你已经把握了最赚钱又最没有风险的机会。当多数人都进入市场，并且高呼自己是股神的时候，社会最底层的人们都去做某一样事情的时候，也许等待我们的是厄运。用辩证的观点分析，用平静的心态对待财富的增减，遵循循序渐进的方法去做投资。永远坚持稳健，不冒大风险。最后的胜利一定是属于稳健的保守的投资者的。

【看图分析解密】

首开股份（600376）主营业务为房地产的开发与经营，公司通过向实力大股东首开集团定向增发股票收购资产，大幅提升了公司的资产规模和项目规模。二级市场上，该股优良的基本面、适中的流通盘吸引了不少的热钱积极参与其中运作，很大程度上还都是中长线看好的机构资金。如图所示，该股在2009年春节开市后连收八连阳，其中有3个涨停，每天的换手

率都高达10%左右，主力进场抢筹的急迫心情可见一斑。当股价大涨了50%、超过13元以后，主力又迅速进行了一波30%的杀跌洗盘，应该说，这次煞费苦心的清洗浮筹达到了主力的目的，当股价再度走高的时候，量能呈现出温和均衡的状态，主力的拉升几乎没有遇到大的阻力。K线图上，小阴小阳、缓步推高的操盘手法被庄家主力清晰地描绘了出来。而当大盘和个股向好的趋势达成共振的时候，主力就会马上调动一切有用的信息和资源发动一波主升浪，股价出现连续飙升，在大家还没反应过来的时候经常又翻倍了。选择个股的方法有很多种，选择出手的时机也非常重要。而经过市场千锤百炼出来的顶尖高手深知一个道理：一招鲜，吃遍天。通过多次验证只要有一种赚钱模式对你有效果就足够了，一旦市场出现相同的机会，早有准备的你就会如猛虎下山，在第一时间采取行动。而这种成功模式的探索则需要我们去多多研究大牛股的诞生过程，体会庄家的运作思路，深入感悟市场波动的节奏，这样才能胸有成竹，决胜于千里之外。

【实战技术精要】

1．因为有了实力大股东资产注入的题材，一些原来不起眼的股票都可能成为黑马大牛股。

2．上涨第一波如果主力抢筹动作过猛，谨防凶狠回马枪，在24日线获支撑时介入也不迟。

3．一根大阳收复数日小阴失地，且站上 5 日、24 日线，主力发动新一轮升势，及时买进。

4．采取短线手法操作上涨趋势中的股票，不断赚取波段差价，能更好的发挥资金的效用。

5．掌握了股票的波动特点，在相对风险最小的时候买入，获利就有保障了。

【看图分析解密】

浪潮软件（600756）在 2009 年 4 月初上演的“涨停秀”一定深深刺激了每个投资者的大脑皮层：自 4

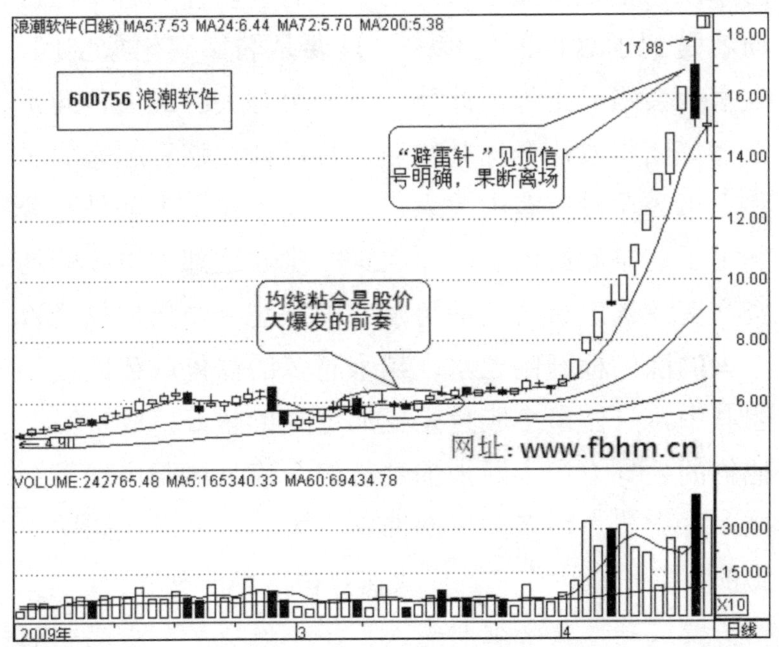

月2日该股拉出第一个涨停之后，随后10个交易日中，浪潮软件神奇般地完成9个涨停板，累计涨幅150%，成为当时名副其实的第一牛股。然而，无论是上市公司本身抑或是研究实力雄厚的公募基金公司，都无法给出推动浪潮软件此轮飙升的主要原因。其实，对于消息灵通、市场嗅觉极度敏感的私募大佬们来说，一个流通股本不足1.6亿股，股价启动之初市值仅10亿的公司，加上淡出机构视野以及一个接一个可挖的重大炒作题材，为他们接力爆炒提供了非常丰富的想象空间！浪潮软件、中国软件在软件股行情中涨得最好的原因，正是得益于公司名字中有“软件”二字。市场就是到了这样的地步——只要是名字有想象空间，大家都会跟着抢筹！此外，与公司有关的最大传闻是浪潮集团将收购全球某知名芯片厂商，这看起来似乎和上市公司没有多大关系，但市场炒作主力就是充分利用了这条朦胧消息，让大家产生“这部分拟收购的资产有注入上市公司的可能”的联想。结果，只经过一天的涨停板开闸放水，越来越多的涨停敢死队便加盟其中，只做最牛股票是他们唯一的嗜好，股价沿着他们的主导方向不断地惯性涨停，连量能都出现了缩减，主力接力做多的气魄非常之大。这个时候跟随主力的方向积极运作，就能快速获得丰厚的利润。

要成功，就必须要先人一步。投资是一种高智商的游戏，在这个游戏里，只有战胜了自己，才能战胜别人。平时耗费大量时间来刻苦研究连续涨停的牛股，找出它们的共性，实战中才能买在黄金启动点，在轻松获得超额利润的同时也会极大增长自己的操作信心。

【实战技术精要】

1．把握好高速上涨阶段的股票进行买卖，成功概率相当大，可以获得超额暴利。

2．时势造英雄，主力相中的特大黑马股必然要在市场热点、盘子大小、群众基础等众多方面同时具备闪光点。

3．赚钱和赔钱就在一瞬间的判断，看准了就要果断出击，不要患得患失。

4．涨停板开闸放水后，第二天继续高开上攻，并创出新高，主力做多决心极大，可追买。

5．面对连续涨停超过 5 个以上的特大黑马，谨防盛极而衰，当日收盘前若“避雷针”见顶信号明确，就可获利离场。

【看图分析解密】

阳光城（000671）原名石狮新发，凭借其 5000 多万流通股易被控盘的优势，经常被庄家主力相中遭到爆炒。公司向福建阳光集团定向增发，主营业务成功转型房地产，此外，公司还持有上海天骄房地产公司

76.54%的股权，因此被市场同时赋予了海西概念和浦东概念的两大光环。如图所示，在经历几个月缓慢盘升后，该股主升浪涨势在4月末悄然起步，4月29日以一根带长影线的阳线见底9.45元，24日生命线明显是主力资金的防守底线，不容有失。五一节后，借助市场热炒区域振兴概念股的大好氛围，该股一路上涨，特别是5月8日大涨6%以上，突破前期高位，大级别上攻得以确认，而此时该股成交量也开始放大，进入了主力资金的拉升放量阶段。5月26日股价转眼就飙升到了21.75元的高位。

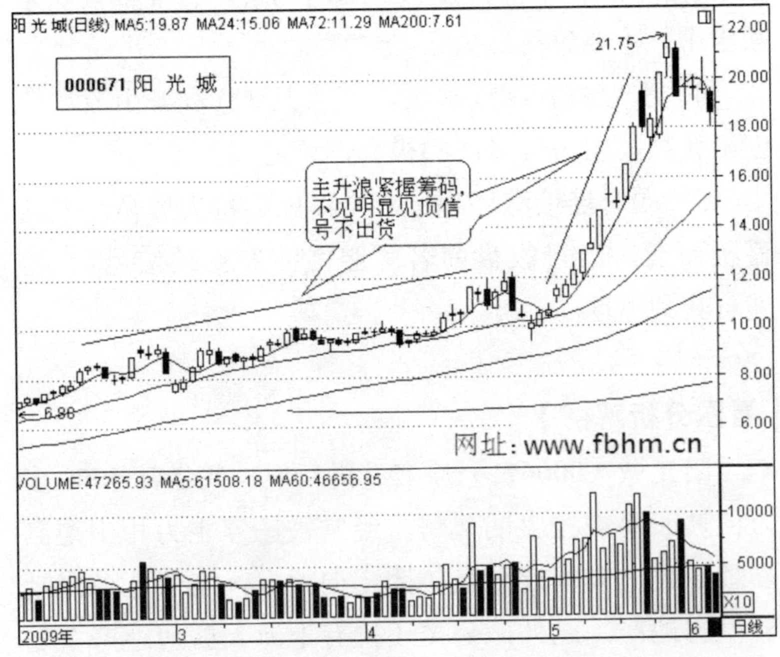

强势股的主升浪就是这样让人震撼，一连串的阳线后面还能大涨，所以越是上涨我们越是要克服心底的那份恐惧，要敢于持股，拿得住股，直到翻倍。在大资金耐心吸筹准备发动大行情的时候，一定要大胆追随庄家的脚步，一旦市场的波动和个股的走势出现强烈共振，这一阶段的超级大黑马就会奔腾而出，我们就能稳稳当当地赚大钱。

【实战技术精要】

1．当股价依然保持良好的上升趋势，24日生命线获得强大支撑时，不要被拉升前的最后一次洗盘吓倒。

2．强势股具备的爆发性题材通常都迎合当时市场的炒作热点，资金推动股价的力量和空间会很惊人。

3．主升浪中成交量水平只要保持一种平稳上涨的状态，都是健康的，不要卖出。

4．股价几乎沿着5日线笔直向上，是强势股主升浪到来的最显著特征。

5．股票短期内翻倍见顶卖出后，不要再做反弹了，减少操作，冷静面对利润是投资者的成熟表现。

第二章 短线必赚策略

在买卖股票之前要评估每次操作的赚钱概率和预估利润空间。不要做没有把握的投资或者投机。所谓把握就是在长期的投资过程当中总结经验教训统计出来的成功概率。那些细致的条件就是用金钱换取的经验。

我们能够复制富翁的核心理念就是设计出简单的可以复制的选股模式。当选股的模式和市场的波动内在规律一致的时候，我们所说的成功概率就会出现。

当然，任何绝招和分析方法都有局限。而这些局限是可以通过制定相应的条件来回避的。

没有系统风险的前提下，所有的投资都是可以把握的。关键就是按照一定的操作思路和选股方法来做。当技术和判断都出现问题的时候，我们所思考的策略是不能够再出现失误的。

应对市场变化的策略是我们长期能够在市场上赚

的主要原因。其实，对于短线操作，不是我们想要做短线的，而是市场给我们的本金安全感不足够，我们只有长期持有现金才可以回避那些突然的暴跌。

在中国的股市，牛市总是很短暂的，因此决定了我们要坚持有赚就走的思路。当然，大家不一定一下子就可以理解。但是通过实践，大家还是会知道，为什么我们要根据不同的市场行情采取不同的策略，不是一成不变的，市场所处的阶段决定了我们的操作策略。对于每种不同的行情，都要深入思考总结出对应的操作模式。这些操作模式我们把它简单化程序化，一来可以减少我们的选股时间，二来又可以复制给别人。

当一种技术可以复制的时候，就可以形成一种无形的力量。大家都相信并且去实践的时候，所产生的利润的非常巨大的。我们坚持短线操作，坚持在非常有把握的情况下才操作。必胜是我们的一种信念。到底成功率有多高，还是跟当时的市场有很直接的关系。

赚钱就好，不必强求每次要赚很多。关键就是保持这种灵活的机动性，随时把自己放到非常有利于资金安全和随时可以出击选出品种的那种必赚状态。

第一节 必赚先看

首先就是看大盘，分析大盘是很重要的。我们不是去强调预测大盘。但是，根据盘面的数据，我们要详细地分析当前的市场状况。主要特点是什么，主要热点的股票有什么共同特征。

当我们分析出当前的大盘处于什么阶段之后，我们才可以对症下药，采取正确的投资策略。

看盘到底看什么呢？很多人还在坚持看综合排名榜和涨幅榜。我们认为那是2000年之前的看盘方法。市场的特点是可以通过统计来发现的。目前市场的特点使用最快的方法就是使用阶段行情统计的功能。就是看“阶段排行”的功能。通过数学和电脑的功能来让我们清晰地知道，到底我们股票市场是处于怎么样的阶段，牛股的特点和热门股的表现。从市场的活跃程度，我们就可以制定相应的操作策略。

如果不善于运用电脑，我认为靠个人的计算是很难成为顶级的理财高手的。一定要应用我们能够应用的最新科技结晶来做股票投资。随着市场的不断发展，采取自编公式来做股票已经是很多专业投资者都在应用的常规方法。但是普通的投资者对电脑不是很懂，也不愿意开动脑筋去应用电脑快速达成我们想要的。

为了更快地普及“极品选股公式”的应用，我们会尽快把我们的选股模块集成，只要按几下就可以最快的速度选出我们想要选的股票出来，以便等待合适的时机采取操作。

我们一直强调安全，最简单的方法就是大盘上证指数在5日移动平均线之上运行。我们可以加大力度进行操作。如果大盘连续3天都在5日移动平均线之下运行，则我们要谨慎，多注意保持清醒和严格控制仓位。市场不好赚钱的时候，空仓就是最好策略。很多时候，越是休闲炒股越是能够回避突如其来的暴跌。刚好回避了暴跌剩下来就是一个赚多赚少的问题。

所以，做股票一定要看大盘的状况。不理会大盘涨跌，只做个股的观点我们是不认同的。只有理解大盘的波动，顺应市场的大趋势，才可以在证券市场得心应手。

几乎所有做股票大成功的人都是很会分析大盘所处的状况的。不是说要预测未来，预测本身就是错误的。但是根据现在的情况和特点分析目前的状况是很重要的。把握好现在才可以在个股上与大盘一起获得同样的业绩。有时候把风险回避了，就可以超越大盘很多的收益。

做股票一定要记住先看大盘再看个股。当大盘方向完全符合做多条件的时候，就可以大胆地进入市场进行交易。投资最关键就是选对时机。然后就是选股。选股是成败的关键！一切投资之前首先要先看所选股票是否具有潜力空间，市场是否处于低风险阶段或者区域。

【看图分析解密】

湘电股份（600416）是非常典型的强势股，当5日成交均量线悄然上穿60日均量线的同时，5日均线也上穿24日生命线，大资金主力在K线图上明确发

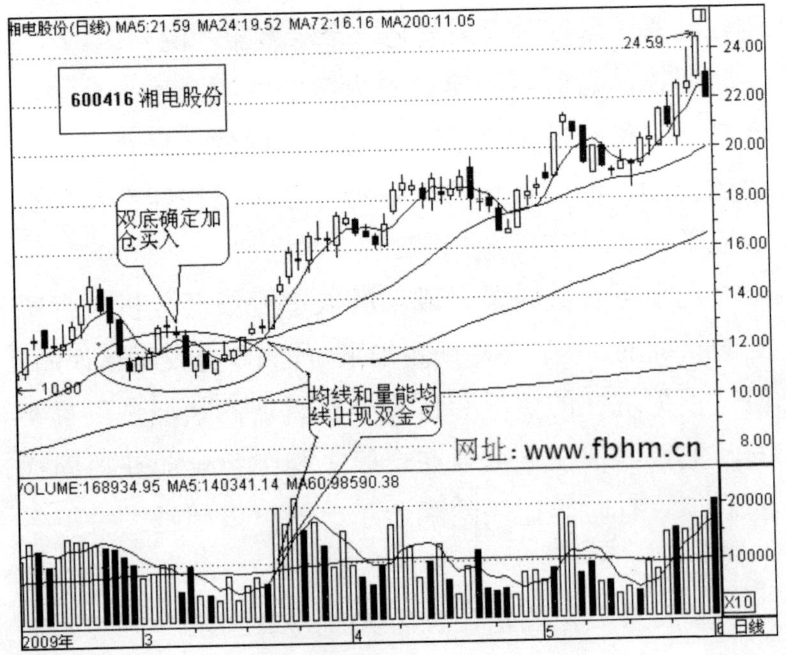

出了底部启动、突破买入的信号，而当股价拿下所有均线、重要均线都平行发散向上之时，更表明了上涨的真正压力已经消除，股价将会持续走高，当然，行情高度的目标位置具体在哪里谁也无法准确预测，主要是看主力对后市如何判断以及对个股的节奏把握上。但是，我们只要抓住核心的几条跟庄要诀，牢牢刻在脑海中，该出手时就出手，就一定能稳操胜券。比如，一旦确认强势股的上升趋势形成，短线操作完全可以只看 5 日均线，中线波段运作则重点关注 24 日生命线的得失。简单的事情重复去做，在实战中磨练久了，我们就会发现做股票好像如条件反射一样，K 线图到了什么阶段什么模样，你下单买入卖出的操作都会显得很自然，心里轻松，没有什么压力，更不会晚上为了股票的事情辗转反侧，徒添烦恼。生活中讲究劳逸结合、张弛有道，炒股亦如此，在大多数时间里都需要静待时机，严格遵守制定好的操作理念和买卖模式。市场也真的很奇怪，当你学会忍受空仓的寂寞、选择放弃所有不确定机会的时候，反而会有更多的财富源源不断送上门来。

【实战技术精要】

1．在均线、均量线“双金叉”时候，要大胆买入，此时风险很低，赚钱机会大。

2．股价在 24 日生命线附近受到支持，尤其形成双底突破向上形态，可加仓买进。

3．当买进的股票出现强劲凌厉的上攻行情，要敢于持有，不能轻易卖出。

4．耐心等待，在相对低位买进早已看好的目标股，是控制风险的重要一环。

5．短线上涨幅度如果超过30%，就会面临一定的回档压力，注意把握节奏。

【看图分析解密】

海泰发展（600082）是一只典型的大牛股。该股

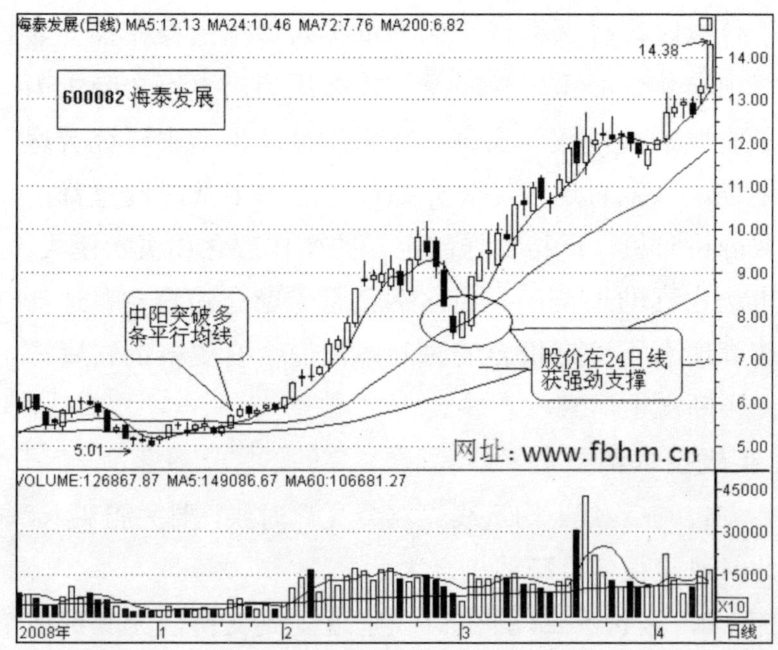

股价上涨基本上一气呵成，如果看好该股的投资者一犹豫，股价基本就一飞冲天了。该股的启动，是在股价接连上穿24日生命线和72日决策线开始的。在行情启动之初，海泰发展一直处于低位横盘状态，但是，股价在底部呈波浪状态的同时，24日均线和72日均线则呈现平行状态。2009年的第一个交易日开始，基本上每根阴线或者阳线都穿过了5日、24日、72日三根均线。整体上看，股价也呈现了多重“W”状态，1月15日股价突破所有均线，2月3日股价突破底部“W”形态的高点。股价已经呈现出明显的多头发散状态。股价沿着5日线上升的同时，量能也在温和地放大。 在短短一个半月的时间内，股价便接近翻番。我们要注意到，股价保持一个比较良好的上升形态的时候，如果没有明显的见顶信号，就应该继续握紧手中的筹码。股价每次调整至重要的均线位置时，都会受到强烈的支撑。2月27日，当股价下跌至24日生命线时，股价便出现止跌。如果此时因为错过底部买入机会的话，回调无疑是一个加仓的好时机。同时，在高位出现的突然的高换手率和顶部的十字针信号时，我们都要时刻警惕风险的到来。毕竟，在股市中求得生存，便要小心处处可能出现的陷阱。往往在散户最为贪婪的时候，就会不小心掉进主力挖好的坑里。作为稳健成熟的投资者，风险在任何时候都是要牢记的。

【实战技术精要】

1．底部股价出现多头发散向上，上涨趋势确立要大胆参与。

2．成交量温和放大是牛股走强的保证，上涨过程中要警惕突然的放量和高换手率。

3．24日线和72日线是股价的重要支撑线，股价短期回调时止跌应加仓买入。

4．股价沿着5日线稳步上移的时候，紧握手中筹码不放松。

5．股票K线出现双重顶或高位十字针的见顶信号时，应彻底清仓。

【看图分析解密】

银河科技（000806）的走势是比较经典的。在整个上升通道中，其阳线始终远远多于阴线。一般的，作为每只可能被控盘的个股，出现阳线和阴线的概率往往是主力结合大盘有意而为之。投资者往往细心分析牛股的走势图时，有时也能发现一些有规律的走势，而这种有规律的走势，也是主力的一种习惯和喜好所为。而作为普通投资者在买入这类股票的时候，在行情启动之初就应该把握时机买入，这样才能获取比较丰厚的利润。在5日线金叉24日线，意味着短线机会已经来临。24日生命线和72日决策线与5日均线出

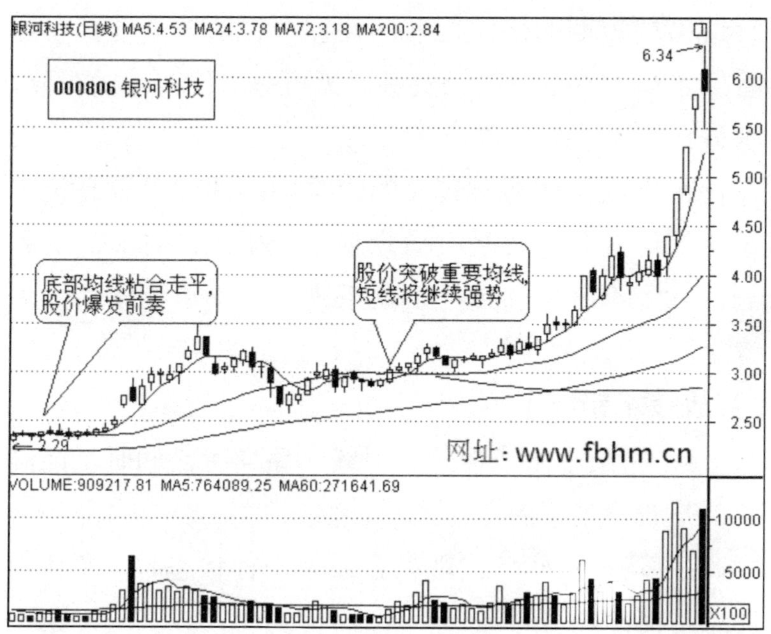

现平行或者粘合状态时，要特别注意这种特殊状况，股价在底部出现这类形态，往往是股价即将启动的时候，同时也要注意到，横有多长，竖有多高。在底部区域越磨人，便越考验持股的稳定性。当出现多条均线交叉在一起的时候，这种特殊情况也是投资者所要注意的。重要均线被突破，往往预示股价已经非常强势了。3 月 27 日，一根中阳穿过三条均线，这种典型的信号也是投资者所要关注的。当 5 日线金叉 24 日线和 200 日年线时，只要保持着微翘向上的走势，就很容易形成多头发散向上的走牛态势。而大多数牛股在行情出现短期的终结之前，往往会伴随多个涨停，当看好它却一直踏空的投资者忍无可忍最终买入的时候，也许，一不小心就站在“山顶”之上。所以，当出现高位密集放量伴随着较大的换手率，同时出现高位十字针等信号时，要坚决清仓观望。毕竟，每一次的利润都来之不易，从高位下跌下来，一不小心便会损失惨重。

【实战技术精要】

1．密集小阳线伴随5日线一路向上，同时量能温和，是股价走牛的特点之一。

2．均线在底部出现粘合或者平行状态时，要特别注意行情的随时爆发。

3．一阳穿过多条均线、股价突破重要均线时是个股强势的标志之一。

4．均线出现多头发散向上的状态时，要紧握手中筹码获取大利润。

5．当出现高位十字针的时候，应立即清仓，此时风险大于机会，暂避风险才是上策。

第二节　短线策略

我们一直强调做股票不能够什么市场都采取长线策略。很多时候大盘处于震荡市或者单边下跌的大熊市。持有的时间越长，你的亏损就会越大。认识到不同的阶段要采取不同的操作策略是相当重要的。根据中国股市 18 年的发展，多数时间是熊市或者震荡市，因此决定了我们的策略是短线。

并不是我们想怎么样就怎么样操作，最好的方式是通过市场的验证，得出最适合自己，能够让自己轻松赚钱的方式就是最好。当找到适合自己的操作模式的时候一定要坚持。只有坚持去做让自己赚钱的事情，你才可以最快的速度去实现财富自由。

经过自己长期的实践，我自己是比较适合做短线的。当市场在震荡市和熊市的时候，我的短线策略是非常有利于我的本金安全和灵活操作的。

短线策略与资金量有关系。资金量最快富有的方法就是通过短线操作来累计复利，把资金的周转率提高，只要是稳定安全的，就可以实现巨大的财富。

当我们认为自己可以掌握自己的心态和操作时，往往就是自己最得意忘形的时候，容易出现买卖错误。多数投资者和我以前一样，投资之前没有经过慎重的思考，自己以为市场会向自己想像的方法运行，猜测自己个股的上涨变成了加深自己的猜测。毕竟自己不是庄，怎么可能一猜就对呢？

一般来说，经验的积累是非常重要的，当我们熟练掌握市场大趋势的波动判断之后，剩下来就是如何选股了。选股是做股票当中最核心的事情，所有研究这个那个的都是错误的。只有抓住核心，才可以针对核心问题，一针见血。

选好股票之前就要想好，情况会怎么样变化，自己要采取什么策略。这个是非常重要的。策略往往是最后能否成功的关键。针对个股和大盘的不断变化，我们要有自己的操作原则和策略。具体的投资策略我们后面会继续详细探讨。对于我们做短线的年轻人来说，短线策略是比较适合我们的。

【看图分析解密】

中金岭南（000060）是有色板块里面一只比较活跃的个股。一般来说，像有色类个股，不少机构长期驻扎其中，底部启动时间往往会相对滞后于大盘。但是，有色股和煤炭股类似，具备很强的联动性，一旦启动，到了“表演”时间，整个板块涨势非常凶悍，丝毫不亚于游资拉升的一些强势牛股。中金岭南的波段性涨升非常明显，每出现一个阶段性调整都为踏空者提供了绝好的进场机会。

我们有时的确对大盘和个股的走势难以预测，但是，只要个股均线处于发散多头排列的状态，就能判断该股处于强势区域，如果大盘也处于强势，那获利的胜算就很大了。短线操作上，5日线金叉24日线是

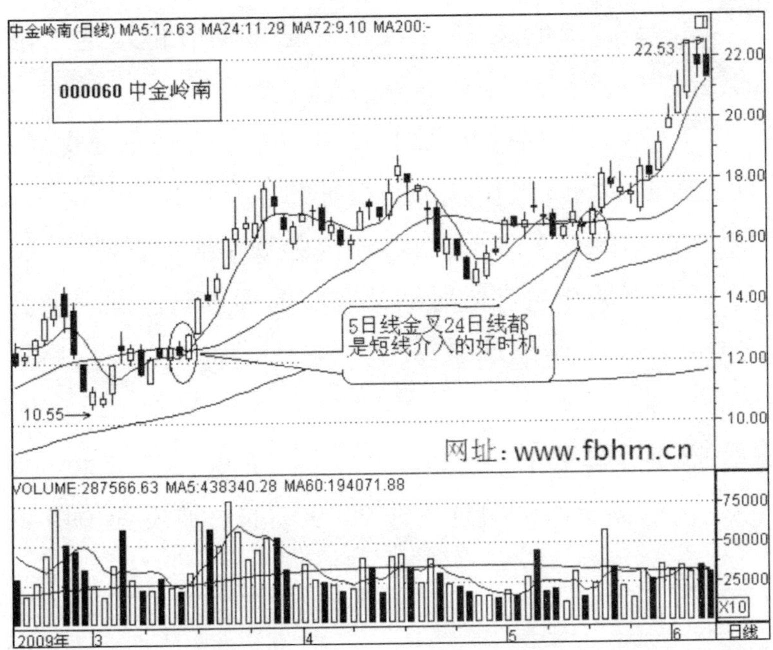

应该积极关注的信号，每一次的波段操作，股价会在重要均线处得到支撑，而将获利盘消化一段时间后，均线的金叉就再度成为主力上攻的信号弹。如果伴随着5日均量线上穿60日均量线，此时的买点更有把握了。行情的爆发都是在多数人还犹豫彷徨的时候，抓住买入信号准确建仓，面对着个股和大盘都处于强势的区域，紧握住手中的牛股，一定能赚到丰厚的利润。

【实战技术精要】

1．牛市初期启动的个股，如果价格便宜，就要大胆买入。

2. 5日线金叉24日线时，是短期股价迅速上涨的信号。

3. 24日生命线和72日决策线是股价的重要支撑，股价在重要均线处止跌都是很好的加仓位置。

4. 均线呈多头发散状态时，静观牛股的持续上涨。

5. 市场在主升段时期，要跟随大方向，顺应趋势是亘古不变的硬道理。

【看图分析解密】

包钢稀土（600111）在2009年的这波反弹中成为

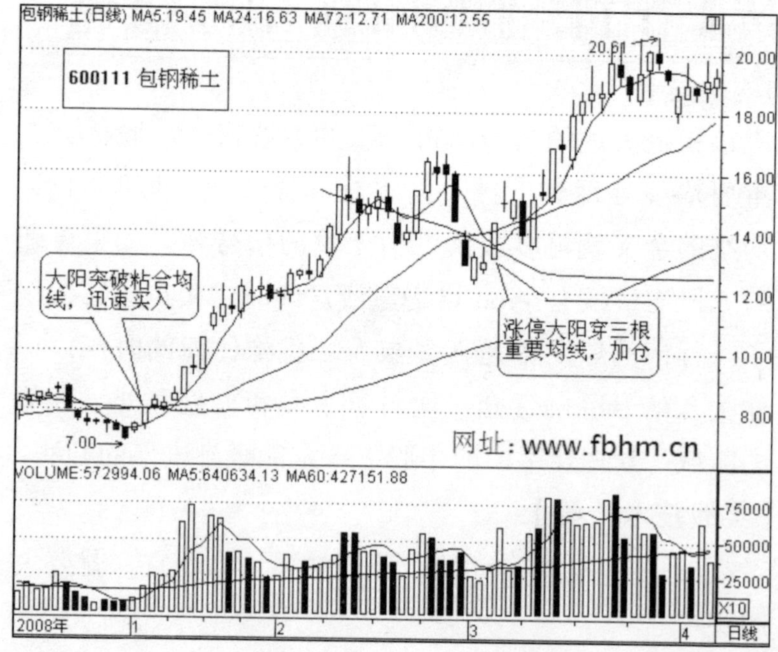

大牛股的原因主要得益于主力机构对新能源概念股的深度挖掘介入。这只牛股演绎的一些经典走势也是值得我们反复研究的。一般来说，机构介入相对深的个股，需要我们反复研究来理顺其特点和脉络。持续严谨的分析过后，才能了解主力的操作意图和运行规律，实战对抗中，胜算的几率自然而然会大许多。

新能源题材在2009年上半年被主力资金持续炒作，整个板块被资金军团运作得淋漓尽致。研究中我们可以将整个新能源板块的个股进行一番系统性的研究。可以发现，该板块又有许多的细分，包钢稀土便被归类为锂电池概念需要的原材料，这些新概念在整个反弹的阶段中体现了极强的联动性。2009年的第一个交易日，包钢稀土高开高走，轻松涨停，表明主力机构对该股控盘有力。次日，再度收出大阳，并一举突破粘合一起的两根重要均线——24日生命线和72日决策线，同时5日均量线和60日均量线也出现金叉。突破重要均线压力后包钢稀土股价迅速拔高，主力做大行情的意图已初现端倪。牛股在爆发之后股性一般在较长的交易时间里都能保持活跃，一波较大的涨幅过后，2月26日和27日，包钢稀土随大盘的大跌顺势2个跌停，成功强力洗盘后阳线企稳，之后又策动了一波新的拉升。

我们研究每只牛股的特性，能迅速增长市场经验和观察力。冷静对待市场的每一次大涨大跌，不被大多数人的情绪感染，长久保持客观的判断力，股票操作的风险会显著降低。

【实战技术精要】

1. 大牛股在完成一波拉升后，股性在一段时间内还会表现得非常活跃。

2. 大阳线一举突破重要的粘合均线，预示着一波行情要启动。

3. 成交量出现5日均量线上穿60日均量线，同时5日均线上穿24日均线时就是一个非常好的买入点位。

4. 重要均线跌破后迅速强势再突破，预示行情不会短期内结束。

【看图分析解密】

五洲明珠（600873）是一只重组概念股。该股的走势比较经典，适合反复去研究。可以注意到，当股价在24日生命线和72日决策线上运行的时候，就属于一个强势空间。24日线和72日线就成为股价的重要支撑位。在2008年的最后几个交易日里，五洲明珠沿着72日决策线做横盘整理，2009年伊始5日线上穿24日线后便走出一波强势的行情。一般来说，主力进行波段操作的时候，总是会将股价进行打压后再重新低吸。第一能洗出不坚定的持股者，为日后的拉升

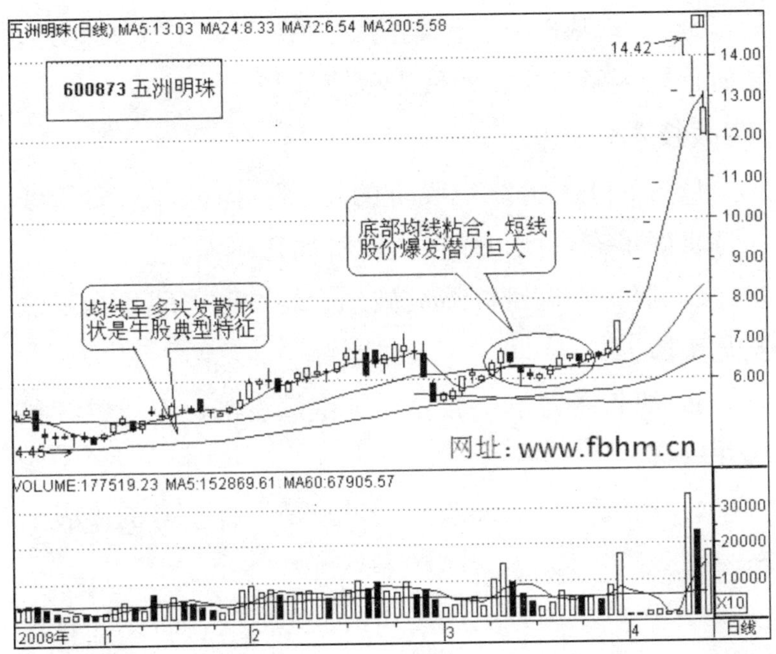

做准备，第二也是更为重要的，便是将自己的成本价摊低。一只个股，尽管在一段时期内涨幅不大，但如果波段操作成功的话，同时有着非常大的盈利空间，又能起到一石二鸟的效果。2 月 26 日和 27 日两根大阴棒的下杀，同样也是在 72 日线戛然而止。所以，在多数人犹豫彷徨的时候，以均线为价格参考进行买入，实为一种非常好的买入方法。在均线出现粘合状态时，要格外注意其走势。当均线处于多头发散状态时，是一种非常良好的形态。此时股价一旦突破粘合均线，便随时可能爆发一波行情。五洲明珠则借着重组题材后，连续出现 8 个涨停。同时，在高位出现长影线，同时伴随巨量换手，短线上就应该坚决回避。

【实战技术精要】

1. 72 日决策线是股价的重要支撑位，只要均线保持良好形态，就可以在回调时加仓买入。

2. 股价在底部区域突破粘合均线时，股价短线爆发几率增大。

3. 股价缩量涨停预示后期继续看涨，可以继续买入并持有。

4. 均线呈多头发散向上时，是一种良好的牛股形态。

5. 高位出现长上影线和长下影线时，时刻注意短期风险，应空仓躲避风险。

第三节　必赚机会

我是风险的极端厌恶者，对待投资一直都遵循低风险原则才导致了我投资成功的序幕。没有成功之前很多投资都是因为没有把握和没有计划，随时因为一时的情绪波动受到市场大涨大跌而错误决策。

当立志要在没有风险的前提下进行大量的投资的时候，财富向我开始涌来。速度之快，在我以前是不敢想像的。有时候方法正确导致的良性循环是很神奇的，连身边的同事都受到我思想和理念的影响，快速地成长，财富日渐丰盛。

当大家开始假设的很多条件都被市场验证的时候，我们也就开始了新的一轮财富暴增的时代。

人生经常有三次以上的机会给你赚大钱的。只是每个人的把握和准备工作有没有做足够。当你准备充分的时候，为了大牛市和大行情你的技术和心态都已经完全准备就绪。那么，真正的赚钱机会到来的时候你会很好地把握。机会在你头上飞过的时候，你不是等它刚好掉到你的头上，你要学会主动出击，跳起来果断地抓住机会，快速地改变你的财富人生。

在多年的研究和长期的实践总结当中我们发现市场经常会出现必赚的机会。而往往出现这种机会的时候，大多数人都被深度套牢，没有资金。有资金的人又过分谨慎，不敢投资，导致利润不能快速增长，没有把自己的财富来一个飞跃。

有时候错过了一次必赚的机会，可能要等待的时间就是好几年了。时代的步伐不断向前迈进，如果我们不能把握主流的行情和主流的板块或者主流个股，那么，财富只能从我们身边擦肩而过。

研究行业的最顶尖，你才可以意识到自己的不足。只有对整个行业深入的了解和研究，才可以知道一些别人还不知道或者不熟悉的东西。往往这些少数人知道的东西就是赚钱的诀窍。

会的人不会随便说，但是，总是会从各种言语中感悟到他们特有的成功关键。市场是分不同的阶段的，当时那个阶段最好赚钱的模式如果你了解和参与了，你的财富必然会顺势增值。

一种持续的赚钱的力量一定会被行业的人知道你的存在。你不需要大量的宣传，只要你成为行业的第一名，喜欢财富的人自然就会通过各种渠道去了解你。当别人了解你，找到你，然后相信你的时候，财富的增长又呈现出另外的一种几何级别的核聚变。

目前做盘选股的主要方法就是数据选股。经过长时间的跟踪把实力强大的主力换算成为买卖数据，把主力做盘的策略设计成为选股模块。一旦到达市场完全符合买入时机的时候，立刻使用相应的选股模型进行选股。这样子就可以确保能够在必赚的机会到来的时候全面出击精挑细选的目标品种。

【看图分析解密】

苏宁环球（000718）是一只业绩优良的大盘地产股，颇受各路基金掌门人的青睐，经常成为他们股票池中的“宠儿”。如图所示，2009年元月，主力资金进场吸纳筹码，但始终不急不躁，股价也没有出色表现，就这样一直磨到了春节。当5日线、24日线、72

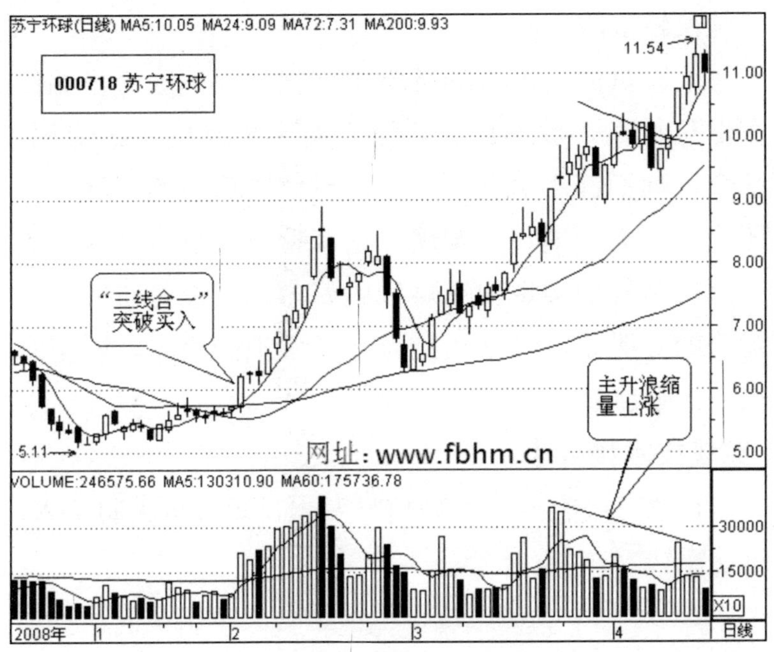

日线无限接近在一个狭小区间之时，就是我们重点关注的开始。节后一开盘，蓄谋已久的主力发动了闪电战，一根8%的大阳突破“三线合一”的区间，伴随着成交量的持续放大，股价沿着5日线不断向上创出新高。之后的洗盘阶段虽然比较残酷，但股价触及72日线即机构决策线后获得明显支撑，并迅速返身收复24日生命线。投资者一旦发现股价突破所有均线组合，就是满仓的最好时机。基金重仓股的运作模式也是如此，当他们吃饱喝足了筹码，壮观的主升浪会在题材热点的呼应下扑面而来，5日线推动股价加速上涨，翻个倍是很轻松的事情。

该股盘面上给人的感觉上涨很轻灵，成交量始终在低位徘徊，放不出来。这表明主力高度锁定筹码，基金经理们都不愿获利抛出，对该股后市的上涨空间还抱有巨大的期许。发现了这个特点，早点介入这类股票就是我们实现快速赚钱的好方法。经常研究上涨趋势的好股票，经常买到掀起主升浪的股票，财富就在你的眼前！

【实战技术精要】

1．“三线合一”突破信号发出，短线可大胆杀入，迅速赚钱。

2．选对个股赚大钱，基金重仓股走出主升浪行情的力度和持续性都是不可小视的。

3．上涨初期，突然而至的凶狠洗盘也很正常，要坚定信心，重点关注 24 日线或 72 日线的支撑力度。

4．对待加速上涨的股票，只有大胆持有才可以获取波段大利润。

5．主升浪阶段股价缩量上涨，主力资金控盘相当有力，后市空间广阔。

【看图分析解密】

靖远煤电（000552）原名甘长风，老股民都知道，该股股性一直比较活跃，时常走出翻几倍的超级大行

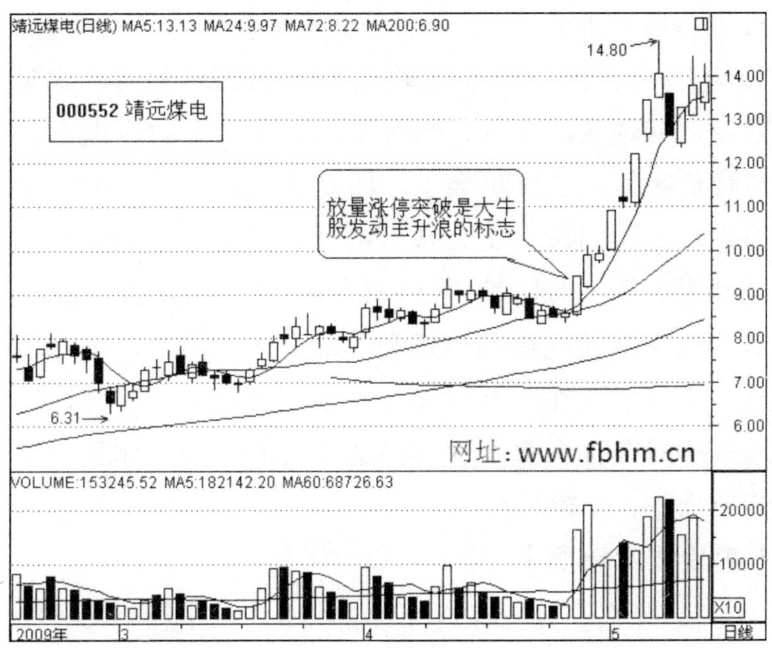

情。靖远煤业集团入主后，该股更是凭借其不足1个亿流通盘的苗条“身材”，让喜炒煤炭板块的各路资金垂涎已久。如图所示，该股在2009年上半年的上涨过程中，从5元涨到9元历时4个月，而从9元涨到17元才用了不足1个月。可见，一旦实力大机构介入某只股票后，绝不会只贪图蝇头小利，一定会有加速大涨的主升浪阶段到来。

底部启动第一波时，发现5日线突破24日线我们就要果断买进，遇到年线等重要阻力位可先高抛，赚取波段利润，放大资金的使用效率；盘升过程中，24

日生命线对股价的支持力度如何是看盘的重点所在，一旦5日线再次金叉向上攻克24日线或者触及后立即回升，应该大胆介入，错过了这班车，主力再也不会给你低吸筹码的好机会了。如果K线图上是一根放量涨停的大阳突破，那么基本可以确定主升浪的爆发已经到来，第一时间敏锐地洞察并把握住战机，经验丰富的投资者就能达到短期利润最大化。因此，研究了解主力的意图在实战中显得多么重要，在行情进行的过程中只要你在那一瞬间知道主力的想法，你就可以简单操作、一招制胜了。

【实战技术精要】

1．煤炭、有色等资源类板块中，盘子较小的个股会更受资金青睐，成为大黑马的概率很大。

2．大牛股上升初期有时呈现盘升特征，高抛低吸是一种不错的操作策略，可以提高资金的周转率。

3．放量涨停突破是大牛股发动主升浪的标志，这是最好的买入时机。

4．5日线是强势股的操作依据，上翘斜率越大，短线涨势越猛。

5．连续大涨之后，高位出现长上下影线，要记得获利出局，保住胜利果实。

【看图分析解密】

长丰汽车（600991）是很典型的基金等机构疯狂炒作的一匹大黑马。该股从不足5元的价位开始慢慢上涨，突破了生命线之后股价便加速拉升，因为当大盘向上启动之势确定无疑后，价格低廉、盘子适中、有重大重组题材的股票一定会受到机构资金的青睐，主力明显不想隐藏自己吸货的目的，拉高建仓是当务之急。在震荡盘升的过程中，均线系统呈现出多头排列、支撑股价的大好趋势。主力吸筹已经接近尾声时，成交量开始温和放大，5日均量线突破60日均量线的压

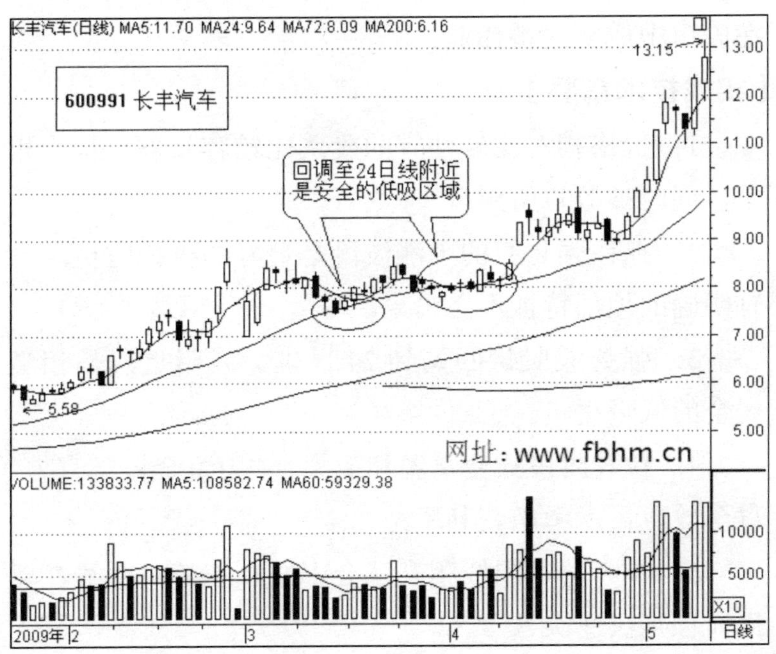

制，股价在主力对敲拉升的运作下连续大涨、又上了一个台阶。如此反复几次，历史套牢盘和短线跟风盘几乎都被清洗出局了。结果，他们卖完以后就再也买不回来了，除非追高再追高。该股真正的并购重组大利好公布之前，即2009年4月底，主升段已经在主力的精心策划下轰轰烈烈地展开了。每天一个价，12个交易日大涨50%的暴利着实让人眼热心跳，然而，对于一个训练有素的职业投资者而言，这一切仿佛都是水到渠成、顺手拈来的事情，他们深知一个道理：实现利润最好的方法就是在牛市抓住强势股短线机会赚大钱，坚持不懈地只做成功概率高的事情，就一定能在股市中成就一番伟业。

【实战技术精要】

1．价格相对比较便宜的股票比较容易被机构所相中，同时被散户所跟风。

2．抓住强势股的上涨波段是最好的赚钱时机，没有明确的顶部特征不必出局。

3．强势股股价回调到24日生命线附近，是相当安全的低吸良机。

4．拉升阶段成交量温和放大，主力资金控盘有力，直至放巨量才考虑获利了结。

5．不断的小阳线爬升就会引发加速的大阳线，要提前预判快速买入。

第三章　速赚核心策略

年轻人要早立志，你想60岁才成功还是80岁才成功？在现代的社会，每个人都想更早就成功。我想60岁成功和80岁成功都不是我的理想。我们能否更加快更加年轻就成功呢？答案是肯定的。因为在这个世界上有很多年轻又富有的人，他们永远是我们的榜样，比尔·盖茨、戴尔、孙正义等等。国内也有很多杰出的年轻就富有的人，如史玉柱、丁磊、陈天桥等等。总之，既年轻又富有的人很多很多。我们既然要研究快速赚钱的策略，就一定要研究世界上最快赚钱的致富的人，还有结合国内最快速度赚钱的第一名。只有学习他们的先进思想和理念，认真思考和实践才有可能让我们自己的财富有所飞跃。快速致富是我们一直在研究的课题。经常研究各行各业的精英的经验，应用于自己的行业和自己最熟悉的最擅长的特长结合在一起，我们将会更快成功。股票投资是资本投资最高级别的一种游戏，直接是用金钱来赚钱的游戏。只适应于一定要出人头地，并且愿意疯狂付出，坚持到底，永不放弃的人士。本章介绍快速赚钱的核心技巧和具体策略。

第一节　就是要准确选股

做股票，就是要精确选股，准备充分，一击必杀。如果你还存在模糊不清的不确定状态，那你就没有到达高手的境界。

对相同的K线不同的人有不同判断和不同的操作风格，通过对比我们就知道谁才是真正的高手。

经常夸夸其谈的所谓高手也许不一定是你要去学习的对象。因为真正的高手一定是有绝对的把握才会出手和说的，而且多数情况下只做不说！

股票市场是只认结果的。结果你赚钱了，你就是英雄，你就是冠军。股票市场不会因为你付出比较多时间或者研究比较多或你进入市场的时间比较早就给你赚钱的。市场只给那些顺应它、适合它的人成功赚钱。

准确选股是很重要的一个观点。我们选股的时候一定要清楚目前的这个阶段是处于什么状态。我现在介入是否真的可以风险小，利润大。如果不确定，那就放弃。也许就是因为你放弃了这次不确定的操作，剩下的那次操作刚好就让你回避了风险又多了钱。

准确选股最大的原则就是根据不同的市场阶段采取不同的选股策略。选出股票之后不一定立刻就去满仓，而是根据市场的变化采取相应的对策，市场的人气和消息是否配合支持股价的上涨。

我们为了方便读者研究，送出了很多经典的选股绝招。这些绝招都是万里挑一的经过长期验证的“杀手锏”。选股出来之后不一定马上买入就可以赚钱的。这个还要根据经验判断市场处于什么市场气氛，“震荡市”我们就“选择连续跌4天之后，第5天才开始介入”。这个绝招是我们长期实践总结出来的应对策略。从准确性来说是非常了得的。在此我们也无私地奉献给我最忠实的读者朋友们。

在单边下跌市场最好不要操作，因为风险太大了。谁冲动去买入都很有可能被深度套住。

在大牛市，一般选出好股票就可以在启动或者加速的时候快速跟进。赚钱速度就更加快了。牛市是所有投资者享受投资盛宴的时候，一旦遇到一定好好把握机会，让自己的财富更上一层楼。

总结三种市场情况我们主要划分为上面说过的牛市、熊市、震荡市三种典型的情况。也就是说我们的策略和选股模式也要根据这三种不同的实况采取针对性的选股模式，而不是一些人所说的常年累月满仓操作。如果你想知道别人的投资水平，你只要问一下他有没有空仓过，空仓是时间是否超过 2 个星期，有没有超过一个月的空仓时间。如果每天都在看盘面，同时又能够空仓可以随心控制的投资者，一般都是绝顶高手了。如果说从来不空仓，每天要操作，空仓一天都不舒服的投资者，一定是没有在证券市场赚到钱的人。

市场的不同情况需要我们采取不同的选股策略。当我们采取的策略与市场表现一致的时候，顺理成章我们就应该赚钱。相反，如果我们一味去追求什么长线或者波段通常都会给我们带来损失。

我们最核心的选股方法是利用电脑，依据价格和流通盘大小还有换手情况制定相对严格的条件，让我们选出的都是精品。如果不符合条件，选不出个股，我们情愿不买股，耐心等待下一次机会的到来。

经过这么多年的经验，做股票一定要坚持准确选股的原则。我们也通过大量的图书、教学光盘和极品选股公式还有讲座等多种形式给广大读者最直接地灌输我们赚钱的选股绝招。希望对大家有所帮助，我坚信，对我非常有效的方法，对你也会效果明显，收益丰厚的。

【看图分析解密】

恒邦股份（002237）是市场中为数不多的几只纯正黄金概念股之一，也是上市不久的小盘绩优次新股，可谓万千宠爱集于一身。2008 年 5 月挂牌上市后的第二天就曾拉出惊艳涨停，无奈其后遭遇市场大暴跌，股价从最高 65 元一路狂泻到 11 月时的 16 元，简直令人不可思议。股市就是这样容易走极端，遇到大熊市，再好的股票有时也被腰斩再腰斩。然而，请记住一点，被埋没的金子始终是要熠熠生辉的，只是需要等待漫天阴霾中照进的那第一缕牛市光芒。关键的时刻，“别人恐慌我贪婪”的格言不应该只停留在口头上，而要像主力那样在底部区域敢于横扫一切筹码，如此便宜的“黄金”地板价真的今生难求了。当 K 线图上已经

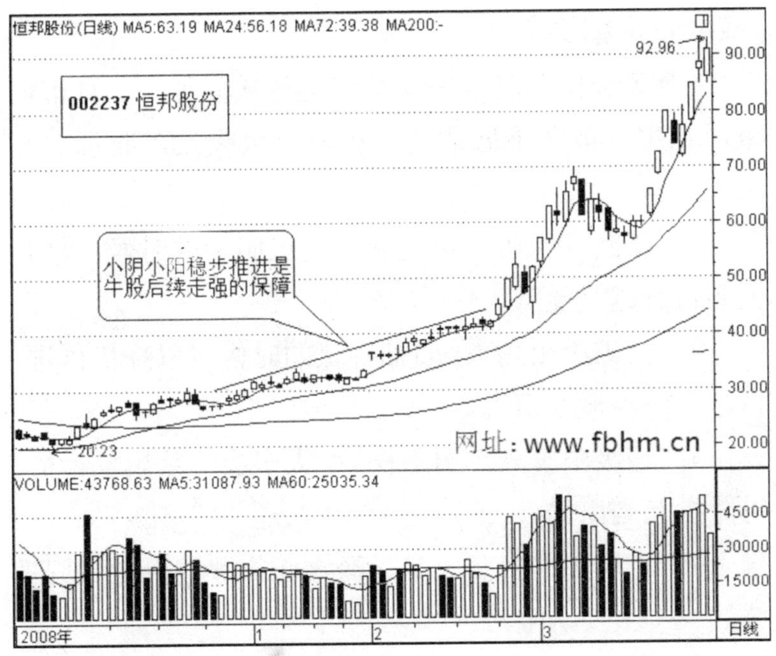

明显摆出了均线多头排列的形态之后，上涨的力量便势不可挡，主力也根本不想再掩饰自己吸货的目的，加速大涨的超级牛股奔腾而出。成交量温和放大，突破了60日均量线的压制，主力开始了清晰而壮观的两波拉升，每一波都有四个涨停出现，而且一举创出上市以来的新高。在10转10除权前见到接近100元的天价，不能不佩服该股主力缜密的构思布局和宏大的操盘气魄。所以，在实战中，把握多头排列均线发散向上的超级黑马才可以实现巨大的利润目标，相信自己，坚持不懈地只做成功概率大的事情定能成就一番伟业。

【实战技术精要】

1．黄金概念股本来就是市场稀缺品种，一旦市场重新走牛，被严重低估的品种都会大爆发，股价会涨上天。

2．买到大牛股，也是考验自己胆量的时候，越是大胆持有越是能赚大钱。

3．突破历史高点、回抽确认的时候可以择机再进，再起一波的概率很大。

4．超级牛股高比例除权后，大多会继续填权行情，可分批获利出局。

5．习惯操作多头股票、经常研究涨停板是我们赚钱的一个重要法宝。

【看图分析解密】

深圳惠程（002168）原本是中小板里一只默默无闻的股票，但是凭借其2009年上半年一飞冲天的优异表现而名震江湖，这就是我们所要深入研究的暴涨黑马。如图所示，当5日线在24日线上方运行了一段时间后，开始攻击200天年线阻力位，在没有明显放量的情况下该股轻松越过了牛熊分界线，两连阴回踩确认突破有效后，主力开始大幅拉抬股价，10个交易日后接近翻倍。只经历了一波短暂的回调洗盘，除权前后，该股又在量能的有力配合下爆发出海啸般威力的大行

情，短短半个月，K线图上留下了7个涨停的壮观景象。股票何以能在短期内迸发出如此惊人的爆发力，值得我们深入研究。

其实该股的最重大题材也就是10转10高送转，虽然在2月27日该利好正式公布之前，先知先觉的资金已经进场抢筹，但很明显，更大的主力仍然愿意高位接棒，打破利好“见光死”的习惯思维，因为根据他们的判断，大盘已步入回暖期，在更高的位置完成拉高出货的任务并不难。事实也证明了主力高举高打的决策是正确的。除权后主力急速对倒拉升，当众多散户认为主力会去填满权而蜂拥抢进的时候，该股主力突然杀跌，然后开始长期震荡横盘，在高点逐次下移的过程中顺利完成出货。

记住，股市永远是少数人赚钱的地方，要敢于站在多数人的对立面，多多运用反向思维，研究揣摩庄家主力的真实想法，拼尽全力把握住短暂而又辉煌的主升段行情，就会成为市场中的顶级高手。

【实战技术精要】

1．当5日线金叉200天线时，要积极关注股价和量能的异动情况。

2．发现主力资金大举杀入高含权的白马股，积极跟庄、主动做多是顺应市场的策略。

3．计算好主力进场时的成本，对于主力的拉升空间到底有多高就会做到心中有数。

4．高送转概念股被市场热炒期间，龙头品种除权前后都会屡拉涨停，此时最好持股赚大钱。

5．填权过程中一旦发现量能连续放大且收出高位长上下影线，要高度警觉，保住胜利果实最重要。

【看图分析解密】

潍柴重机（000880）这类强势牛股还是给有准备的投资者提供了好几次绝佳的入场机会。牛股启动的时候都会出现相同的特点，5 日线上穿 24 日生命线是

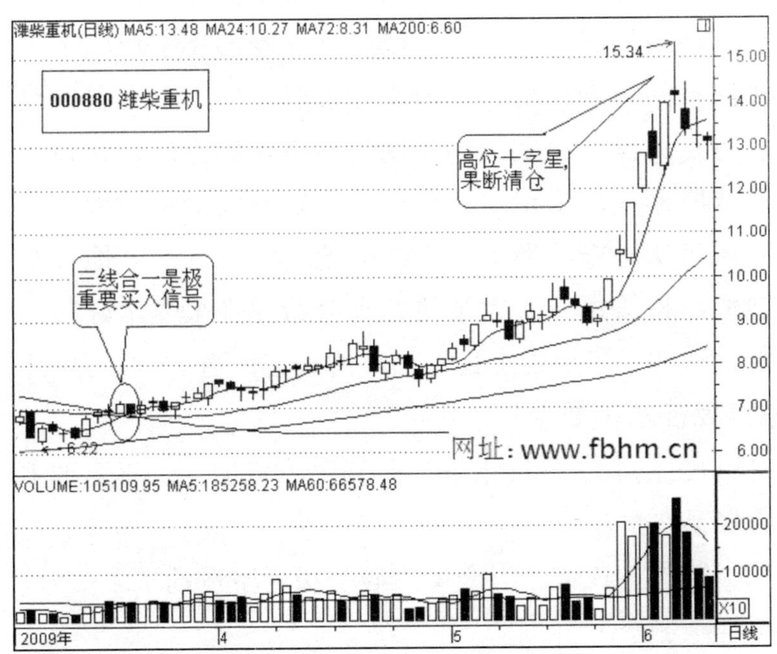

最好的买入价格，在温和上涨的阶段快速介入会让我们的成本相对低廉了许多，从而保证在随后的上升行情中拥有一个良好的持股心态，赚取翻倍利润。当股价遇到200天年线主动回调蓄势一段时间后，5日线、24日线、200天线也慢慢汇聚到了一点上，此时，需要我们全神贯注地等待“三线合一”金叉突破的神奇时刻，在非常难得的机会到来的时候，一定要大胆重拳出击。只有重仓操作才能实现暴利。5日线成功突破24日线和200天线的重大意义在于均线系统开始发散向上，所有均线都在股价下面形成巨大的推动作用。牛股就这样稳步启动，沿着5日线不断上涨，主力通过三连阴的震仓洗盘后，以连续涨停的姿态形成了一飞冲天的飙升行情。作为职业投资者一定要有自己鲜明特点的操作原则。不断地学习成功的方法，让自己的选股模式趋于稳定和合理，在好股票躺在地板上的时候潜伏进去，当很多人蜂拥抢货的时候从容地卖给他们，相信每一次大赚的结果会给你带来非常好的心情，让你一步步走上良性循环的致富大道。

【实战技术精要】

1. 沿着5日线上涨的时候要大胆加仓，不要被主力轻易洗盘出局。

2. “三线合一”金叉突破是极为宝贵的买入信号，可继续加仓。

3．上升趋势途中K线回抽24日线受到强力支撑，底部吸货。

4．对待连续涨停、加速暴涨的股票，应早有心理准备，敢于持有才可以获取波段大利润。

5．主升浪冲顶出货标志大多为放量十字星，见此信号果断采取止盈操作。

第二节　耐心等待出击

我们一再强调的是操作不是买菜，要对自己的判断和策略做出周密的计划。思考对自己最不利的情况出现的时候，我们采取什么策略。

李嘉诚说："即使今天下午出现12级台风，我们的企业也能安全渡过。"做股票的精粹就是在于做好充分足够的准备，资金准备和技术能力的准备。还有就是自己的心态是否能够平常心对待财富的增长和波动。当你认为储备足够条件面对最惨淡的市场的时候，你就可以说你可以赚钱。

每一个能够在证券市场赚钱的个人投资者都是相当不容易的。我非常佩服那些能够很好抓住政策的时机，在资本市场实现几百亿资产的决策高手们。我花了很长的时间和精力去研究他们为什么能够赚钱。最后总结出来非常核心的东西却是他们等待出击的耐心。

还没有到达他们的条件之前是铁定不操作的。一旦符合他们认为可以大量买入的时候，他们会比狮子还要猛烈地买入。一般的投资者都是不敢完全相信自己的判断的，没有自信，关键是之前的投资让自己失去了信心。每个人的信心都是来自成功的操作后体现出来的。自信是因为自己曾经实现过辉煌的战绩，同时又知道自己是如何实现的，每一个细节和选股的条件自己都清楚地知道原因。这样子赚到的利润是非常让自己满意的结果。

我在培训助手的时候也出现了这样的情况，刚刚开始那半年，他们一直处于很浮躁的心理状态。克服那种涨了就急，跌了就慌的状况多数都花了三个月的时间。耐心是如此的重要，我们虽然把选股的绝招都告诉大家，通过注册翻倍黑马网站后免费赠送给大家物超所值的礼物，我们把最核心的极品选股公式告诉了大家。

如果能够加上心态的训练，把自己打造成不败的人，你就已经成功了。在证券市场，你不需要跟谁正面竞争或者争斗。你只要学会控制好自己的行为，做好自己的决策就已经足够了。

刚刚开始，没有人会告诉你赚钱的模式，都是靠自己漫长地摸索，最后得到高手的点拨，自己的悟性还可以的话，成为一位绝顶高手也是相当不错的。

我们目前团队的人员基本都能够耐心地等待出击的机会。再假以时日，相信都可以到达更高的水平。为了让广大的读者也能够像我的助手一样按部就班地实现财富自由，走适合自己的投资之路，我们将在后面大量地推出相应的教学光盘，把我们的经验深入地最直观地传授给大家。

真正的大师级别的投资者，都是可以经受市场的波动，任何情况下对自己的信心都是非常足的，对于等待机会都是很有耐心的。从来不会一时冲动乱投资，都是理性分析后冷静的操作。操作成功的概率都是相当之高的。与一般投资者最大的区别就是心态和技术能力不一样。高手都是慢条斯理地选股按部就班地操作的，没有那种急迫的心理和波动的紧张，完全在自己的计划范围内投资。

【看图分析解密】

江西铜业(600362)是有色金属板块中的一员悍将。市场主力一旦嗅到行业景气触底回升的气息，就会对有色板块进行穷追猛打，江西铜业、云南铜业就是其中的两大开路先锋。如图所示，江西铜业的第一波拉升从 10 元到 20 元，涨幅刚好一倍，历时 20 余个交易日；横盘整固了一个月后，开始了第二波攻击，当股价以涨停大阳的攻击形态一举站上 5 日线、24 日线、

72日线的时候，我们能否在第一时间跟上主力的操作节奏、紧握住股票的起涨点就显得尤其重要。因为同样的主力再次启动行情的路线图一定和第一波八九不离十，涨幅目标完全可以大胆地确定为一倍，这样算来，30元以前尽可以大胆放心持股，而时间上也不会超过3个月。所以说，要想从股市中赚大钱，必须掌握精湛的技术，来判断精确买卖点，有正确的选股思路但在实战中缺乏操作技巧，就抓不住好的买卖时机，一切都无从谈起；有了强大的看盘操盘技术做后盾，加上冷静平和的操作心态，步步为营，稳扎稳打，不断

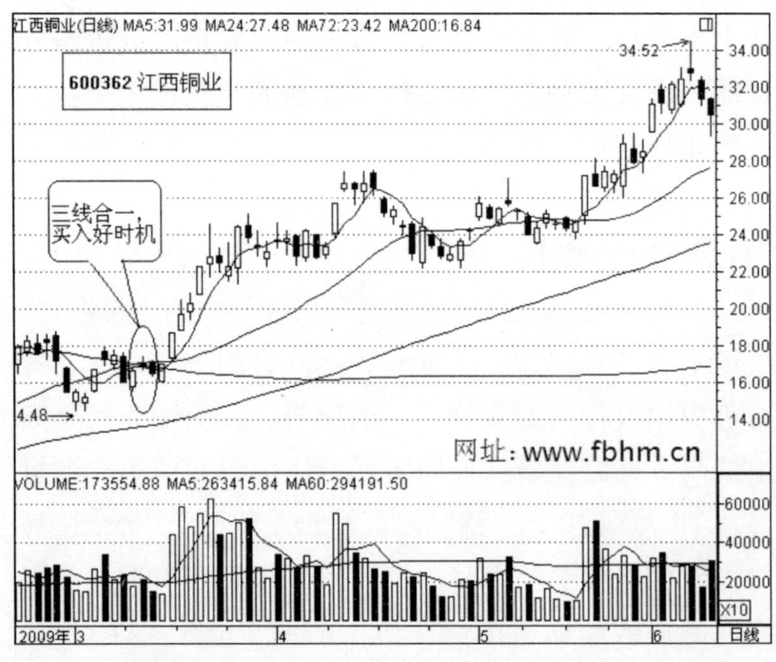

地精准出击大黑马，股市一定可以成为你人生中的一座大金矿。

【实战技术精要】

1. 有色金属板块是大黑马频出的“基地”，只要符合超跌的原则，就可以重点留意。

2. 由于经常受外围市场商品价格大幅波动影响，铜业股也会大起大落，要有心理准备。

3.“三线合一”放量突破形态，是非常好的买入时机，切莫错过。

4. 上涨途中的调整不用担心，注意把握波段式翻倍行情。

5. 出现高位大阴线或“避雷针”信号，股价明显见顶，此时不要奢望卖在最高价，先离场最明智。

【看图分析解密】

铜陵有色（000630）是一只非常典型的超级牛股。在一轮惨烈的熊市过后，市场主力开始高度关注此类股价严重超跌、尚趴在历史大底处的有色金属股。在资金的逐步推高下，该股连续三根大阳确立了强势股的风范，从中可以判断出主力实力的强大，进而预见到主力的远大目标。当该股所有均线系统形成粘合状然后发散向上，大牛股即将爆发的信号十分明显。两次反复冲击 200 天年线之后，该股终于领先于市场中的大多数股票，正式开始了火爆上涨的牛市行情。5日线一路推动股价大涨，短短两个半月就给它的坚定持有者带来翻倍的巨大利润。

人世中的许多事，只要想做，都能做到。如果你的世界沉闷而无望，那是因为你自己消极不自信造成的，要想从根本上改变你的世界，必须先改变自己的心态。其实股市又何尝不是如此呢？阻碍我们去发现、去创造的，有时候仅仅是我们心理上的障碍和思想中的顽石！我们平时在技术上不断地去总结、去积累、去充电，在实战中就会越来越具备一个超好的心态，

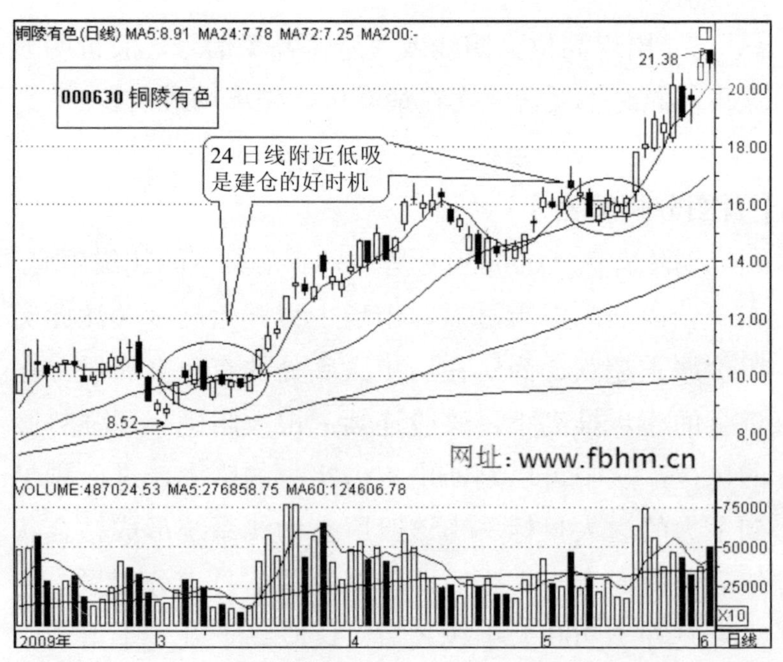

最终一脚踢开那块不自信的顽石，达到手中有股、心中无股的至高境界。自己的对手只有自己，在聪明人扎堆的股市中同样如此，把自己打造成不败的投资者，自然就会成就伟大的财富梦想、人生梦想。

【实战技术精要】

1. 严重超跌的有色金属股在底部发现资金流入迹象，股价一旦突破 24 日线，强力买进。

2. 股价突破 200 天年线、均线组合呈现多头排列时，要大胆买进赚取主升段利润。

3. 强势股上涨过程中也会有短期回调，24 日线附近可再次吸纳洗盘筹码。

4. 成交量温和放大是行情启动的先决条件，注意把握好买入时机。

5. 大牛股的顶部构造有时的确很复杂，但只要抓住主升段行情就应该知足了，不可太贪婪最后的筑顶行情。

【看图分析解密】

宁波华翔（002048）的运作主力显然实力不俗，盘面上“不急不躁”的上涨形态印证了这一点。当该股底部拉出第一个涨停，5 日线金叉突破 24 日线后，主力资金并没有高举高打来建仓吸筹，而是以小阴小阳、缓步推高再加速的隐蔽手法悄悄地吃货。在连续上涨冲到技术压力线即200天线附近时，出现两次比较明显的调整，而每一次都是以连续两根实体大阴线的形式来洗盘，主力清洗跟风盘的力度越大、速度越快，表明其看好后市的信心越足，目标也会相当宏伟。股价快速调整到位并在24日线受到支撑，成交量保持温和放量状态，随时重拾原来的上升趋势。当股价一举放量突破压力线时，就是我们加仓买进的重要时间窗口，特别是5日线二次金叉24日线，往往是主升浪加速的显著标志之一。当然，谁都知道捕捉到加速上涨的个股可以坐享其成、赚取快钱，但是在实战中绝不

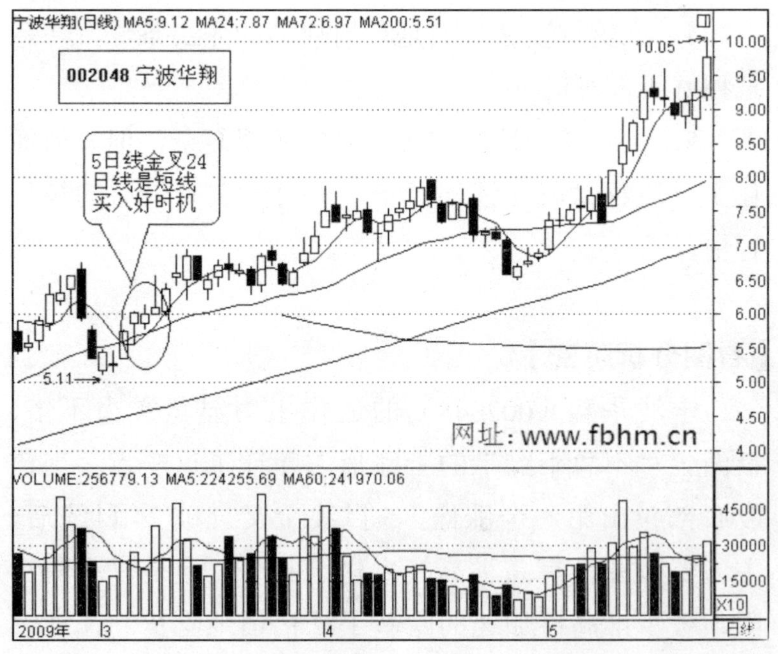

可以头脑发热、匆忙出手，我们要根据大盘所处的强弱状态以及题材热点的契合度来判断决定买卖的时机，一定要有比较长的时间磨练才可以做到眼到心到手到，对于自己所设定的技术指标，至少要有两个以上同时发出“买入指示”时，才可进行操作。如果所有技术指标发生共振，就要果断出击，坚决执行计划，不要错失良机。

【实战技术精要】

1. 底部区域以涨停板形态向上金叉突破，这种股票有必要纳入黑马池重点追踪。

2. 向上趋势未被破坏的股票，不要害怕连续实体阴K线，此时反而是捡便宜的最佳时机。

3. “不急不躁”的上涨形态是主力实力强大的标志，可放心持股等待翻倍。

4. 确认上涨趋势的股票，可以选择回抽24日线的价格去买入。

5. 一旦5日线陡峭向上，意味着股价即将起飞，捂住股票就能大赚。

第三节　操作思路清晰

每次操作都不能够含糊不清，必须知道自己所选股票的原因，买入的空间，目标都要有清晰的评估。

当然，我们都是在不断的总结过程当中经过市场多次的检验才整理出可以长期应用的实战技法，把它整理成可以随时应用的策略。

这个是一个实践提升为理论的过程，再通过理论去指导我们自己的操作。只有清晰地知道原因，才可以复制下一次的买卖操作。这个是很重要的思路。

做股票无非就是知道为什么买，为什么卖，清楚知道自己的每一个决策背后的原因。只有这样子才可以快速地实现财富增长。当你的操作给你带来收益的时候，你的自信就慢慢从心底深处涌出来充满你的全身。你会变成另外的一个人，一个你想成为的那个成功的人士。

赚钱的目的是改善生活，实现自我价值。最大的影响力是你有足够的爱心和帮助别人的动力。然后如果你实现了某一个伟大的目标，这个目标可能给大家带来非常大的满足感和成就感。

操作的时候要特别注意每一个决策的细节，清晰知道自己想要的是什么，通过怎么样的步骤可以快速达成目标。

如果每一个环节都是你知道的，每一个步骤你都懂得，实施之后就可以顺利得到你想要的结果。

我们强调的不是某一次操作成功。我们一直坚持的是什么方法可以让我们持续地操作成功。持续性能否达到我们想要的复利赚钱结果。只有清楚地知道选股的关键，并且坚持去实现让我们能够赚钱的步骤。每一个步骤都不能够省，认真地去选择适合自己的操作模式，并且坚持自己的思想能够让自己一步一步地实现目标。

完美的操作来自反复的实验和验证，根据市场把自己的选股方式提炼成操作原则来简单执行。做到只要执行操作原则就可以实现盈利目标。

很多投资者不知道自己到底赚钱赚在哪里，亏钱亏在哪里，一直在死胡同里徘徊，就是走不出去，一直恶性循环地亏钱。不管牛市还是熊市，都不能够让自己快速实现财富稳健增值。

财富已经过了原始积累的成功人士，都是在思考如何保住现有资产，思考如何稳健增值的事情。而资金不多的中小投资者却一直想着如何暴利，如何冒高风险博大利润。

不同的想法代表不同人所处的位置。财富已经非常丰厚的李嘉诚每天在做的事情已经是思考 5 年后 10 年后的事情。如何让自己稳健地实现任何财富目标，一定要做到思路清晰操作明确。不能在含糊不清的情况下作出错误的决策，如果没有把握就最好不要操作。这个是非常有效的方法。坚持只做自己有把握的投资操作，成功赚钱就在你眼前了。想清楚了自己能赚哪一些钱，你就知道自己该如何去做。

【看图分析解密】

大同煤业（601001）一直以来都是以优质二线蓝筹股的形象出现在投资者面前，而盘面上，该公司股价在2009年上半年的大盘复苏行情中也不负众望，走出了非常清晰流畅的大牛股图形。在长期不懈的看图训练之后，我们的实战操作也形成了一套成熟的理念和习惯，当大同煤业5日线上穿72日和24日线时是股价刚刚走出底部的重大战机；当5日线回抽72日线

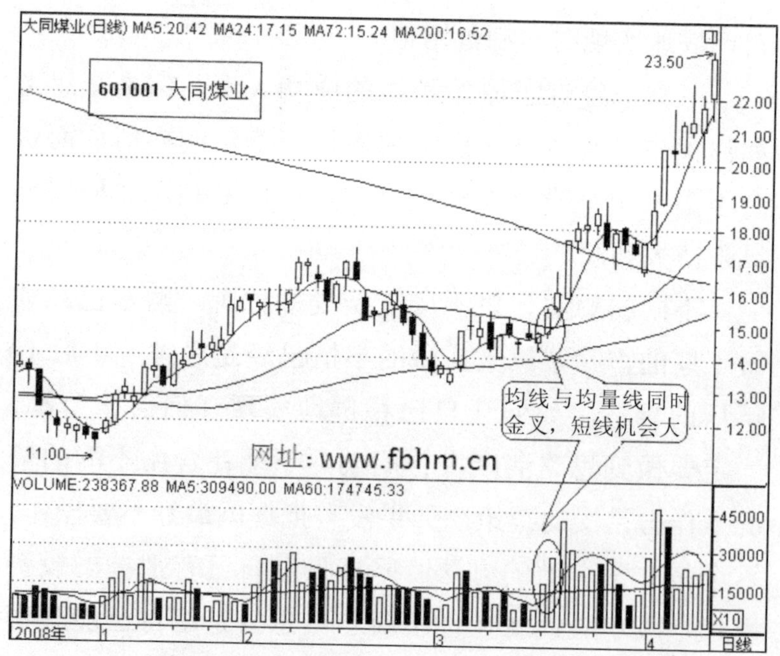

并再度金叉24日线就是最好的黄金买入点；当股价轻松突破200天牛熊分界线随即回抽确认之时，一定是主升浪海啸爆发的前夜。通过研究大同煤业从11元暴涨到40元的过程，我们会由衷感悟到，买股不是追求买在最低点上，而是要买在上涨的启动点处。一旦通过精选，发现有完全符合自己选股系统的股票，且买入信号出现，就要果断坚决买入。在思考研究的时候可以犹豫或者慢一点，但是，已经深思熟虑之后，到达要操作的时机就必须果断出击，坚决执行计划。严格遵守自己事先定好的操作计划和原则，从不随意冲动地改变。选好准备介入的股票，都事先想好了“退路”，决不会因盘面的诱惑而轻易变化。只要阶段性翻倍目标达到或者接近，就完全可以及时退场。

【实战技术精要】

1．基金重仓的二线蓝筹股行情一旦发动，股价翻倍很正常，研究机构投资者的操作习惯会助你一臂之力。

2．股票在上涨过程中受到重要均线支持，投资者要抓住牛股的特征，有勇气大胆介入。

3．成交量均线金叉与股价突破、均线金叉出现多重共振，短线机会非常巨大。

4．大涨小回是主升浪的最主要特征，回调也不会超过三天。

5．股价不要指望卖在最高处，预判重要整数关口阻力，提前下车，就没有后面的大跌痛苦。

【看图分析解密】

孚日股份（002083）从底部启动发出的最明显信号就是5日均线和5日均量线的同时金叉突破，这种共振很自然地吸引到实力机构的资金加盟，三阳开泰的K线图形成了一种加速脱离底部的趋势。当该股持续放量冲关200天年线得手后，主力根据大盘的实际情况又采取了大幅洗盘的退守战略，但是底线不会被

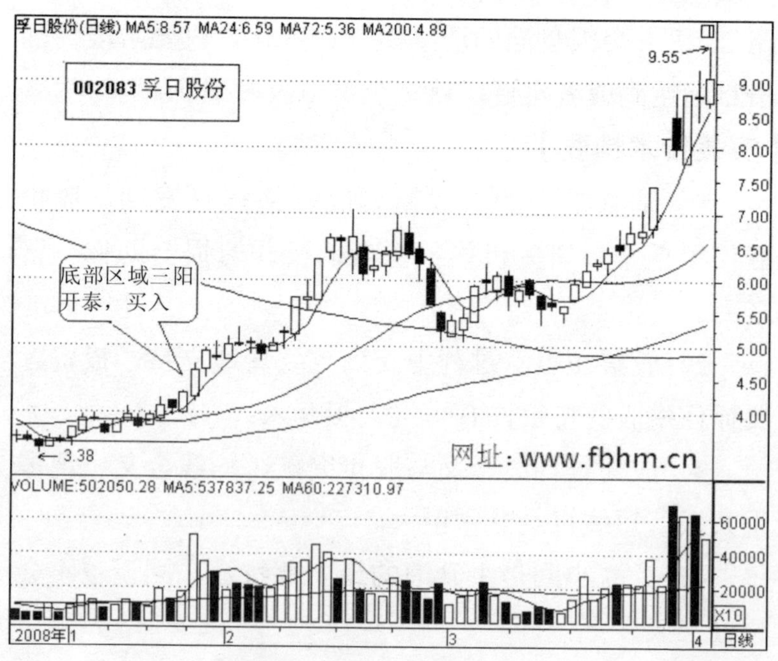

击穿，200天线的大旗不倒，主力资金仍在关照这只潜在大牛股。果不其然，两周后该股以一连串小阳重新攻占了24日均线，此时，该股所具备的太阳能电池的火辣题材开始被市场深度挖掘，各路新资金如梦方醒，蜂拥而至，蛰伏的主力厚积薄发、顺势而为，连续涨停式爆发将股价推上了新的高峰。像孚日股份这种进入主升浪的低价强势股，一个50%的波段涨幅，只要把握好买点完全可以轻松获利20%。一年做几次波段下来，其实很容易就翻倍了。说到底，资本游戏，全靠自己的心态、技术还有运气，但所有的好运气只会涌向有准备有技术有思想的人。投资是一辈子的事业，急躁和忧虑没有任何帮助。做到步步为营，稳扎稳打，积小胜为大胜，你就是股市中的神话缔造者。

【实战技术精要】

1．成交量在底部区域明显放大，显示有资金在积极运作了，以5日均量线金叉60日均量线为买点依据。

2．底部上涨阶段出现“三阳开泰”，股票极有可能脱胎成中线大黑马。

3．上涨途中的多空激烈震荡是不可避免的，关键要看结果。

4．5日线二次金叉24日生命线，要高度关注，捕捉股价上升加速机会。

5．跳空幅度越大，涨停速度越快，主力实力越强，

5日线不破，坚决捂股。

【看图分析解密】

上海汽车（600104）是非常标准的大资金操盘运作的股票。大开大合、易于进出，几十亿的流通盘吸引了各路实力派基金掌门人的角逐。该股在连续上涨的过程中均线系统起到了极其重要的助推作用，当股价突破所有均线压制的时候就应当大胆买入，在K线图上，2009年2月底、4月初、4月底，当股价三次回抽确认24日生命线的支撑后，此时更是我们最渴求

的“黄金买点”。做了若干次以后，你会发现，关键时刻出手的果断程度与你账户资产的增长速度是成正比的。从技术角度上讲，吸筹完毕，洗盘结束，接下来当然是加速拉升。主力在拉升的途中不断进行着高抛低吸，成交量的配合相当具有节奏感，涨时放量，跌时缩量。这种稳健的震荡上推的操盘手法是大机构运作的显著特征，由于对后市的强烈看好才会有大量的资金投入来参与，并且利用温和的加速上涨来清洗所有的不坚定投资者，这些都说明主力的目标是十分远大的。横有多长，竖有多高，对于那些启动价格低、盘子适合大机构进驻的股票，一旦均线系统发散向上，股价的上升空间绝对不可限量，当市场大环境完全处于大牛市的氛围中，就可以实现竖有多高的宏伟目标。

【实战技术精要】

1. 横有多长，竖有多高，股价突破长期盘整的区域，大行情出现概率不会小，值得追进。

2. 基金重仓股不断震荡上升，如果均线系统看上去完美，就不必每天看盘了，持有是最佳选项。

3. 回抽生命线受到支持的时候大胆买入，因为很多大主力机构都是以此为操盘参考的。

4. 只要股价处于活跃状态，就可以反复操作、大胆赚取波动的差价。

5．成交量保持温和的量能，是股票持续走牛的保证。

第四章　超短操盘战略

我认为证券市场是相当残酷的。这里总是多数人亏钱，少数人赚钱的地方。每次牛市到来，都会有一批新股民和老股民进入市场，结果跑得快的总是那些老手。

跑得慢的总是有不同的坎坷命运。我们从自身生存的考虑，制定一系列的操作原则是符合自己的实际情况的。在消息和资金都不如机构庄家的情况下，我们只有把握好自己的心态，做好自己的决策，才可以实现我们保证金的增值。

当市场的人都认为自己是最会赚钱的那一个人时，市场就已经让多数人认为这个股票市场好捞钱。结果呢，不是好捞钱，而是好给别人捞钱！

资本市场的残酷是我们经历无数次亏损之后才深刻认识到的市场规律之一。当然，也是因为经历多了才会学聪明一些。随时考虑如何全身而退，不要与股票谈恋爱，因为股票多数情况下只是整个市场的一个代表而已。熊市来临的时候就会让你血本无归。当然，牛市也一定会到来的，那就是等你没有一分钱补仓的时候，你的股票被套超过 70%以上的时候才到达新的一个循环。

因此，我们选择了超短线操作，这个是比较灵活的。暴跌的时候选择空仓，牛市的时候快速操作，震荡市高抛低吸。战略布局自己的资产，努力让自己的资金变成赚钱的工具，钱生钱才是最高端的资本运作模式。

第一节　切入点引爆猛涨

在市场处于弱势转换成强势的过程当中，我们要选择适当的时间点来切入。如果选择的买入时机准确，对个股具有四两拨千斤的作用。我们都知道股票是有机构在运作的。通常这个运作都是有详细计划的。就是要在这个主力要拉升的阶段，迅速买入与庄家同步进入上涨阶段。这种方法跟庄是非常有效的。

主力想向上拉升的时候，已经吸货完毕，准备大规模推升股价，迅速脱离主力成本区。那个阶段去操作比较适合我们。

一般选择上涨趋势明显，成交量温和放大的股票，在接近前面的高点地方，迅速出击买入，顺势坐上主力的直升飞机，快速上涨获取巨大的利润。

关键的时刻可以大量地买入，给主力做多信心。当大家都开始慢慢认同的时候，股价已经开始加速上涨了一个台阶。主力的资金总是在人气最鼎盛的时候才会大量出货的。因此，在连续上涨之后出现巨大的成交量的时候就是主力在出货的时候。

当我们长期研究主力短线的操作意向之后，就可以习惯主力的运作思路的操作特点。根据这些特点我们可以采取相应的操作思路。只有知己知彼，才可以百战百胜。

最高明的操作模式就是跟随主力的节奏，在该点火的时候给主力一起点火，让火势更加旺盛。股价上窜的速度会更加快，空间会更加大。当我们都已经开始了解这些短线资金的操作，熟悉他们的操作特点的时候，自然就可以简单地顺应市场的节奏和主力的运作节拍进行高抛低吸。

狙击进入滑翔状态的短线牛股是短线引爆连续暴涨的最佳切入点。作为职业短线投资者，一定要第一时间买入短线暴涨的股票。通常热点的爆发都是通过涨停板来带动的，因此，要多多留意底部上涨时出现连续涨停的股票。这些股票一旦市场比较好，会经常演绎涨停的风采。这也是专业投资者要关注和分析的东西。

【看图分析解密】

啤酒花（600090）是重组类大黑马的典型，比较适合游资的进出。如图所示，该股走出了非常清晰的两大波行情，第一波从不足 4 元涨到 6 元，第二波再从 5 元多涨到 11 元。对于有经验的市场老手而言，只要把握住该股的大波段机会，就能在短短两三个月里从容赚取翻倍的利润了。股市里的大牛股几乎都是一样的，当股价突破了重要阻力位置，不断地上涨就是其后盘面的常态，均线系统全面向上支持股价迭创新高。而心态良好、执行力坚决的投资者都是以无限的

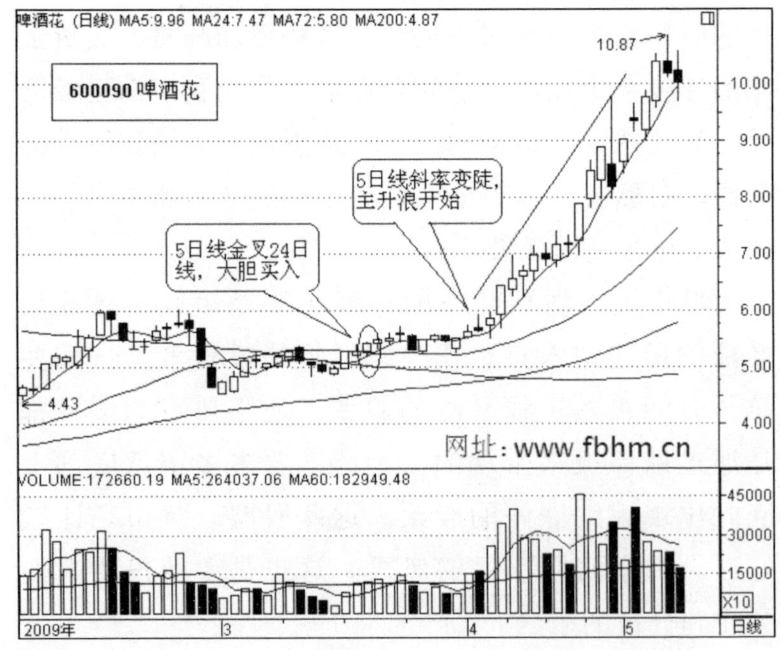

耐心等待着黄金机会的到来，有时为等一只股票的启动时机，会关注很长时间。时机一到，便如鹰般闪电出击，咬住不放，直至获取超常规的财富。因此，做短线并不一定意味着每天都要进出，看准了只需做几次交易，如果没有把握，最好什么都别做，频繁操作反而增加了亏损的风险。譬如大盘处于明显向下趋势阶段，你绝不能冒险在暴跌中去抓那几个瞬间的牛股，搞得不好就要吃套甚至重创。每个投资者都有过赚钱的经历，要珍惜和总结自己的这些宝贵经验，找到让自己赚钱的根源是什么，自己的优势在哪里，把它们提炼出来，变成自己的投资原则和操作系统，然后坚持下去。成功的彼岸就在眼前！

【实战技术精要】

1. 耐心是成功的关键，是实战心态中的一种至高境界。

2. 5 日线金叉 24 日生命线往往就是牛股大波段行情的起涨点。

3. 5 日线上升斜率突然变陡，要注意捕捉主升浪时机。

4. 涨停突破前期高点是牛股加速上涨的显著标志，抓紧时间跟进。

5. 涨到高位，5 日线拐头向下死叉 24 日线，应及时获利离场。

【看图分析解密】

广宇发展（000537）是一只典型的低价股翻两倍的大牛股。绝对价格只有两三元附近，盘整了很长一段时间，主力资金非常耐心地在吸筹。当5日线受到72日线强力支撑，金叉24日线发出黄金买点信号后，股价受到买盘的持续涌入追捧而迅速冲过200天年线。在经历了两轮挖坑式洗盘后，走势一波比一波强劲，从不足5元起步的翻倍主升段行情只用了一个多月就完成了。对于我们职业投资者而言，最重要的莫过于如何牢牢把握住这种在底部启动的股票，抢在上涨的

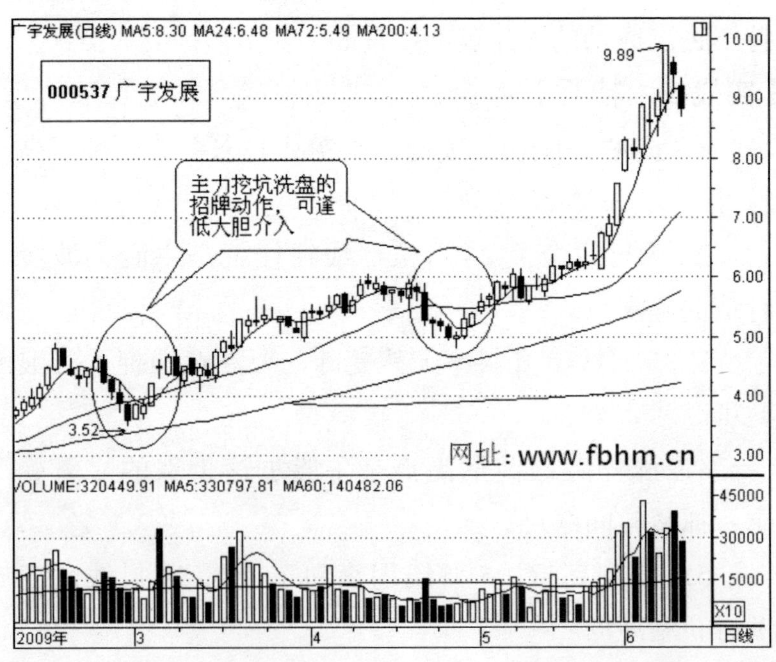

趋势明显形成之前果断建好仓位是最安全的操作模式。股神巴菲特的一大绝招就是寻找挖掘价值严重低估、未来有巨大发展潜力的便宜股，提前埋伏，等到市场中绝大多数人开始不计成本抢高价货的时候，再一股不剩地倒给他们，中石油就是一个最好例证。资本市场本来就是强者的生存地方，投资股票的技术需要不断学习进步。主力的布局运作模式和操盘风格都是可以很快学会的，当你能够像围棋九段高手一样知道对手下几步会怎么走，事先考虑好对策，这样就会立于不败之地。做自己有把握的事，赚自己能够赚的钱，财富将在你不断增长的保证金中跳跃出来！

【实战技术精要】

1．一般来说，绝对价格低是催生大黑马的一个重要条件，盘子适中那就更好了。

2．当出现明确的买入信号，如5日线同时金叉24日线和200天线，就是最好的切入点。

3．连续放出四五根阴线然后迅速拉回，这是主力挖坑洗盘的招牌动作，可逢低大胆介入。

4．成交量的堆积让股价一飞冲天，有资金的支持就不必担心过早见顶。

5．当股价突破所有均线组合的时候，意味着战略性进场时机的到来。

【看图分析解密】

福田汽车（600166）在2008年末大盘“主题投资”行情启动之初并没有让人感到特别牛。由于股神巴菲特投资比亚迪的神奇一笔被广为传颂，众多机构和无数散户对新能源概念股趋之若鹜，汽车板块也被随之催生细化出最热门的投资主题——新能源汽车。但是奇怪的是，在新能源风暴越刮越猛的2008年末，福田汽车这只新能源汽车新贵却始终未被市场所挖掘，该股在岁末反弹的两个月里表现得波澜不惊。

作为一只全新的概念股，显然主力在将其包装之

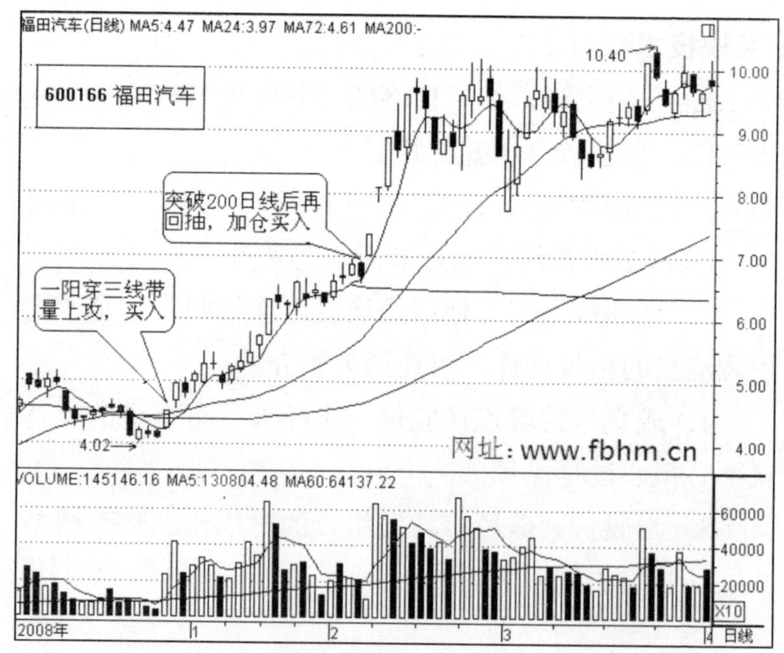

前默默吸纳筹码的时候并不希望有太大的涨幅，也不想太吸引市场的注意力。当新能源主题上下游产业链的相关产业被挖掘殆尽的时候，主力也加紧了打压吸筹的过程。在2008年最后半个月里，福田汽车5日、24日、72日均线开始处于粘合状态，在小阴小阳的折磨下，很多人也许还对其抱有幻想。然而，在大盘的暴跌下，该股也毫不含糊地跟着暴跌。西方圣诞节后的第二个交易日里，大盘还在不断地走出阴十字星时，此时市场绝大多数人空声一片，而福田汽车却逆势以带量涨停一举突破了3条均线，开始了其牛股之旅。2009年春节过后的3个交易日中，该股以小阴小阳方式推向200日线，一个横盘平台的构筑似乎慢慢清晰的时候，该股又出乎意料地在回抽200日线进行一番洗牌后，连续上拉涨停。之后在新能源题材的配合下，该股时不时出现涨停。

涨停效应出现以后，该股自然而然吸引了许多人的眼球，此时主力多方旗帜一挥，人气并能聚集于此。作为主力方，在后续的派发筹码过程中，老道的顺势而为体现出该股还有强势的可能。面对此类强势股，其走势将远超大盘的涨幅，而每一次顺应大盘的大跌，都会给我们一个良好的买入机会。有计划有步骤地实行买入策略，便能见缝插针地抓住许多机会，那样，赚钱便成为一件轻松的事情了。

【实战技术精要】

1. 带量上攻一个盘整的平台时，赚钱的机会就要来临了，及时买入。

2. 刚突破重要的均线时，再次后抽确认是一个比较好的加仓点。

3. 72日线是牛股的生命线，只要未有效击穿，牛股的特性便会一直延续。

4. 缩量涨停只是牛股刚刚启动，这类强势牛股将会经常“表演”涨停。

5. 均线组合5日、24日、72日和200日呈多头排列发散向上，这一特征是大牛股的典型特征。

第二节 有赚就卖见好就收

要赚钱就要做到不贪心。既然是不贪心，就不是每个人都可以做到的。贪心和恐惧是人性的弱点。任何人都会有的，既然不可避免，每个人都会贪心，那么就制定一种习惯原则。那就是“有赚就走，见好就收”。

虽然有赚就走、见好就收比较容易学习，但是做到的人并不多。我们步步为营的盈利模式每赚3%到5%以上就随时获利卖出的操作习惯是可以制定为原则来遵守的。

当大家开始理解股市并不是人人都赚钱的地方，

不是容易来捞钱的地方时，就要考虑如何步步为营、稳步赚钱的简单原则了。见好就收可以克服那种贪婪的心理，战胜自我的心理弱点。之所以我们坚持这个原则，是因为我们贪心的时候经常会因为几次的大利润就出现得意忘形的情绪，然后导致后面抓住弱势股连续亏损的事情。

我们开始反思，是否因为之前做得太顺利了，就变得很盲目乐观，自信心过分膨胀。以为自己可以不管市场波动都能抓住那3%甚至是千分之一上涨的少数逆市个股。结果，往往几天的连续暴跌就把我们带入一种被套的郁闷和煎熬。

希望有缘看到我们这本翻倍黑马图书的读者都能够做到见好就收，有赚就走。只要你赚到了钱，后面牛股多的是，还可以再选出更好的股票来。

我们坚信做股票不你做对一次就可以成功致富的。所以要持续赚钱就要用对方法。而所有做股票的方法当中关于选股的方法是最重要的。我们把市场分成牛市、熊市和震荡市三种市况。根据三种不同的市场规律和波动原则就可以采取不同的选股模式。而用对的选股模式就是赚多赚少的问题，不存在严重的原则性错误导致亏损不断。

我们一直坚持的原则就是有赚必卖，见好就收。因为卖出了才是你的财富。没有卖出只是数字，纸上富贵，很可能因为市场的不稳定让你原本可以赚到钱的交易变成了套牢资金。导致赚钱时间成本增加，上涨到来的时候只是能够刚好解套而已，根本谈不上赚钱。

要充分利用资金，把资金的周转率迅速提高，这样子可以持续赚钱，特别对小资金的投资者非常重要。我们每次赚钱卖出股票之后，都是保证金总市值创历史新高的一个过程。这种表现可以说是很好的。在我们眼里持续赚钱的稳定性比偶然赚钱的波动性要来得实在。

坚持见好就收、有赚必卖的原则是为了可以长期坚持短线操作的习惯。当持续把自己的资金放到可以灵活对待市场的地位时就等于你掌握了自己保证金的主动性。

既然股市永远是少数人赚钱的地方，那么，为什么你赚钱的时候不卖呢？买进股票之后赚钱了，只要你卖出，赚钱的目的就达到了。你就简单地成为了赚钱的少数人。

【看图分析解密】

兰花科创（600123）是煤炭板块中的典型大牛股。在该股不断上涨的过程中，5日和60日成交均量线的组合发挥了神奇的功效。当一轮行情启动，5日均量线开始上穿 60 日均量线，预示市场量能明显增强，随着行情的逐步展开，两条线有时还会缠绕一段时间，但是 5 日线在 60 日线上方的天数远多于下方的天数，表明多方实力强大，一直牢牢控制着局面的发展。而一旦再次出现成交量持续放大，如 2009 年 3 月 19 日这一天，5 日均量线再次上穿 60 日均量线，股价有效突破前期高点，尤其是涨停大阳站上 200 天年线，此时，主力发出了强烈的主升段买入信号。之后，该股进入了大涨小回的加速拉升阶段，在短短的 40 个交易日内，股价接近翻倍。谁都知道成交量的重要性，什么价升

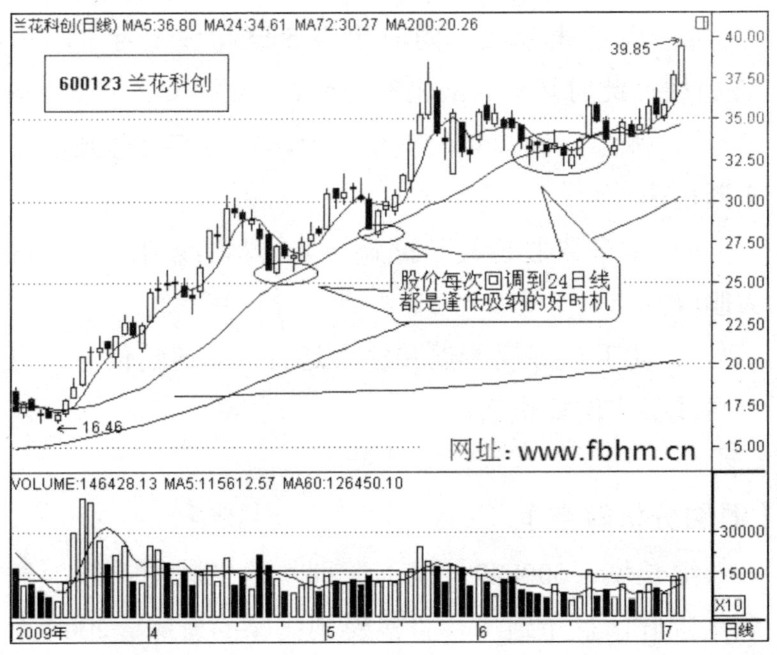

量增、量在价先、天量出天价等等，但是真正能理解它并用好它，绝非易事！均量线组合指标是反映市场主力资金动态的窗口，表明了一定时期内市场成交的状况和交投趋势，也是我们研判主力阶段操作的一个重要成本线。说白了，这一指标，主力庄家很难做假。对于强势股的操作特别要注意把握好节奏，既要波段式运作摊低成本，又须防备在股价整体上升中的踏空风险。

【实战技术精要】

1．股价底部区域，成交量出现间隙性放大过程，是主力启动行情的前奏。

2．均量线金叉，同时出现5日均线上穿24日、72日线，此时是重大战机的闪现。

3．涨停突破200天年线阻力，主力实力非凡，可果断出击。

4．主升段股价短暂回调至24日均线附近，值得大胆吸纳。

5．主升段成交量温和放大是股价加速的信号，也是短线买进的好机会。

【看图分析解密】

深长城（000042）属于深圳本地老牌地产股，群众基础好，盘子适中，自然受到庄家的青睐。2009年元旦一过，主力资金开始进场吸纳，春节后第二个交易日该股直接封上涨停板，接下来更是连续两个涨停，主力在 7 至 9 元大举拉高建仓的心情十分急迫，而迅速将股价拉离成本区也是此类主力的一贯操盘作风，果然，该股马不停蹄地冲上了 14 元大关，走出翻番行情。通过长期研究发现，此类强庄做盘的手法颇具共性：一是建仓时间短，多在一个月内，锁仓筹码较轻，盘面浮筹较重。到了集中建仓的阶段，借助外界利好传闻，股价通常一飞冲天、连续涨停。二是成交量配合股价的拉抬而急剧放大，此时该股的题材能激发短期市场

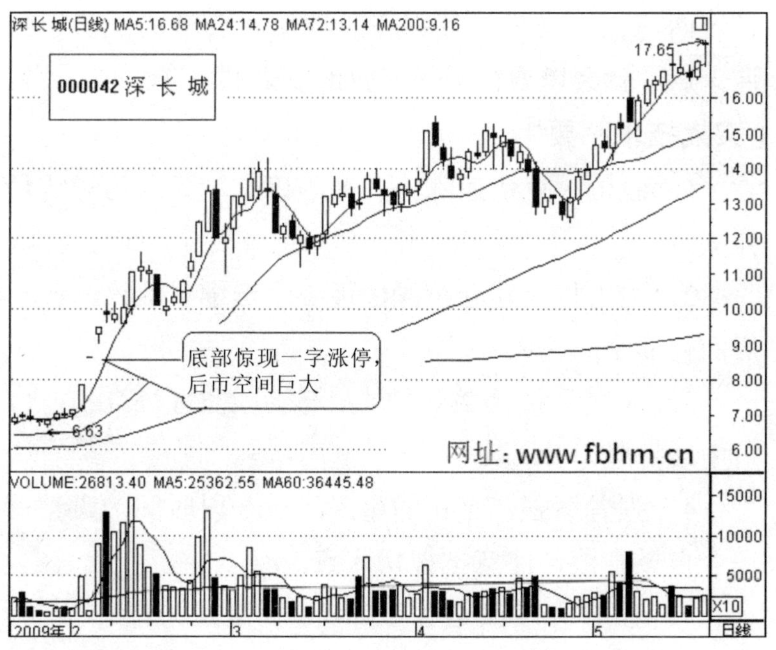

人气，并引发热点板块的炒作，充分显示出了波段主力的实力和强悍的操盘风格。在实战中，如何把握好最佳介入时机是每个投资者梦寐以求的愿望，要做到这一点，就必须潜心捕捉"庄家启动信号"。面对一只股性活跃的强势股，当某一日早盘突然放量直冲涨停、突破前期箱顶高点时，就要迅速追买，此为该股主力的启动信号无疑，随后往往连续放量上攻。当第二波主升浪展开前，主力会做最后一次凶猛的洗盘动作，将不坚定者赶下跟风车，然后带量向上突破，其上涨力度和幅度也不见得小于上一次的起爆。实际上，主力第一次拉升不可能出完货，必然要再次拉高派发，经过两三次派发后，其强庄股性质才会减弱。认识到这一点，就会以逸待劳，坐收渔翁之利。

【实战技术精要】

1．股价早盘快速涨停，突破确立，此时为短线最佳买点。

2．主力拉高建仓阶段出现一字形缩量涨停，预示后面行情空间惊人。

3．成交量持续数日放大，表明主力扫货决心大，可中线持股。

4．强者恒强，真正的牛股经过一段时间的盘整后还会再掀升浪，注意把握切入点。

5．强势股波段运作以 24 日生命线为操作依据，失误概率小。

【看图分析解密】

华域汽车（600741）的前身是巴士股份。借着2009年热炒的新能源汽车板块的效应，华域汽车作为汽车板块中的一员，自然也春风得意。华域汽车的走势具备非常明显的波段性。牛股从底部开始上攻，一般具有比较明显的技术信号。华域汽车开始上攻，便是一阳穿三线开始的。2009年1月开始华域汽车的均线便开始走向粘合状态，整个股价以小阴小阳盘整，

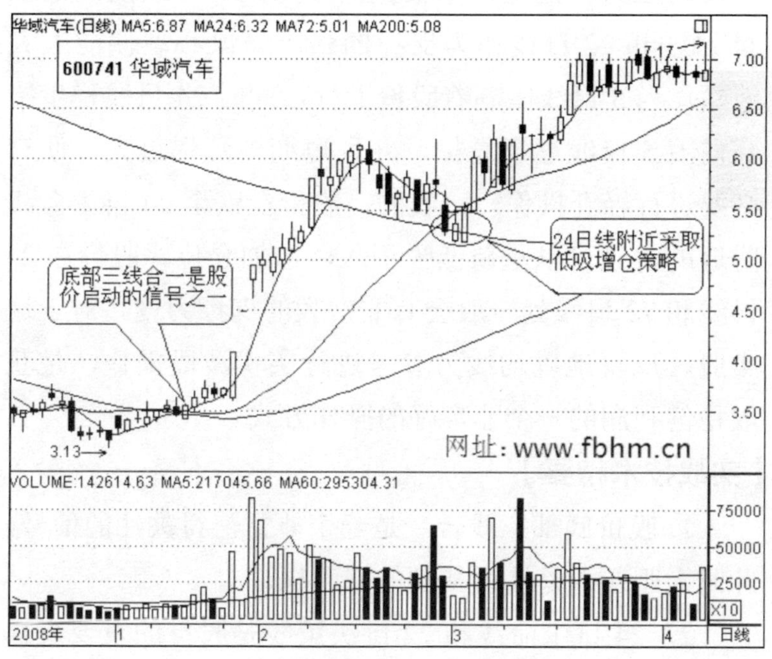

在1月13日，一条小阴线穿过三条均线。这类三线粘合的技术形态在股票的技术分析中是要密切关注的。1月14日，一根小阳再次穿过三条均线，而此时的5日线也上穿24日线和72日线。之后股价以小阴小阳在5日线的护送之下逐渐上行，均线呈多头发散形态日渐明显。股票没有只涨不跌，也没有只跌不涨。股价在短期内如果涨幅过大，如果要继续上涨，必然要横盘震荡或者下跌回调来清洗短期内的获利筹码。一旦出现回调，多数投资者都会感受到恐惧，毕竟股票的形态走坏和没有及时落袋为安都会使得心理上造成比较大的压力。但是，如果我们注意到，每次的回调以24日线和72日线作为支撑的话，恐惧心理便能大大消除。当5日线压制着股价上行，同时24日线稳步抬高向着5日线逐渐靠拢，并且短期内涨幅过大，便有必要进行轻仓操作。一般的，股价在跌至24日生命线附近的时候可以重新低吸买入，增加仓位。股价在24日线和72日线处一般会有非常大的支撑力度。对于这类股，反复地以均线为参考进行买卖波段操作，是获取稳健利润的一个非常好的操作方式。

【实战技术精要】

1. 股价底部三线合一是一个非常值得关注的信号，此时大胆买入是获得暴利的好时机。

2．24日生命线和72日决策线是股价的重要支撑位，在上升形态良好的情况下，股价回调到该点位附近时可以增仓。

3．股价在短期出现非常大的涨幅时，股价不能有效突破5日线，应警惕风险降低仓位。

4．均线一旦呈现多头发散向上的状态时，说明看涨形态已经确立，要敢于做多。

5．每一次5日线金叉24日线都是短线获利的好时机，股价在出现回调后再次金叉要敢于买入。

第三节　灵活应对市场变化

对待不同的市场变化我们要采取灵活的操作策略来应对。由于股票市场永远是少数人赚多数人钱的地方，这个是现实的现象，原因有很多，我们认为很重要的一点是多数人不知道股市的循环变化。

行情在多头的时候采取针对牛市的操作方式让利润更加大，当牛市到来的时候一定把握住节奏快速让自己的资金迅速增长。当行情在空头占有优势的时候采取空仓观望的策略、回避每次行情的主跌浪，回避每次的暴跌，剩下就是赚钱的机会了。赚多赚少都已经是次要了。只要是不断赚钱的，结果就是赚大钱了。

我们主张用毛泽东的战略思想来武装自己的脑袋，使用灵活的操作策略让自己的保证金时刻处于有利战备状态。一旦机会确定，就可以满仓出击。赚取的利润就是最好的证明。当行情猛烈地到来了，你已经没有时间准备了，只有你已经完全清楚了牛市该怎么做，如何可以利润最大化，这样子赚钱才会加快速度。

利用我们核心的选股策略可以迅速选出可以立刻出击的品种。大牛市是赚钱最快的黄金阶段。我们重点利用这个时间创造出惊人的业绩，让自己的保证金大幅度上一个台阶。

如何判断行情是什么阶段是非常重要的事情，当你了解之后就可针对不同市场采取相应的策略。灵活是因为不断累积经验，当经验已经可以让你习惯性做出正确的决策的时候，就证明你已经完全掌握了市场的波动变化规律了。

我们最主要的判断依据就是均线系统。我们一再强调使用让我们赚大钱的参数来做参考依据。这个参数就是 5 日均线，24 日均线，72 日均线，200 日均线。灵活应用股价在这些均线的波动速度和斜率来预测可能出现的波动，让自己心中有数，不做没有把握的事情。当我们准备充分的时候，一切都会越来越顺手的。

股票投资越是赚钱的人越是谨慎。当选股操作模式用对了，赚钱其实只是按部就班去做就对了。

安静地等待机会是最重要的一个步骤。没有把握就不要出手。一旦出手就要必赚。只有这样才可让自己信心十足。很多人问翻倍黑马老师为什么每次操作都能够赚钱呢？其实很重要的一点就是，容易失败的操作机会都不操作。只有非常重要的赚钱战机出现的时候，才配置一定资金比例去操作，那样子就可成功赚钱了。灵活就是要针对不同的市场行情采取不同的操作策略。

【看图分析解密】

开滦股份（600997) 是非常典型的基金操盘的大牛

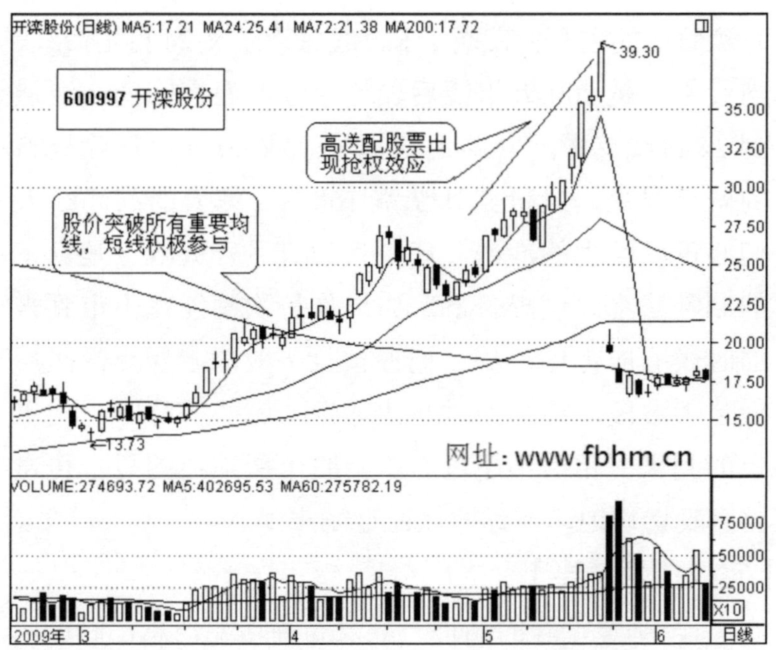

股。在2008年最后一周经历了五根地量十字星后，新年伊始，主力机构以连续两根大阳的多头炮排列拉开了上攻的序幕，很快5日均线金叉突破72日、24日均线，股价也相当顺畅地大涨了一波，短期涨幅超过50%。我们从该股的启动阶段不只是预见到主力实力的超级强大，更重要的是在随后的行情中如何做到踏准主力的舞步，赚取丰厚的利润。股票的投资其实就是资金进入股市所带来的高潮和资金撤退导致低谷的循环。牛市过后就是熊市，熊市过后就是牛市，没有什么神秘。而主力总是在最合适的时机炮制最火爆的题材，大牛股就这样应运而生了。在10转增10的高送配刺激下，开滦股份的主升浪发端于5日线二次金叉24日生命线，当股价穿越200天年线后加速上攻，而在回调一波遇到24日线支撑后立即返身猛烈上攻40元，在除权前的两个月里，股价累计暴涨160%。惊人的利润给人们心理以巨大的冲击，集中兵力打"歼灭战"是真正的制胜法宝。设想一下，如果你每次都能在牛市到来的时候顺应市场趋势、把握某只牛股的起爆点，然后做足大波段，该收手时坚决撤退，耐心等待下一次牛市的到来。相信不超过5年，股市所缔造的财富传奇将真真切切地印在你的保证金账户上。

【实战技术精要】

1．基金重仓的品种一旦发布高送配消息，而市场趋势也向好，应该立即在公告当日抢进筹码。

2．高送配股票出现抢权效应，可在除权日前后的高点分批撤离。

3．当股票突破所有均线压力之时，短线一定要积极参与。

4．基金重仓的二线蓝筹股越走越牛，要大胆抱住不放松。

5．当大盘的趋势和个股的趋势完美结合时，就是大资金挥洒自如、猛烈赚钱的表现时刻。

【看图分析解密】

鲁润股份（600157）的K线图看上去一目了然，是一只非常完美的圆弧形加速大涨的典型牛股。该股第一轮攻击波在200天年线遇阻回落，在整理蓄势了14个交易日后，3月20日，一根大阳令5日均线金叉24日线和200天线，该股终于发出了“三线合一”的经典买入信号，而圆弧形的上攻形态则是大牛股爆发的最有力的一种“拳头”，其威力会让市场产生强大的共振，连续刮起的涨停风暴顿时成为市场中最瞩目的明星股。鲁润股份从5元钱左右的低价股很快就迈进了中价股的队伍，股性活跃、圆弧上攻、经常涨停的特征在其后的行情中被主力刻意打造，表现得淋漓尽致。在这个过程中，主力资金也是通过反复地去低吸

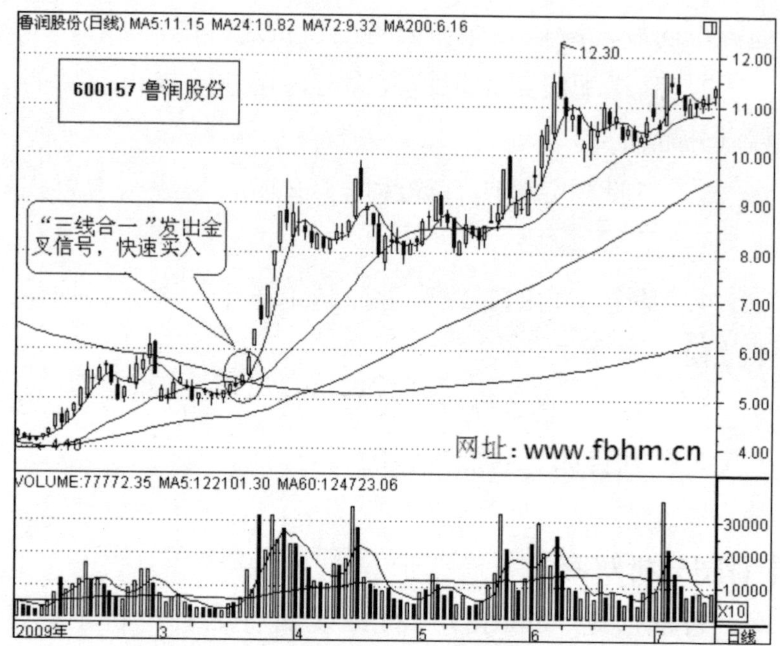

高抛来摊低成本，累计下来，利润也是相当可观的。同样的策略当然也适用于我们普通投资者，通过对强势股运作规律的不断总结，注意观察它们的黄金买卖点，我们可以很轻松地发现并且捕捉住那些最牛的股票。这就说明，"把所有的鸡蛋放进一个安全的篮子里"，集中精力维护好篮子的安全，非常努力地做好功课，日积月累，任何一个人都可以用最适合自己的方法在诡谲无常的股市中赚到属于自己的那一桶金。

【实战技术精要】

1. 5日均线圆弧形向上突破阻力位压制，爆发力极强，一定要快速建仓。

2.“三线合一”发出金叉信号，是股价腾飞前的最好买点，大胆买入就行，风险很小。

3. 股价启动的第一个涨停突破，要敢于积极买入。

4. 经常拉涨停就是牛股的最大特征，反复做牛股的波段差价，让自己的本金快速膨胀。

5. 按照上升趋势做股票，在24日生命线受到支撑时，短线买入。

下　篇

翻倍黑马绝招篇

做股票具有实战的意义是很重要的。如果你不找一种可以在股票市场能够赚钱的方法来学习,那是很容易被市场消灭的。多数人之所以不能够赚钱是因为他们所学的方法不管用，不具备实战的意义。等于看了很多武侠小说学了很多所谓的“武功”,一上场就被真正学过两招的人打倒在地。

因此选择好的老师和教练非常重要。学错了,就很难赚钱。找对人来学就能够完全复制一样的选股模式和方法，采取相同的策略。最后就是得到与成功者一样的结果。

踩着成功者的脚印前进是进步最快的方法，我们一定要向具有实战经验的高手进行学习和模仿，只有这样才可以倍增自己的实战能力。

经过长年累月的积累和总结，一定有必杀的绝招才可以独步武林，江湖险恶，必须步步为营，对市场要保持有敬畏之心。

第五章　实战应对攻略

我们一直强调实战，只有具有实战意义的才是最好的。如果我们写出的图书文采一般或者语言简单其实都是次要的。最关键的就是是否具有实战意义。

我们之所以相信翻倍黑马系列图书必定会成为超级畅销书，是因其具有实战意义。核心的投资方法具有非常之强的实战意义。能够在4年间获得多次冠军，并且获得4辆汽车大奖的实战冠军在整个中国都是绝无仅有的。

物超所值是关键所在。付出几百万学费换回来的实战经验经过长期的总结并且经过实战无数次检验的方法以最简单明了的方式介绍给读者，很容易受到追捧。

参加讲座或者观看过教学光盘之后，立刻就可以复制翻倍黑马的选股模式，采取同样的操作策略，立刻就开始产生巨大的利润。这样的方法和选股绝招一旦应用得好，财富自由就指日可待了。

如果连续参加学习，一定可以掌握最核心最本质的操作技巧。灵活应用分析理念和选股模式，就可以快速地实现财富自由。

第一节　选股绝招

选股是做股票当中最重要的环节。只要掌握了选股绝招，做股票就可以成功赚钱了。当然，赚钱是用对的方法来操作。区别高手和普通者最大的关键就是他们的行为不同。选股的方法不同导致买进之后的表现不同，不同认识导致策略的不同。

我们主张采取统计数据的原理。经过很多历史数据的统计，我们发现了股市当中一个很重要的大概率事件。就是在牛市当中个股表现比较疯狂的多数在中等盘子的股票当中出现。牛市中期是基金重仓股表现最厉害的时候。我们顺应这个原则就可在牛市的初期操作中等盘子的个股。选择刚刚启动的个股作为主要的操作目标股。

在市场比较弱的时候，往往基金都无所作为。只有一些私募和小投资公司还在市场上活跃。这个时候就要把相应的中小板个股作为主要的投资目标。

全国的机构比较多，小机构表现主要是在震荡市当中。因此，针对震荡市的具体情况，我们汇编了震荡市选股绝招。购买《翻倍黑马③》的读者我们都送出了极品选股公式，解决大家选股难的问题。学习之后立刻就可以复制，不需要高深的基础，简单容易使用的理论和实战技术很快就可以把完全没有技术的普通投资者改变成专业的选股高手。

当然，这个关键行为是靠长期的总结和思考应用，市场无数次验证之后才送给大家的，可以当成是规律的东西给大家作为重要的盈利模式参考。每次选出的股票保留在电脑自选股当中或者用日期来定义成一个板块。然后过4天再看这个板块的个股，如果出现连续下跌，则在调整后的第5日开始"金字塔式"买入。

操作成功选股是关键，而最关键的就是选股的模式制定。我们可以采取简单的程序把所有股票迅速地扫描一遍，把我们想要的、符合主力短线运作的股票最快速度地选出来。

合适的选股绝招一定要通过市场长期的检验把它程序化、用电脑简单化。只要这样简化我们的所有选股条件，最后就会得出最简单的选股模式出来。只要我们开始使用这些方法，就一定可以做出正确的投资，获取持续的复利，稳健赚钱。

我们会把复杂的选股思路变成简单的程序给大家带来最直接的利润。经过无数次实战应用，参加多次全国实盘大赛和模拟大赛，翻倍黑马的选股模式一直成为大家最想知道的秘密。把通过《翻倍黑马③》和《翻倍黑马④》的赠送选股公式把步步为营、稳步赚钱、持续复利的赚钱模式传授给大家。只要有耐心，持续地成功操作，相信任何一个读者都可以学会做股票赚钱。

我完全相信任何绝招都是通过实战获得的，我在实践当中付出了汗水和金钱，我真诚地希望读者们不再付出沉重的代价就可获得股市投资的成功。最简单的方法就是参加高手的讲座，学习一流的方法，迅速领悟，快速执行，简单的赚钱行为重复地做，很快就可以实现财富自由了。我完全相信让我成功赚钱成为多次全国冠军的选股、操盘和判断大盘波动以及对节奏的把握方法，一定可以复制出 1000 个 500 万富翁出来。

选股的方法主要是根据三种不同市场表现而制定的：牛市选股模式，熊市选股模式，还有就是震荡市选股模式。根据这三个大的市场环境特征我们总结出一些行之有效的方法。如果配合适当的操作策略，把选股的精粹和操作的理念融会贯通，就可以在股市上持续赚钱，做个常胜将军。

【看图分析解密】

泛海建设（000046）对于许多股民来说不是一个

生面孔，这只地产股之所以具备名气是因为其大股东黄木顺一直以来成为媒体炒作的热门话题之一。那些曾经在大牛市中呼风唤雨的大牛股，经历大熊市惨烈的一轮下跌后，终于熬到了春天，被套的主力资金为了自救或是降低成本的需要，一定会猛烈地展开报复性行情。

研究牛股的走势特征，能够让我们清晰地认识每一波上升的特点，以便能更多“通吃”牛股波段上的丰厚利润。特别是均线多头排列的股票，成为牛股的可能性非常大。主力在拉升前需要清洗一些不坚定的

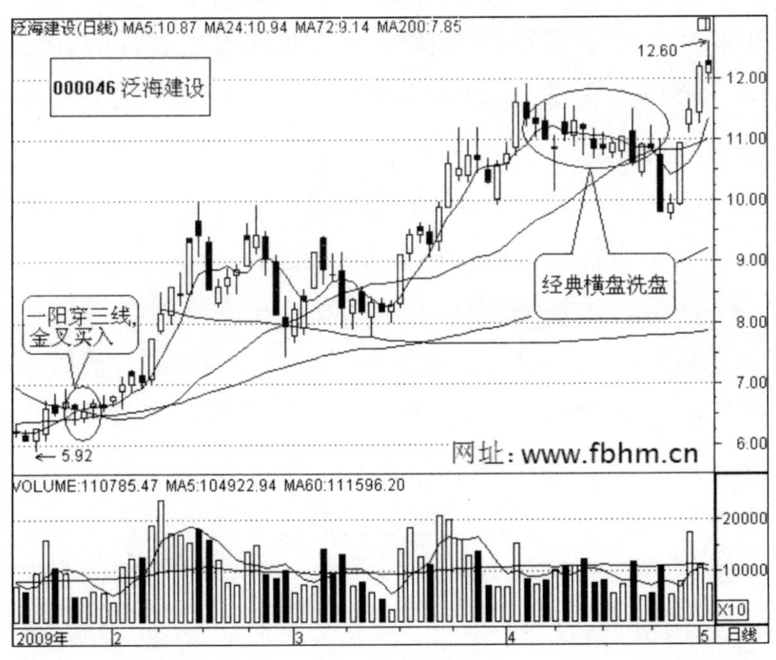

筹码以做准备，短线客则是影响主力拉升的一大隐患。为清洗这种隐患，同时也为自身获取更多的筹码，主力会采取一种非常折磨人的方式进行盘整，每天的涨跌幅度在2%之间，大盘涨它不涨，大盘跌它却跟着跌。泛海建设在2009年4月3日至27日便采取这一经典洗盘手法。在这14个交易日里，每天小阴小阳，一直在某一个价格区域内窄幅波动，而在同期，大市则不断高歌猛进。备受折磨的散户每天只能看着赚钱效应在其他的股票上发生，坚守下来的则期望泛海建设哪天能够出现个像样点的反弹大阳能把之前的阴线全部收复。4月27日几乎跌停的大阴线洗去了所有的期待和渴望，对于多数每天执着于盘面的投资者而言，这是一个让人无法忍受的事情。其实，主力的洗盘动作是可以确认的，因为所有均线都还是呈现发散的多头排列，在上升趋势没有改变之前，唯一的策略就是紧握着手中的股票来迎接最猛烈的上涨。

行情总是在绝望中才能爆发，在大跌接下来的两个交易日里，该股便以大阳线收复了"失地"。短线客在狙击这类股票时，均线金叉是最好的确认"信号弹"。此时出手，需要那种长期观察主力行为后具备的智慧和勇气。股市如战场，两强相遇勇者胜，两勇相遇智者胜。没有太过繁复的理论，耐心和胆大心细便是铸就成功的两件法宝。

【实战技术精要】

1. 行情启动之初，均线处于粘合状态，一阳突破多条均线，股价启动在即，重点关注。

2. 5日线金叉生命线，一波行情启动信号，大胆买入坚决持有。

3. 均线呈多头排列，牛股趋势未改，紧握筹码实现最大利润。

4. 小阴小阳在横盘洗盘，趋势未改不卖股，5日线再次金叉24日线再加仓。

5. 涨停板迅速收复挖坑大阴，后市有戏。

【看图分析解密】

准油股份（002207）是一只来自新疆的中小板个股。我们知道中小板历来是诞生大黑马的“温床”，而新疆股也易成为主力的选择目标，爆发力很强。由于“生不逢时”，准油股份上市后恰逢国际金融危机愈演愈烈，仅10个月时间，准油股份从22.10元跌至5.13元。大幅的单边下跌，令任何抄底的资金无不深套其中。

严重的超跌带来了强劲的反弹。2008年末，准油股份股价顺大势反弹了一倍。然而，大牛股的爆发往往都要通过几波才能完成。每一次的爆发都需经过一段时间洗盘或是蓄势整理。从2009年1月8日起，准油股份便进入了盘整期，至3月24日，接近3个月的时间里，准油股份仅上涨了4.93%。长期的盘整令所有的投资者都非常难熬，要知道，在这段时间，大盘一路攻城拔寨，连连大涨。要记住，在一段时期的盘整后，大阳的突然雄起就是主力结束盘整的信号。这时，大牛股的上攻往往也是以涨停板作为冲锋的集结号！3月25日的涨停便宣告准油股份波澜壮阔的一波大涨开始了。跟进这类牛股，5日线金叉24日线时就是买入的黄金信号，此时买入非常安全也非常符合股票操作的自然规律。只有顺应股价运作的规律，你的本金才会顺势高涨。多头排列的向上发散形态明确告知我

们要握紧手中的筹码，直到出现明确的见顶信号为止。

【实战技术精要】

1. 5日线上穿24日线的时候，要大胆地参与，这是行情启动的标志之一。

2. 均线组合5日、24日、72日和200日呈多头排列发散向上，这是大牛股的典型特征，要紧握筹码。

3. 股价加速期只要再次突破5日均线，买入就可以实现巨大利润。

4. 在上涨的过程中，股价回抽生命线受到支撑，是非常好的加仓机会。

5. 耐心才能吞吃最大的波段利润，坚定持有才是最后的大赢家，不见高位均线死叉不出货。

第二节　买卖绝招

买卖绝招是在选股之后的重要操作步骤。当选股完成之后，可能在1700多只股票当中只选出了10个股票作为备选品种，然后针对这些个股进行严格的筛选。买卖的策略是根据精选的品种进行合理的资金配制，根据市场的表现和个股的表现进行评估，多少的仓位比较适合。

其实，没有百分之百的选股精确度，但是，确实有百分之百的买卖操作绝招。我们强调的是买卖的技巧和策略可以让选股更加提高成功率。

买卖的策略当中我们基本上也是坚持三个大原则。上涨阶段我们采取仓位加重，买入的资金比例要大一些，让自己的资金增长速度加快。

当下跌的阶段要仓位减少，最好是在下跌之前就提前空仓等待，这样可以不让自己的本金损失。

另外就是在震荡横盘阶段，这个阶段分三种情况。一种是上涨中期，进行横盘来把获利盘清洗出局，让后面的上涨更加轻松减少负担。此时的操作策略是继续耐心操作步步为营。第二种是下跌中期，把幻想留给持有的投资者，以为很快就会上涨回到原来的价格，能解套就卖出去了。但是接下来却是继续下跌，让人套牢。此时的买卖策略是减少仓位，顺势而为。还有第三种就是底部震荡激烈，这个时候上涨和下跌的转换更加频繁，我们采取高抛低吸的策略进行买卖。

其实，股票的波动大部分时间都是震荡市，因此，掌握震荡市的选股模式是最重要的赚钱方法。我们一直强调给大家简单的实用选股模式，要容易应用的实用主义原则。

我们的选股思想正一步步影响着读者们并使他们的选股和操作心态变得成熟。只有成熟的投资心理才会有成功的操作成绩。每一个赚钱的买卖交易都是要有理由的，而且是很清晰的，只有这样子才可以复制。

随机的成功是不可以复制的。只有按照严格的选股流程和操作原则，才可以迅速复制快速传播。

翻倍黑马的选股绝招和买卖绝招一定会被所有阅读本书的读者珍藏，特别是赠送的极品选股公式，一定会成为多数赚钱股民的首选。

认识到人生是一个短暂的旅程，就应该更加珍惜自己的时间和生命。在有限的时间内做出突出的优秀成绩，让自己快速地成为财富自由的人。我们崇尚的“休闲炒股，快乐赚钱”的意义就出来了。

每个人都要为自己的未来做好规划，对于投资的规划是对人生负责的表现。富人获得财富的关键行为就是把握投资机会的能力。而投资机会当中，各行各业当中就股票投资的门槛最底了。因此，掌握买卖绝招是把穷人变成富人的捷径。虽然说走捷径是不够完美的想法，但是，人的生命如此短暂，我们只有更快地获得财富自由才有更多的时间来享受自己的人生旅程，做自己财富自由后真正要做的事情。投资可以积累财富，关键行为就是把握投资的方法，学会简单的选股步骤，使用简明的操作策略，让自己的所有选择都是经过一个完整的流程的严格审核的。

【看图分析解密】

中南建设（000961）原名大连金牛，该股深受游资喜爱，股性十分活跃，是著名的题材股。2009 年元月 6 日，该股以一个涨停突破 5 元，吹响了翻倍再翻倍的超级大行情。5 日线在 24 日线的依托下很快上穿了 200 天年线，这在当时的市场环境下并不多见，说明主力实力强悍，志存高远。当股价沿着 5 日线不断向上创出新高的时候，我们就要不断加仓买入，一旦突破所有均线阻力就是满仓的最好时机。做短线的投资者一定要重点研究强势股的特征，比如经常性的涨停板、5 日线推动加速上涨、24 日线强力支撑等等，都是非常实用而且立竿见影的参考指标。

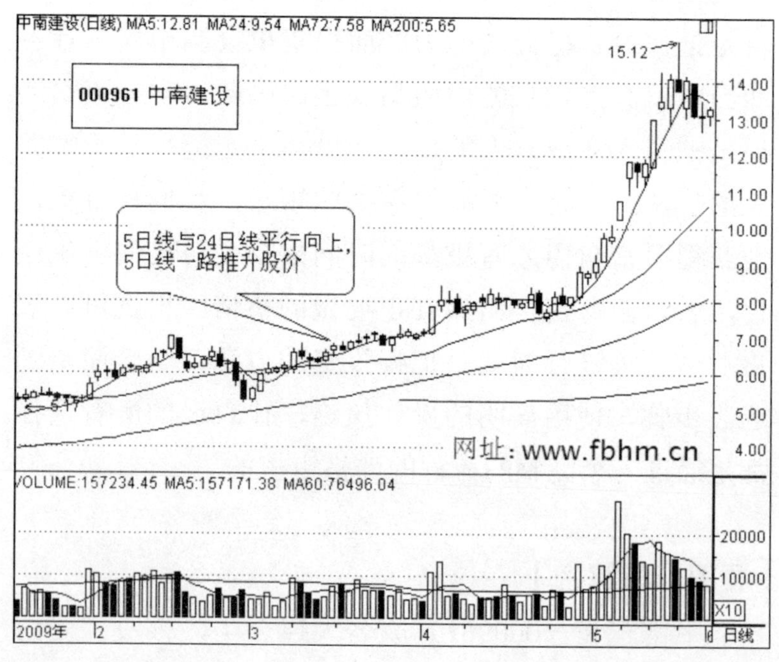

一只普普通通的低价股或垃圾股之所以成为万人称羡的牛股，一定是被市场赋予了众多的光环，这种神秘的力量来自于市场，说不清道不明，当一些亦真亦假的信息被主力利用的时候，股价就会被一股股强大的冲击波推高再推高，出现传奇般的大涨，等大家还没明白怎么一回事时都已经翻倍了。信息和资金这两者在股市上的重要性自不必说，对于职业投资者而言，一定要养成只做强势股、龙头股的习惯，平时复盘时只研究这类股票，逐渐培养操作多头股票的思维，假以时日，就会很熟练地把握住那些牛股的买入点，当大胆地买入这些牛股的时候，赚钱速度之快，连你自己都会感到不可思议。

【实战技术精要】

1. 对于股性活跃、有群众基础的股票一定要多加关注，处在历史低位区域更好。

2. 一只好股票刚刚出现涨停的趋势时，果断决策买进是成功投资者的素质体现。

3. 当5日线和24日线相得益彰、配合完美时，买进后就要一路持股。

4. 在上涨趋势中不要害怕快速的涨停，要做到不见大阴不出货。

5. 采取短线手法操作大牛股，技术要过硬，否则卖了就买不回来了。

【看图分析解密】

潞安环能（601699）是2008年大熊市中错杀的一只业绩比较优异的股票。在一年多的时间里，该股从最高价的95.58元一路下跌至最低8.91元。该股在底部启动之初，因为没有太多的题材呼应，和整个煤炭板块似乎被市场资金撂在一旁。潞安环能牛股角色的上演最终还是应该由市场的主力机构来推动。在各种题材炒作被挖掘大半的时候，潞安环能作为涨幅小、业绩好、价格低的二线蓝筹品种自然会受到超级机构的关注。

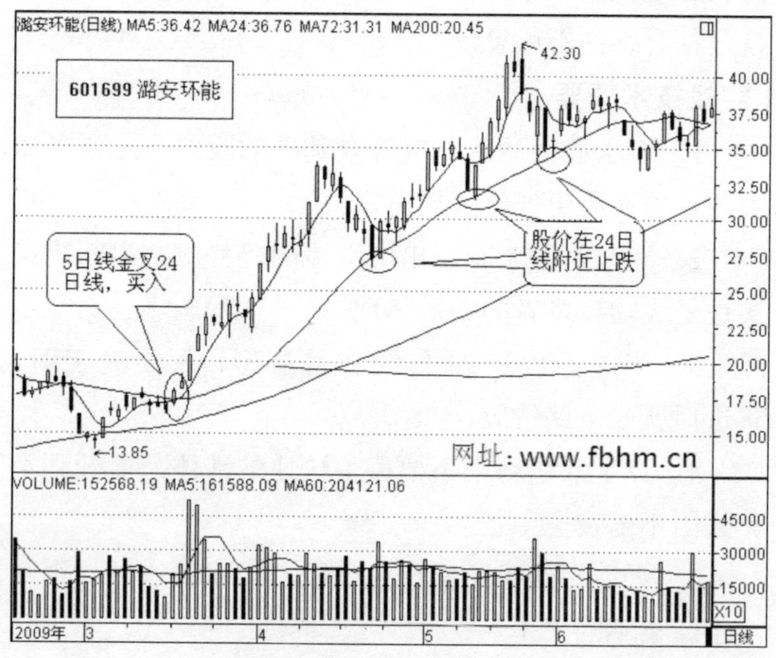

2009年的第一个交易日，潞安环能触及24日生命线之后，开始其主升浪之旅。可以发现，股价每每触及24日线，便会出现止跌，随后便会出现强劲的反弹。对于短线投资者来说，买入的关键便是看该股是否存在差价可赚，差价把握住了便意味着一次成功的操作。在3月中旬潞安环能量能温和放大，5日线金叉24日线的同时，5日量能均线也上穿60日线，MACD也出现绿柱消失红柱出现的过程，MACD的DIF金叉DEA。三个金叉同时出现，一个牛股成为疯牛上冲的时刻到来了！此时，唯一选择就应当是全仓买入，当股价毫不犹豫地一举冲破200天年线的时候，我们更加有理由相信牛股会有疯牛般的上涨冲劲。握住手中的股票，不出现典型的见顶信号，便要吃完整个波段利润。牛股在蓄势的时候，就需要通过研究分析其在这一阶段的特性，一旦到了爆发点，毫不犹豫买入，开开心心坐着庄家的顺风车轻轻松松地赚大钱。

【实战技术精要】

1. 5日线金叉24日均线、量能均线金叉、MACD三金叉同时出现，股价即将强劲上升。

2. 股价在24日生命线上,趋势将会不断自我加强，牛股的诞生和运行都会以24日线作为强大依托。

3. 上升途中的调整是正常情况，只要再次突破5日均线，二次买入依然可以获得不菲利润。

4. 股价一路突破重要压力线的时候，都是果断买入的好时机。

5. 在连续上涨累计过大涨幅后，如果出现避雷针见顶信号，要记得果断清仓卖出。

第三节 全胜绝招

做事情要做到滴水不漏，完美的操作需要冷静思考后的决策。只有全胜才是我们的追求，如果要证明你的方法是有效的，那么你的成功概率应该很高。最好的就是没有失误的操作。这意味着风险很小。

如果要改变过去的结果，就必须学习全新的方法和策略。第一，决定自己应该专注哪些事情。第二，知道这些事情的意义。第三，明白自己到底要怎样去做。如果你把握了以上三个绝招，你的未来一定是辉煌的。

过去的失败或者亏损根本不重要了。重要的是现在，现在你要怎么去想、怎么去做，现在你要成功。那么，复制赚钱人的行动的想法，做能让自己赚钱的事情，财富自然就会向你靠拢。这种注意力等于财富，目标自动导向系统将给你带来全新的感受。

当你有了明确的目标，同时你也采取了积极的行动，那么，只要方法是对的，很快你就会实现财富自由。所有的成功都是一步一步去达成的，不会没有理由和原因就可以成为富翁的。特别是资本市场的财富积累，更加需要实践和经验的积累。

为了节省你成功的时间和加快你成功赚钱的速度，你可以为自己树立一个典范，向成功者学习，来加快你的财富积累的速度。第一步，找一个已经得到你想要追求结果的典范人士。第二步，找出那个人现在正在做什么。第三步，去学习做同样的事情，你将得到相同的结果。按照这三个步骤做，你就可以实现你想实现的任何目标。

股票投资不是战胜别人，而是如何可以把自己做得更好。让自己更加处于有利地位，让自己不失败，你就已经成功了。

一般来说，让自己不败的策略是很高明的。那就是要高度注意分析大盘的波动方向和节奏。准确性越高，对个股的操作成功概率就非常之大了。

我们一直强调的思想就是理论指导操作。不是操作到哪里算哪里的那种没有目标操作的盲目表现。所有的选股和买卖都是按照严格的操作程序来做的，只有这样才可以复制出绝顶高手出来。

最顶级的高手一定是用特殊的绝招来做的。我们严格按照独特的均线系统来操作是战胜自己的一个完美方法。没有人可以做到的事情如果你都能够做到。那么，你就可以充满信心和勇气对待市场了。

要虚心向市场不断求证，让市场的主力告诉我们盘面的方向。那就是观察买卖的力度和脉搏。当你完全融会贯通地使用均线和成交量变化来推测市场，并且做出多种决策方案，可以确保自己的每次操作都是风险最少的。

市场波动的方向和个股的波动方向短期重合在一起的时候就是赚钱最稳妥的阶段。

【看图分析解密】

中国软件（600536）和浪潮软件的不断涨停令投

资者仿佛一下回到当年狂炒科技网络股的时代。中国软件的启动过程中，均线系统呈现出多头排列发散向上，而均线的多头排列是超级大黑马的重要特征之一。这类超级大黑马，每每在股价迅速脱离成本区的时候，庄家都要进行一次震仓洗牌，但是如果投资者能够长期研究这类上涨趋势的股票，熟悉它们的特点，果断出手，只要抓住一次大黑马的主升浪行情，就可以让自己的本金在短时间内翻倍。

我们研究中国软件的走势图形还可以看到，5日、24日、72日、200日均线都成为股价的重要支撑位。其中，在上涨的初期，小阴小阳夹杂之下，24日线成为启动之初的支撑位，股价每每触碰到该均线便会止跌反弹，同时，在出现阶段性的小幅调整时，24日生命线和200天年线便成为重要的支撑位。股价在触及生命线和年线时，将受到强烈的支撑。当5日线的上翘幅度呈现出明显的大角度时，在多头均线发散向上的配合之下，股价便如同插上翅膀飞翔。面对每天的上涨，最重要的就是要避免越涨越想卖，落袋为安的大众心理。只要成交量维持在一定的幅度，不出现高位十字星等明显的见顶信号，就没有必要将手中的牛股放弃。将整个波段利润收入囊中，当然需要足够的耐心和勇气。在证券市场上，主流资金往往会在市场最疯狂的时候将手中的筹码大量派发，而最疯狂的阶段其实就是股价迅速拉高的时期，作为普通投资者，在自身资金量比较小的情况下，认识到见顶信号的残酷，懂得急流勇退，才能在市场上长久生存，才能细水长流地赚钱！

【实战技术精要】

1. 股票在一路上涨过程中只要不有效跌破24日生命线，就可以继续持股待涨。

2. 牛股的走势往往都是均线呈现完美多头排列，赚大钱就要和趋势做好朋友。

3. 上涨过程中，股价在重要的均线支撑位止跌企稳，是非常好的加仓买入时机。

4. 股票持续走牛的重要前提是成交量要保持温和的量能，牛股的爆发需要资金的持续关注。

5. 不断出现涨停是主力派发筹码的阶段，此时也是股价上涨最迅猛的时期，只要不出现高位十字星或K线出现长上下影线等见顶信号，就坚持持有。

【看图分析解密】

金地集团（600838）在地产股中一贯是比较活跃的个股。这只股特别适合大资金的军团规模运作。不管是主力资金的短炒还是长线投资，其流通盘、业绩、题材都是非常合适的投资品种。在2008年底和2009年初央行的频频“双降”（降低存款准备金和降息）中，金地集团更是成为反弹“急先锋”，每次都扛起了领涨大旗。

大资金在运作过程中，往往不像炒作小盘股那样船小好调头，因此在配合热点题材的过程中波段操作的迹象非常明显。金地集团就具备了这样的一个特色。基本上，该股在整个上升的过程中，所显示的轨迹便是以 72 日决策线为波段低点依托，以 24 日生命线支撑向上推进。个股的股性和主力运作方式密不可分，在 2009 年的行情里，波段操作的案例比比皆是。市场形成一个合力的时候，职业投资者必须做到以均线为

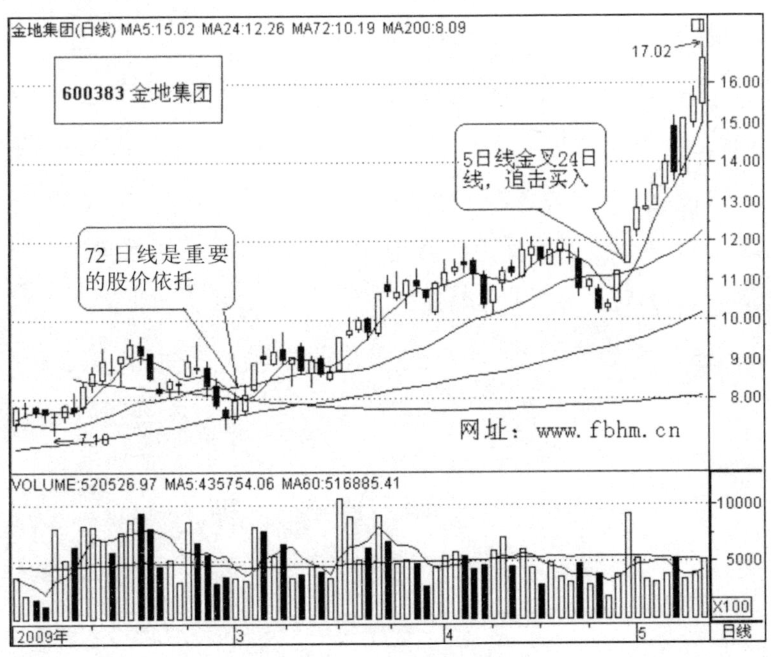

技术参考，准确把脉个股的起起伏伏。在每次洗盘的底部开始有计划地进场，犹如行军打仗般，买入多少股票就如投入多少有生的战斗力一样。每次都不贪心，有赚的情况下需要谋划如何进行抛售。

古代冷兵器时期对战，有规模的撤退总是前军变后军，围炉造饭等等都非常有讲究，以达到撤而不乱。同样，我们每次在买入一只个股的时候，也要考虑到止盈止损等一系列问题，那样才能在突发情况下避免头脑发热，无原则地买入和卖出，招致不可控的亏损。

【实战技术精要】

1. 股价稳定 72 日决策线之上，是大资金运作的结果，股价稳步上涨可能性非常大。

2. 均线呈现多头发散，是牛股的典型特征之一。

3. 24 日线和 72 日线是支撑牛股短期回调的重要阻力位，大胆买入波段操作。

4. 5 日线金叉 24 日生命线时，标示着突破买入的重要信号，大胆追击。

5. 大资金经常运作的那些股票值得重点关注。

第六章　持续复利规划

对于股票投资，翻倍黑马的思考是这样的：任何事情如果要想实现，首先必须把它目标明确化，只有勾画出清晰的远景，然后才去找必定可以实现的方法。当我们把细节都想清楚了，把要完成的事情都完成了，这个规划的意义就出来了。

我对投资的理解是能赚就好，见好就收。采取复利的原则，持续地赚钱，我所有的计划都详细地思考好，然后写在笔记本上。当我们翻开笔记本的时候，详细的目标和周密的计划就会让你自动思考如何实现目标。当你实现了你自己的目标的时候，你已经成为一个伟大的人物了。

投资最厉害的就是复利。当然，大家都知道是复利很神奇，只是没有去思考实现它必须符合哪些条件。然后，当你掌握那些条件的时候，复利稳赚其实不是很困难。

对影响自己财富的事情都要详细地思考和规划。

没有规划就不会有方向感，很容易会中途就停止了。选对方向，选对老师，持续努力，坚持稳健操作，规划好自己的一生，坚持投资复利的原则，你的人生一定是辉煌的。

第一节 规划投资目标

我们说分析是根据现有的条件来做一个初步的评估。这个判断是很简单的，但是，对于评估之后的思考是很重要的。

核心是什么？看盘看什么？我们如何快速地知道主力的意图？这个是经常要做的事情。看看K线，钱就会来吗？

财富从来都不是这么轻易就来的。我认为分析股票的核心就是价格。除了价格才到趋势，然后才是成交量。在任何股票市场都是这样子的，价格是最主要的判断依据。价格是否被严重低估，这个是股神巴菲特给我们最经典的提示。

买入的股票什么时候风险小甚至风险几乎为零呢？就是当价格还没有股票实际价值十分之一的时候，或者多数人目前还没有知道这个股票的价值，以后知道价值后会以高价钱去买这个股票的时候，就是最安全的阶段。而往往都是经济危机结束前夕才是最好的抄底阶段。过早抄底就会被套百分之几十，过晚抄底又会利润减少，风险增大。当市场从熊市过渡到震荡市，然后从震荡市过渡到牛市的初期，这个时候只买进不卖出，通常都会给我们以高出好几倍的回报。

快速地分析市场主力的意图，我们要看价格。然后看趋势，根据均线系统来判断。最后看成交量。这个成交量是否对股价有推动作用，这个作用是向下还是向上。

知道主力的意图后还要采取正确的跟庄策略。跟随主力的做盘方向去改变自己的策略。如果你可以分析出主力的持仓成本，你就可以把握住个股的运作节奏。这个成本的分析是可以应用均线系统来做一个全面的评估的。一般我们都是用 24 日均线的价格作为主力运作的成本线，在这个均线之上连续上涨表明主力做多意愿明显，我们要积极参与。

如果主力运行在 24 日均线之下，我们就认为主力不想推升股价，那么我们就要耐心等待机会，不要随便跟进，不能买进之后又不能上涨，浪费自己的时间。

研究的核心就是股价。自己要有一套完善的股价评估系统，把股票的价格进行统一的估值，如果这个价格是比较便宜的，而且技术形态又有向好的迹象，那么，买入是相当好的决策。如果股价在估值的上面，偏离过高，则放弃买入该股，因为不怕错过机会的。当你放弃了一个不该买的操作之后，又有一个更加好的操作机会来到你的面前了。

对自己要投资的目标要详细地规划。一定要有提前的价格评估。不能有盲目的买卖，或者碰运气的错误行为。只有理性地判断市场和个股的阶段，采取适当的方法来操作，对自己的投资能够提前做好一个规划，这样子，可减少很多不必要的损失。投资一般只有两个结果，一个是赚钱，聪明的你一定知道另外的一个结果就是赔钱。

有理有据的理性判断后的投资，很多时候都是比较正确的。只有临时冲动的决策才是让你失败的重要原因。

【看图分析解密】

恒源煤电（600971）是煤炭板块中股本比较小的个股，这只股票由最高的60.99元下跌至最低的7.99元，跌幅非常巨大。研究恒源煤电这只股票我们可以发现，从2009年1月份该股5日线连续金叉24日线和72日线以后，恒源煤电的波段效应便非常明显，一直以72日决策线作为支持，一般来说，72日线上稳健向上的个股是有大资金在运作的结果。股价在上升途中，每次进行调整，都会在72日决策线上受到强劲支撑。想

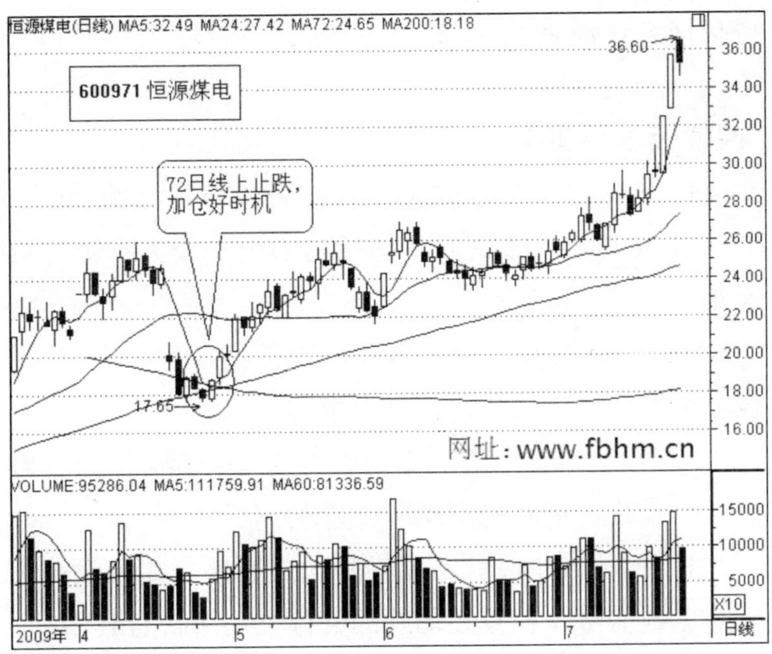

在这个市场上赚钱，控制风险非常重要，但更要有善于把握机会的过人之处，一旦发现自己的备选股在支撑线上止跌，就应该毫不犹豫地出手。在做股票的时候，一定要把握好目标股的买入点，有原则性地进行买入，操作前多问问自己买入的理由和可能的几种后果。

只做自己熟悉的个股，成功的概率会大很多。放弃每天在市场上追逐热热闹闹的涨停板个股，看似错失了很多机会，但长期坚持下去并不见得比别人赚得少。任何行业中的顶尖高手，对这个行业都有一个独家应对的套路，见招拆招，胜算在握。对个股长期的追踪研究，能让自己的每一次操作尽量远离地雷和陷阱。

【实战技术精要】

1．5日线与24日线、5日均量线与60日均量线、MACD同时出现金叉时，短线将出现一波大行情，迅速买入。

2．72日线是大资金运作的决策线，股价在72日线上运行说明行情仍将持续，值得参与。

3．在上涨过程中，5日线金叉24日线意味着短期机会来临，果断把握赚取差价利润。

4．抓住大牛股就不要轻易卖出股票，如果没有明显的见顶信号，在重要均线的支撑下还可持有股票。

5．股价短期加速上升到高位时，注意控制风险，小心主力随时出货。

【看图分析解密】

拓日新能（002218）也是从中小板里面爆出的一匹大黑马。在中小板里，由于一些个股由于盘小，且对多数散户来说比较陌生，所以反被主力方选为建仓品种。拓日新能是一只比较值得研究的牛股。其走势吸筹、震仓打压、拉升派发都被主力发挥得淋漓尽致，从K线图上我们也能发现主力做盘手法是比较经典的。这只具备新能源概念的股票起初一直在24日线的护送

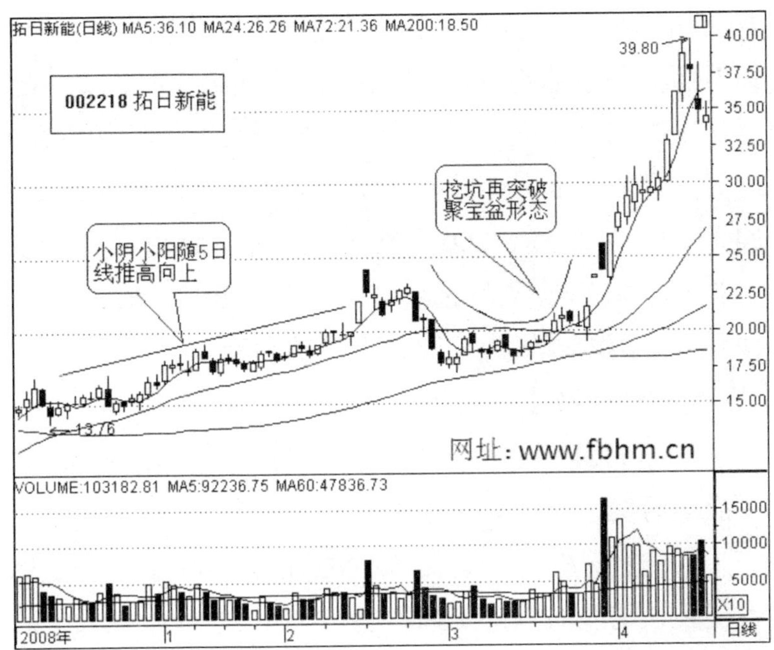

之下缓慢上推，其股价在5日线处小阴小阳地上行。对于这类股票，主力前期的吸筹打压在短期内并未催生出比较大的涨幅，要知道，主力掌握着多数筹码在手中，并非一朝一夕便能获利了结，在调动人气，连续拉涨的过程中，主力才能顺利地将手中的筹码派发完毕。大幅拉升脱离成本区的时候，庄家还要将短线客、持股信心不坚决的“道不同者”清洗出局。所以拓日新能在2月24日配合大盘的大跌进行了一次比较猛烈的洗盘动作。而在大盘走出大跌洗盘的阴霾之后，拓日新能仍然小阴小阳地盘整。但是兵马未动，粮草先行。拓日新能股价未表现出太大波澜，但 3 月 19 日，拓日新能的量能均线和 MACD 已经开始提前金叉。随后接下来的一个交易日，拓日新能 5 日线金叉 24 日线。同时，就在 5 日线和 24 日线金叉时，该股的 5 日线、24 日线、72 日线、200 日线出现走平。此时，该出手时就出手，牛股爆发的迹象已经非常明显。在稳稳握住手中筹码的时候，获取最丰厚的利润。

【实战技术精要】

1．5 日线小阴小阳缓慢推高股价，是大牛股在爆发前的前奏，继续紧握手中筹码。

2．72 日线是资金运作的生命线，牛股在洗盘处将受到该均线的强劲支撑。

3．5 日线和 24 日线、MACD、量能均线三者同时金叉，是短线获取利润的最佳时机，此时要果断买入。

4．成交量保持温和状态，是股票持续走牛的保证，一旦大幅上涨，应注意股票是否量价齐升。

5．连续大幅上涨要紧握手中筹码，不见明显的见顶标志就要继续锁定利润。

第二节　选对投资模式

选对投资模式就是要选适合自己性格特点的操作模式的选股思路。翻倍黑马的模式就是简单明了的复利原则，在安全的前提下进行稳健的投资，理性地判断市场的波动和个股的具体操作时机。

有些人做股票很喜欢追涨，而多数人都是追高后被套的多，很少连续赚钱的投资者。选择最合适自己的投资模式就很简单地使自己成为成熟的投资者了。

首先要了解自己的性格和投资习惯。这个是评估自己适合哪一种投资方式的前提条件。当我们认真去思考自己的优点和缺点、对自己做一个正确的评估后，知道使用什么方法可以让自己成功的速度加快。这个就是方法决定胜利还是失败，而不是运气决定成败。

稳健、复利、持续、赚钱都是因为实战过后总结出最适合自己的投资模式。运用自己的投资模式可以让自己清楚地知道自己每一个买卖决策的细节。当可以稳定地赚钱之后，我们可以顺利地把握住决策系统的关键所在。

掌握关键行为是成功复利的最重要方法。每次决策一定有一个很核心的原因。如果你想清楚了你到底赚的哪些人的钱，你如何做了之后就可以赚到，这些都是有系统有方法的。所有成功的关键其实是很少的几个决策要点。

我的核心就是只做自己能力范围内的个股，不参与任何不确定的冒险投资。投资的利润在于很多人喜欢按照自己喜欢的方法进行买卖，而这种买卖往往是不确定的，结果亏损的比较多。很多人习惯了按照自己的喜好在买卖，而不是顺应主力的意图和方向去做。

【看图分析解密】

九龙电力（600292）是一只比较典型的牛股。2008年11月起的大盘反弹行情，主要是游资率先发动的。游资历来具备比较凶悍的炒作风格，其手法不像基金军团般那样稳扎稳打，步步为营。九龙电力作为这波反弹的牛股之一，首先具备了流通盘适中的特点；其次，在整体跌幅上，九龙电力至2007年下跌以来，

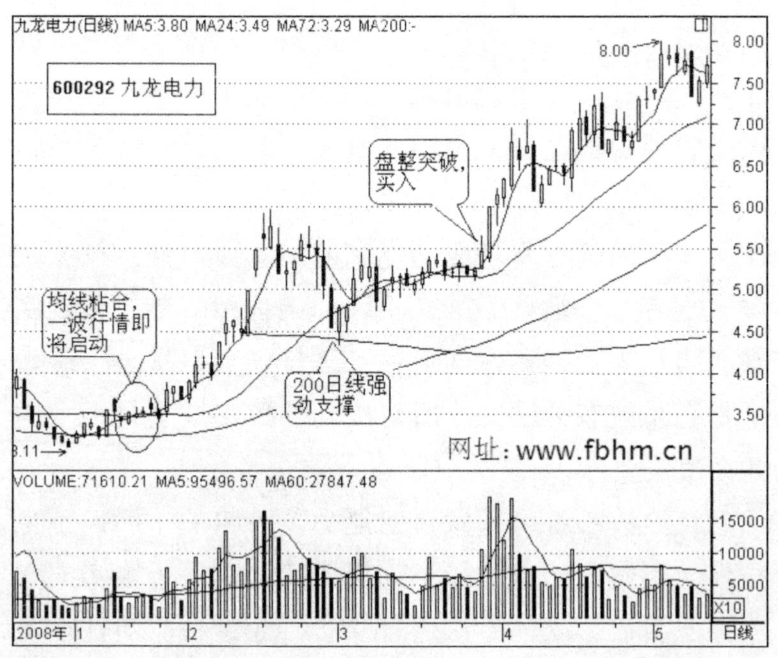

跌幅高达80%左右，巨大的跌幅，再多的泡沫也被挤光；而在题材上，九龙电力不仅仅属于电力板块，其新能源题材正是背后运作的主力庄家最为看中的。牛股的诞生一定要具备好的“出身”。

九龙电力在第一波的上涨过程中，绝大多数的股民还处于犹豫和恐惧的状态之下，往往一个波段之后便想落袋为安。在3个多月的时间里，该股翻了一倍多。当赚钱效应出现之后，忍耐多时的场外资金终于出动，作为前期上涨强劲、价格仍在5元左右的好股自然会被大家所看好。此时主力当然知道大多数人的心态，需要冷却一下股价，整整一个月的盘整令持有者失去耐心。此后第二个波段的上涨一触即发。盘整多时且均线呈多头排列的个股，其后续爆发力将非常之强劲！在投资股票的时候，我们相信这是一场全方位的较量，庄家对于散户的心态是花了很大的功夫去研究的。作为一个投资者，如何用有限的资金去和一个早已计划好的大资金军团去作战，无疑需要具备良好的心态和相当扎实的技术功底。只有这样，才能针对庄家出招时暴露出来的弱点进行有效攻击，如四两拨千斤，每一次出手都是在可靠的一刻，成功的概率就会大很多，连续的成功就能达到财富的复利增长，使你的本金迅速膨胀。

【实战技术精要】

1．均线粘合在一起的时候，要密切关注大的机会是否要来临了，行情是否处于初期阶段。

2．一旦发出突破信号，便要大胆买入，短线是一个非常好的买入点。

3．上涨的阶段要紧握手中的筹码，大的波段利润需要耐心的持有，赚钱的最大利润就是将一个波段利润全部吞吃。

4．盘整阶段只要向上趋势不被破坏，就耐心等待，一旦确认上涨突破盘局，要加仓买入。

5．上涨阶段中的每一个阶段性的调整，在重要的均线关口得到强劲的支撑都是加仓的好时机。

【看图分析解密】

双良股份（600481）在2009年的上半年走出两波非常明显的行情。这两波行情看似风格完全不同，但事实上从中可以发现主力运作该股的手法极为老到且志在高远。

2009年伊始，双良股份形成了多条均线发散向上的迹象。牛股的诞生往往在低位的时候便表现出了其特征。小阴小阳沿着5日线一路上涨，短短一个月内股价便实现翻番。双良股份的庄家对技术的运用相当娴熟。随着广大投资者的整体文化程度不断提高，许

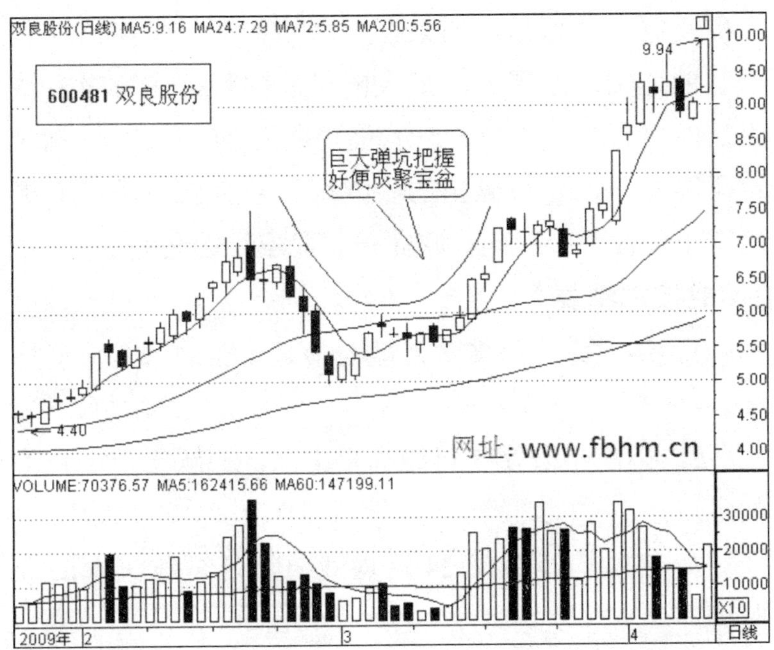

多人都掌握了一些投资的理论性知识。一个看似非常漂亮的走势，往往会被主力反其道而用之。2 月 19 日，双良股份出现了高位上影线的迹象，随后又出现十字针，一个见顶信号开始做成，紧接着，该股出现连续砸盘，所有均线都已经走坏。但是，股价却在接近 72 日线时，跌势戛然而止。72 日线是大资金运作的决策线，只要没有有效跌破这条重要均线，依然有理由持股。在几个交易日后，股价再次向上突破 5 日、24 日、200 天这几个重要均线，紧接着股价上涨态势一发不可收拾。

我们可以总结，如果在上涨的初期，突然出现非常猛的连续急跌现象，最大的可能性就是庄家吸筹结束后的震仓动作。当5日线重新金叉24日线时，就应该果断买入，当被砸出的“弹坑”被有效填满，就更应牢牢握住手中筹码，吃完一整段丰厚的利润。

【实战技术精要】

1. 均线组合呈多头发散向上是牛股的一大典型特征。

2. 小阴小阳随5日线稳步上涨，应顺应市场趋势做多。

3. 5日均线金叉24日均线时，是短线买入的好时机。

4. 股价有效突破“弹坑”平台，接下来的大涨会带来丰厚利润。

5. 72日线是大资金运作的决策线，股价在该均线处止跌是加仓买入的好时机。

【看图分析解密】

迪马股份（600565）是一只题材较多的个股。在2009年概念炒作翻天的行情下，迪马股份在区域振兴概念和汽车优惠方面受益匪浅。但事实上，题材不过是主力借机炒作，真正上涨的背后原因则是资金的密集推动。迪马股份作为一只大牛股，就是在这种炒作

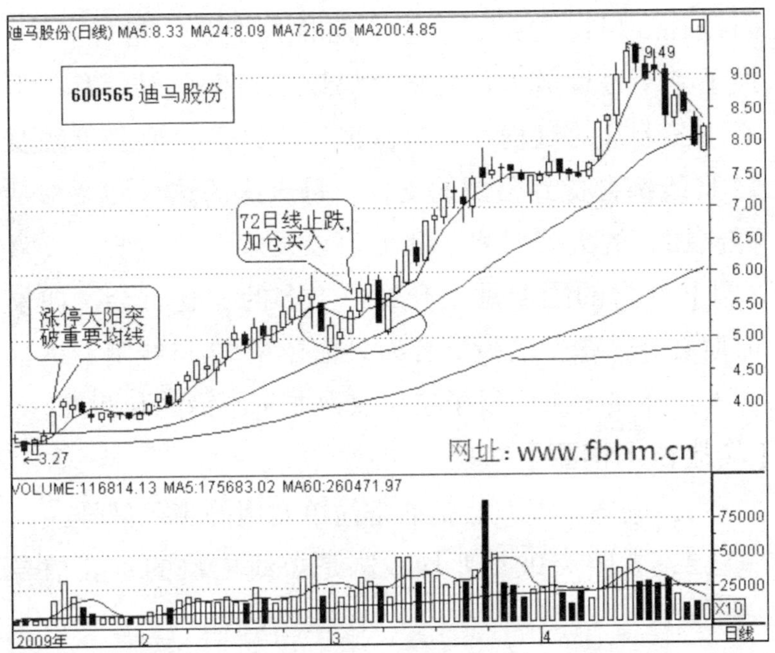

下催生出来的。从迪马股份上可以发现，迪马股份在2008年的最后两个月构筑了一个双底之后，便在小阳、中阳和大阳的密集轰炸下节节攀升，马不停蹄，丝毫没有半点调整的意思。在1月13日，迪马股份以涨停突破了5日、24日和72日三条重要均线，这也是两个多月筑底后第二次突破三条重要均线。大牛股爆发往往会以涨停开始，所以在技术上的意义也非常重要。在底部涨停，成功构筑双底形态，同时5日均线接连上穿72日均线和24日均线，重要均线也呈现出多头排列，这都是大牛股爆发前的比较典型的形态。连续阳线在5日线的护送之下一路推高股价，量能温和，换手率不过度放大，犹如“蚂蚁上树”一般，有条不紊。在上升的过程中，每次出现大跌，只要股价触及72日线都会受到强烈的支撑，每一次的这种回调都是再次加仓的大好时机。我们可以发现，迪马股份3月2日和9日的回调是上升途中不多的加仓机会，如果前期看好又踏空的投资者如果选择在72日线附近进行买入，在接下来的日子也会取得非常不错的利润。

【实战技术精要】

1. 底部出现双底是非常简单实用的买入信号。

2. 大阳突破重要均线，是短线上攻的重要信号之一。

3. 阳线在5日线的护送下如蚂蚁上树是牛股的良好形态特征。

4. 温和的量能是保证牛股一路走高的重要保障。

5. 均线呈多头发散形态未走坏就要紧握手中筹码，获取大波段利润。

第三节　持续复利制胜

当看到自己买入股票之后，实现红盘的时候，随时果断获利。没有人可以轻松就获得财富的，所有的财富都是因为你付出才会有的。

买卖的关键把握住了，安全的情况下提高复利的买卖次数，就可以产生惊人的效果。当有几百个朋友都实现了每年赚钱的纪录时，很多人都不会相信自己的眼睛，居然连续多年的每次操作都是赚钱的。这种绝招是非常可怕的，是我们制胜的关键，从信念上决定了每次必胜，每次都赚，从来不赔钱。

我已经深刻理解了股神巴菲特的保护本金、永远不亏的理论。能够产生巨大的复利就是要每次操作都是保证不会亏钱才投资。

曾经想过每年翻倍的计划，如果我的本金能够每年翻倍复利利滚利，那么，十年后的结果是相当可观的。如何做到呢，什么人曾经做到过？尝试的人哪里做得不够好，需要改进的地方。如何模仿已经做到的人的方法？

把全国最牛的稳健投资者找出来，进行详细的统计归类。总结出适合自己的最佳操作模式。很快的将来，你就会进入良性的循环。

如何每年都可以翻倍，一直是翻倍黑马思考的问题。在安全的前提下如果你每次赚5%，那么，只要14次复利你就可以实现了。只要每个月操作一次，每次赚5%，加上有两次另外赚5%的操作？你就可以实现每年翻倍的目标了。

也就是说在一个月当中，你只需要找到一次非常有把握的投资，你才操作。确保你的利润是稳健的，可以控制的，那么行情不管怎么波动，都一定会有办法实现目标的。

如果一个月操作两次，一年就有24次复利。如果每周操作一次，一年就有48次复利。这个是相当厉害的暴利。当然，能够控制自己的人是少数人。多数人都很难控制自己的欲望。

安全稳定的习惯是需要时间去培养的，不是每个人都可以耐心做到的。我们认为能够掌握翻倍黑马核心技术的读者都是那些不容易放弃的人，是那些坚持到底的人，我相信他们很快就可以跟成功实现财富自由的你相见了。

【看图分析解密】

中航三鑫（002163）是一只从中小板块里爆发出来的牛股。如果能够深入研究该股的技术走势，相信获利的把握会很大。2008年末开始的行情中，中航三鑫的股价早早站上了72日决策线，股价在72日线上运行意味着主力资金开始进场。2009年1月9日，该股5日均线金叉24日均线、5日均量线金叉60日均量线，MACD也出现金叉。三金叉在同一时间出现，大波段行情即将开始。对于这一特殊的技术信号，我们在选股的时候要特别加以留意，一旦出现，便应毫

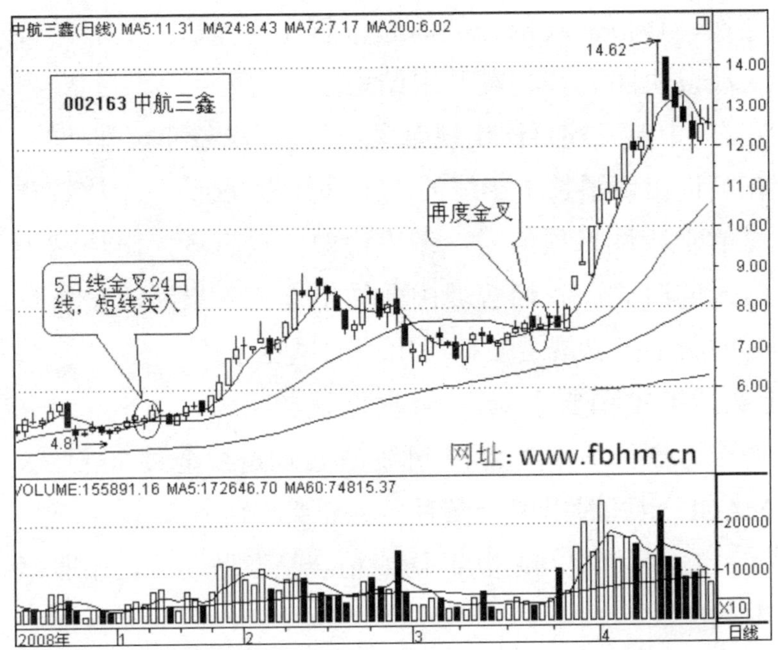

不犹豫地买入持有。因为资金在建仓阶段，均量线会随着买入量增加呈现出多头的强烈买入信号，买入底部启动并伴随突破信号的股票，是非常安全的。股价依托着 24 日生命线稳步上涨的时候，更要坚定地持有。而量能温和的不断释放，恰恰说明股票的拉升进入了一个比较良性的运作阶段。

价值严重低估、超跌非常厉害的股票是我们要多花时间研究的。很多只好股票被错杀，一路创出新低或接近历史低位时，社会上没有人愿意提及股市，甚至一提起股票就“义愤填膺”时，股市也真的跌过头了。

当然，行情从底部一跃而起、急速反弹后，牛股的最大波段也随之会在飚升中结束。如图所示，3 月 23 日左右，中航三鑫再次出现金叉信号，一段急速拉升开始。在高位出现了长下影线的“吊颈线”，就是一个比较明显的阶段性见顶信号，作为稳健的投资者，出现这类信号的时候，我们有理由要做出选择，果断清空所持有的股票，以规避短期内出现的风险。

【实战技术精要】

1．5 日均线金叉 24 日线、5 日均量线金叉 60 日线、MACD 也同时出现金叉时，强烈买入信号。

2．股价启动之初，均线粘合呈发散向上，牛股爆发的序曲。

3．如果是底部进场的个股，就不要轻易卖出，要实现利润的最大化。

4．牛股都不会一波行情结束，会有拉升、洗盘、再拉升的过程。

5．当出现高位十字星并伴随明显放量的时候，注意特殊的见顶信号，果断清仓。

【看图分析解密】

航天机电（600151）是一只概念比较多的个股，其表现最为活跃的当属新能源中的太阳能概念。由于股性活跃，常常出现涨停，所以也不由自主地开始扮

演市场中新能源龙头股的角色。从该股的走势上看，2009 年 3 月 20 日开始的这一波上涨最为猛烈。股价在爆发性的上涨前，其特性还是有迹可寻的。3 月 5 日开始，航天机电的 24 日生命线和 200 天年线便开始逐渐粘合。在个股上涨的过程中，均线的粘合尤其需要关注。从 3 月 20 日左右的 K 线图上可以看到，24 日生命线和 200 天均线已处于粘合状态，同时 5 日线金叉这两根粘合的均线，5 日均量线金叉 60 日均量线，MACD 也刚好金叉，一幅完美的技术图形呈现了出来。在做多的氛围下，一只大牛股在爆发前夕，均线量能和 MACD 这些被大众所使用的技术指标往往会被主力修复得非常漂亮，这样才能在上涨前获得大众的认同，同时吸引更多跟风盘，使犹豫的投资者在完美的“曲线”之下大举买入。这样，主力机构才能更便捷更轻松地拉抬股价，将来在高位派发筹码。3 月 26 日股价被瞬间拉上涨停，短期均线呈现出“龙抬头”的上翘状态时，我们更加要意识到，猛烈的一波上涨开始了！

在投资过程中，对个股的技术分析格外的重要，而在各项指标出现上涨苗头时，我们就可以逐步进行建仓，耐心等待主力帮我们抬轿。简单的事情重复做，投资也会随着技术的日臻成熟而变得越来越简单，股票就会成为你反复赚钱的工具。

【实战技术精要】

1．个股出现重要均线粘合，应格外重视，牛股爆发前主力往往要对均线进行修复。

2．5 日线上穿 24 日线，均量线金叉，MACD 金叉，三信号同时出现时是很好的短线切入点。

3．突破所有均线，5 日线陡峭上行呈“龙抬头”状，股价即将大涨。

4．均线发散呈多头排列状，是牛股的典型特征。

5．股价只要不有效跌破 24 日生命线，就要紧握筹码。

后记

财富自由　辉煌人生

帮助更多的人实现财富自由，是翻倍黑马继续努力的动力。明确的目标是要说出来、写出来的。在《翻倍黑马③》当中已经摘录了“2009年5月25日《南方日报》B04整版报道”，目前我们的团队也正在踏实地去实现这个伟大的目标。

当自己通过长达16年的努力，终于明白股市的一部分内在规律之后，快速地实现了财富的自由。同时，通过4年多的比赛，获得13次冠军。如果是一次，有人说是你碰巧的。如果是两次，有人说你运气好。如果是每一次，那是否有一定的技巧和规律呢？翻倍黑马懂得的方法是通过大量阅读投资书籍并且总结大量的实战经验后提升成的精华，用最简单的方式表达出来，希望可以把您复制成为冠军收益的股市高手。

如果您全部购买和阅读了翻倍黑马系列的所有图书和教学DVD培训光盘，我相信在不久的将来会看到您成功的身影。由于您的财富自由，带给您身边的家人的快乐和幸福是我最期待的事情。

翻倍黑马目前的使命就是在40岁之前帮助1000人赚取500万的利润，当你找到可以献身的使命的时候，其实是人生当中很幸福的事情。如果能够做一些对读者有所帮助的事情，作为财富自由的老股民，我们的团队会疯狂努力去完成它。

也许，花的时间会多一些，当我们的观点和理念被大家所接受，读者们开始使用并取得巨大成就的时候，我坚持写作的意义就体现出来了。我们整理的理念和操作方法，真的希望对你有真正的帮助。给一只股票或者一个涨停，根本不可能改变广大读者一生的投资命运。因此，我们通过与报社和出版社举办讲座，通过图书还有DVD培训光盘来实现帮助大家达成财富自由的目标。传播方法才可以真正帮助、默默支持翻倍黑马读者迈向成功。

都说人生有三件事情不能等，第一件就是改变贫穷，第二件就是实现梦想，第三件就是让家人幸福。您是否想过，再过十年，你的生活和工作是否有改变，你是否能够过上您自己想要的生活？你有没有付出代价，为了摆脱贫穷，你是否要更加迅速获得财富自由？

你有没有安静地思考过，你的梦想是什么？你的一生要怎么过？你要成为什么样的人？马上行动，专注去做能够让自己快速成功的事情。把翻倍黑马的思想复制到自己的脑袋里去，追求自己的梦想全力以赴吧。敢追求，肯付出，一定可以实现任何目标和梦想。

辉煌的人生不仅是财富自由，最重要的是家庭幸福美满。金钱只是人生当中一种价值体现的数字而已。人是活在家庭里的，在家里要给家人以最大的支持和快乐，给孩子最好的教育，给爱人最大的关怀。关心家人是所有全方位成功人士的追求。

所有的成功都来自于方法，当你学到了成功赚钱的模式之后，请坚持到底，最后一定会获得财富自由。学习最快的方法就是找个自己喜欢的领域最顶尖的教练，参加学习班或者一些短期培训讲座，直接复制成功者的思想和行动，你一定也可以获得相同的结果。

期待未来的某天，我们能够快乐相聚。我希望可以把我最成功的赚钱绝招与你共同分享！或者一起去度假旅游，让财富自由带给你及你的家人无限快乐，体验休闲的简单生活。

翻倍黑马

物超所值赠送“超级大礼”

凡是购买本图书的读者都可以免费索取极品选股公式。发短信内容“姓名+电子邮箱”到电话13929558821或者13929558831报名即可获得超级大礼“极品选股公式”。

“极品选股公式”是翻倍黑马历次夺得全国大赛的秘密武器，利用“选股器”选出超短线“股票池”，然后使用独特的超级短线“精确操盘法”进行操作，成功概率奇高，也是翻倍黑马能够凭借高超的“选股模式”而成为全国实战第一名的原因。

为了回馈广大读者的支持，我们将把无法用价格来衡量的“选股绝招”赠送给大家。这是经历无数次完善和久经市场的考验，向市场交了无数学费才获得的“精华策略”。相信能够使翻倍黑马成功的方法，也一定可以给您带来无限惊喜！

立刻注册翻倍黑马网站，持续地学习是成功的关键。

立刻采取行动，获得超级赠品。立刻使用，倍增财富！

作者联系方式：fbhmvip@163.com

翻倍黑马网站：www.fbhm.cn

注册读者俱乐部电话：13929558821　13929558831

翻倍黑马电话：13660166668（限千万以上大资金）

祝福您早日成功！愿我们能够成为一辈子的好朋友！

翻倍黑马

2009 年 9 月